Pie

Marie
La Sainte de Dieu

De la Bible aux Dogmes

Photo de couverture : la Théotokos de Vladimir.

Du même auteur aux éditions Books on Demand (BOD.fr)

Témoignage
J'ai expérimenté Dieu

Études
La Résurrection au risque de la Science

Pièces à conviction du Messie d'Israël ou étude des reliques de Jésus

Les miracles eucharistiques, signes de la Résurrection

Marie, la sainte de Dieu, de la bible aux dogmes

Jésus au fil des jours I/III de la promesse à l'an 27
Jésus au fil des jours II/III de l'an 28 à juin 29
Jésus au fil des jours III/III de juin 29 à l'an 30

La somme existentielle, I/III Le mystère de Dieu
La somme existentielle, II/III Le mystère de l'homme
La somme existentielle, III/III La divinisation de l'homme

Conte poétique et philosophique
Le petit d'homme
L'élu

Roman
Le signe de Dieu

Recueil poétique
Aux trois amours

© 2020, Pierre Milliez
Éditeur : BoD – Books on Demand,
12/14 rond-point des Champs Élysées, 75008 Paris
Impression : BoD – Books on Demand, Allemagne

ISBN : 9782322258857
Dépôt légal : Novembre 2020

À mes frères des églises chrétiennes

« Mon peuple périt faute de connaissance… »
    Osée 4, 6a

Introduction

La Bible est un livre prophétique. Au travers des paroles de prophètes elle annonce le dessein de Dieu pour son peuple et pour l'humanité.

« *Les prophètes sans exception, n'ont prophétisé que pour les jours du Messie* ». Talmud, traités Sanhédrin, (fol. 99 recto ; Sabbat, fol. 63 recto ; Berahhot, fol. 54 verso.).

L'ancien testament est rempli de la manifestation de l'amour de Dieu. Dieu parle à travers les prophètes et leur promet l'envoi d'un messie. Plus de 300 prophéties de la Bible annoncent la venue d'un envoyé de Dieu, sauveur des hommes : le Messie. Ces prophéties de l'Ancien Testament sont écrites entre −1500 et −400 ans avant la venue de Jésus-Christ. La traduction grecque des Septante remonte à 250 ans avant J.C. Les manuscrits de Qumrân datent de −200 et contiennent l'Ancien Testament dans son entier.

Les prophéties décrivent toute la vie de Jésus dans le détail. Les prophètes mettent particulièrement en lumière l'aube et le crépuscule du Messie. Ces prophéties de l'ancien testament, établies sur plusieurs milliers d'années, attestent que Jésus-Christ est bien le Messie attendu par Israël.

Jn 1, 45 : « **Philippe rencontra Nathanaël et lui dit : « Celui dont Moïse a écrit dans la Loi, ainsi que les prophètes, nous l'avons trouvé : (c'est) Jésus, fils de Joseph, de Nazareth.** »

Tel est le sens de ce passage du Médrasch et de Maïmonide, traité Meguilla, ch. 2, § 18.

« *Aux jours du Messie tous les livres des prophètes seront annulés* ». C'est-à-dire, ils ne seront plus que des plans inutiles, l'édifice de la religion étant terminé.

Toutes les prophéties d'annonce du Messie se réalisent avec l'incarnation du Verbe de Dieu dans la personne de Jésus. Il est l'alliance du peuple de Dieu avec Dieu. Le Christ est une personne avec une nature humaine et une nature divine.

Les prophéties, en lien avec l'avènement du Messie, annoncent également sa mère Marie, et la figure du précurseur, Jean-Baptiste.

Le christianisme reconnaît le Christ Jésus comme « *le centre du cosmos et de l'Histoire* » (Jean-Paul II – « Redemptor Hominis »). La place éminente de sa mère, la Vierge Marie est bien évidemment mise en lumière. C'est elle seule qui a répondu, au nom de toute l'humanité, par son « Fiat » à l'Incarnation du Fils de Dieu. Marie a ainsi permis et scellé cette Alliance nouvelle et éternelle par laquelle nous sommes sauvés.

L'Hymne Acathiste et les Pères de l'Église feront ainsi après Pâques, dans la lumière du Christ ressuscité et au-delà de ce que pouvait en percevoir la Synagogue antique, une relecture typologique de toutes ces images, figures et prophéties de l'Ancien Testament pour y reconnaître « *dans une plus parfaite clarté la figure de la femme, Mère du Rédempteur* » (Lumen Gentium n°55).

Marie la Sainte de Dieu, pourquoi la sainte et pourquoi de Dieu ?

Marie, est la Sainte. Marie devait porter le Saint des Saints après son fiat lors de l'annonciation. Elle ne pouvait être touchée par l'once d'une impureté. Non seulement elle n'est pas atteinte par un péché personnel, mais par une grâce spéciale, elle est exemptée du péché originel.

Marie est la Sainte de Dieu. Marie appartient entièrement à Dieu. Dieu a créé une merveille qui fait la joie du ciel. Lors de l'annonciation, Dieu respectant la créature, demande par l'archange Gabriel si elle accepte d'être la mère du Sauveur. Marie donne son fiat. Au-delà de ce fiat temporel, c'est un accord éternel que donne Marie. Elle est toute donnée à Dieu dans une confiance absolue. Elle connaît les écritures, elle connaît Dieu et est dans l'obéissance.

Marie est et reste en partie mystérieuse. Sa place dans la création est exceptionnelle. Malgré son absence de péché, elle subit la condamnation d'Adam et Ève, elle vit un exil sur la terre. Elle est soumise aux lois physiques et biologiques. Elle participe au plan de salut de Dieu en répondant à l'annonce de l'archange Gabriel. Marie est celle qui va côtoyer au plus près le mystère de Dieu. Elle va d'ailleurs inspirer l'évangéliste Jean qui la prend comme sa mère adoptive près d'Éphèse. C'est pourquoi les premiers moines se rattacheront à la spiritualité de l'apôtre Jean.

Marie, c'est la nouvelle Ève. La première femme écoute le serpent et désobéi à Dieu en mangeant du fruit de l'arbre de la connaissance. Marie écoute et obéit à Dieu seul.

De la Bible aux dogmes, c'est le chemin de l'Église. Les écritures, ancien et nouveau testament parlent de Marie. L'ancien testament prophétise bien sur la venue du Messie Homme et Dieu, mais il prophétise aussi la venue de Marie sans péché, vierge et mère. Le nouveau testament raconte Marie, de la conception de Jésus à la mort et à la Résurrection du Seigneur. Les pères de l'Église et les mystiques évoquent avec Jésus, la figure de Marie. Le ciel continue à intervenir. Les papes, éclairés par les conciles et le ciel, ont ainsi définis quatre dogmes concernant Marie.

Il y a quatre dogmes concernant Marie dans l'église catholique.

Le pape Pie IX exprime le lien qui unit de toute éternité Marie à son fils Jésus : « *Dieu ineffable, dès le principe et avant tous les siècles, a choisi et préparé pour Son Fils unique une Mère. Tous ces événements ont été fixés d'avance dans un seul et même décret, à l'instant où s'est décidé l'incarnation de la Sagesse divine.* »

Les dogmes mariaux révèlent également le Christ lui-même. Le Magistère exposera progressivement ces dogmes contenus explicitement ou implicitement dans la Bible.

L'Église explicite des vérités contenues dans la Bible et reconnues par les Pères de l'Église. La foi est une adhésion de l'intelligence à la vérité révélée. Ainsi le Père jésuite de Grandmaison nous dit : « *Il n'y a pas plus de vérité à croire, bien qu'il y ait plus de dogmes à croire* ».

Marie, c'est l'étoile. De même que les navigateurs se guident avec l'étoile polaire, Marie peut nous guider pour que nous ne perdions pas le Nord. Elle nous montre son fils, le chemin, la vérité et la vie. Comme l'étoile brille dans la nuit, elle peut nous éclairer dans la nuit de nos vies.

Marie, c'est l'étoile qui brille de la présence de Dieu.

Abréviations

Ab	Abdias	Jb	Job	Os	Osée
Ac	Actes apôtres	Jc	Jacques		
Ag	Aggée	Jdt	Judith	1P	1 Pierre
Am	Amos	Jg	Juges	2P	2 Pierre
Ap	Apocalypse	Jl	Joël	Ph	Philippiens
		Jn	Jean	Phm	Philémon
Ba	Baruch	1Jn	1 Jean	Pr	Proverbes
		2Jn	2 Jean	Ps	Psaumes
1Ch	1 Chroniques	3Jn	3 Jean		
2Ch	2 Chroniques	Jon	Jonas	Qo	Qohéleth
1Co	1 Corinthiens	Jos	Josué		
2Co	2 Corinthiens	Jr	Jérémie	1R	1 Roi
Col	Colossiens	Jude	Jude	2R	2 Roi
Ct	Cantique des Cs			Rm	Romains
		Lc	Luc	Rt	Ruth
Dn	Daniel	Lm	Lamentations		
Dt	Deutéronome	Lv	Lévitique	1S	1 Samuel
				2S	2 Samuel
Eph	Ephésiens	1M	1 Maccabées	Sg	Sagesse
Esd	Esdras	2M	2 Maccabées	Si	Siracide
Est	Esther	Mc	Marc	So	Sophonie
Ex	Exode	Mi	Michée		
Ez	Ezéchiel	Ml	Malachie	Tb	Tobie
		Mt	Matthieu	1Th	1Thessaloni.
Ga	Galates			2Th	2Thessaloni.
Gn	Genèse	Na	Nahoum	1Tm	1 Timothée
		Nb	Nombres	2Tm	2 Timothée
Ha	Habaquq	Ne	Néhémie	Tt	Tite
He	Hébreux				
				Za	Zacharie
Is	Isaïe				

Sommaire

Introduction	7
Abréviations	11
1 Prophéties concernant Marie	**17**
1.1 Marie, mère du Messie, Homme et Dieu	17
1.1.1 Marie, sanctuaire de Dieu	17
1.1.2 Messie fils de l'homme	20
1.1.3 Messie fils de Dieu	26
1.2 Marie, vierge perpétuelle	33
1.2.1 Prophétie d'Isaïe virginité de Marie	33
1.2.2 Prophétie d'Ezéchiel virginité de Marie	41
1.2.3 Messie postérité de la femme	42
1.3 Marie sans péché	47
1.3.1 Marie sans tache	47
1.3.2 Enfantement sans douleur	48
1.3.3 Marie donnée à Dieu	49
2 Marie, vie cachée de Jésus	**53**
2.1 Marie, l'Immaculée	53
2.1.1 Conception sans péché de Marie	53
2.1.2 Naissance de Marie créature d'exception	58
2.1.3 Enfance de Marie au Temple	60
2.2 Marie, Vierge concevant le Messie	63
2.2.1 Annonciation, Marie Vierge et Mère	63
2.2.2 Visitation	77
2.2.3 Annonce à Joseph	85
2.3 Marie, Vierge enfantant le Messie	91
2.3.1 Naissance de Jésus	91
2.3.2 Visite des bergers	106
2.3.3 Présentation au temple	110
2.4 Enfance de Jésus	113
2.4.1 Visite des mages	113
2.4.2 Séjour en Égypte	117
2.4.3 Enfance de Jésus	124

3 Marie, vie publique de Jésus — 129

3.1 Ministère public de Jésus — 129
3.1.1 Début ministère — 129
3.1.2 Noces de Cana — 130
3.1.3 Vraie parenté de Jésus — 134

3.2 Passion et Mort de Jésus — 135
3.2.1 Signe du Temple — 135
3.2.2 Signe de Jonas — 136
3.2.3 Les trois annonces de la Passion — 140
3.2.4 Mort et ensevelissement de Jésus — 145

3.3 Résurrection de Jésus — 150
3.3.1 Résurrection — 150
3.3.2 Explication de la Résurrection — 159
3.3.3 Quatre dons de la Résurrection — 168

3.4 Ascension, pentecôte, Assomption — 177
3.4.1 Ascension — 177
3.4.2 Pentecôte — 181
3.4.3 Assomption — 190

4 Marie et les dogmes — 209

4.1 Mère de Dieu — 209
4.1.1 Pères de l'Église — 209
4.1.2 Mystiques — 220
4.1.3 Dogme Marie Mère de Dieu — 228

4.2 Virginité perpétuelle — 234
4.2.1 Frères de Jésus — 234
4.2.2 Pères de l'Église — 239
4.2.3 Mystiques — 243
4.2.4 Dogme de la virginité perpétuelle — 244

4.3 Immaculée conception — 245
4.3.1 Pères de l'Église — 245
4.3.2 Mystiques — 248
4.3.3 Apparition mariale rue du Bac Paris — 257
4.3.4 Dogme de l'Immaculée Conception — 260
4.3.5 Confirmation exorcisme et Lourdes — 263

4.4 Assomption — 266
4.4.1 Pères de l'Église — 266
4.4.2 Mystiques — 270
4.4.3 Apparition mariale — 276

		4.4.4 Dogme	285	

5 Études Mariales — 289

- 5.1 Existence de Marie — 289
  - 5.1.1 Existence de Marie — 289
  - 5.1.2 Essence de Marie — 298
  - 5.1.3 Raison d'être de Marie — 303
- 5.2 Marie au cœur de la Trinité Une — 305
  - 5.2.1 Marie et la Trinité — 305
  - 5.2.2 Fille du Père — 308
  - 5.2.3 Épouse de l'Esprit — 309
  - 5.2.4 Mère du Verbe — 310
- 5.3 Réflexions sur Marie — 311
  - 5.3.1 Marie Co Rédemptrice — 311
  - 5.3.2 Homme Co-rédempteur — 320
  - 5.3.3 Marie arche d'alliance et médiatrice — 323

Bibliographie — 329

1 Prophéties concernant Marie

1.1 Marie, mère du Messie, Homme et Dieu

1.1.1 Marie, sanctuaire de Dieu

Marie sanctuaire de Dieu

L'histoire racontée par le livre de Tobie est placée au VIIIe siècle avant J.C. La plupart des érudits situe la composition de Tobie entre 225 et 175 av. J.-C.

Le livre contient un cantique du prophète.

Tobie 13, 13-17 : « **[13]Tu brilleras d'un éclat splendide, et Tous les pays de la terre se prosterneront devant toi. [14]Les nations viendront à toi des contrées lointaines, apportant des présents, elles adoreront dans tes murs le Seigneur, et considéreront ta terre comme un sanctuaire ; [15]car elles invoqueront le grand Nom au milieu de toi. [16]Seront maudits ceux qui te mépriseront, condamnés ceux qui te blasphémeront, bénis, ceux qui t'édifieront. [17]Et toi, tu te réjouiras dans tes enfants, parce qu'ils seront tous bénis et se rassembleront auprès du Seigneur.** »

Maria Valtorta rapporte les paroles de Jésus avec Judas de Kérioth concernant ce livre.

« *Tu ne te rappelles pas Tobie ? Son cantique ?* »

« *Si. Mais c'est de Jérusalem qu'il parle.* »

« *Est-ce que par hasard Jérusalem possède un Tabernacle où Dieu réside ? Dieu peut-Il être présent par sa gloire aux péchés qui se consomment dans les murs du Temple ? Un autre Tabernacle était nécessaire, et qui fût saint, et qui fût une étoile pour ramener au Très-Haut ceux qui sont perdus. Et cela on l'a dans la Co rédemptrice qui dans les siècles des siècles aura la joie d'être la Mère des rachetés. « Tu brilleras d'un éclat splendide. Tous les peuples de la Terre se prosterneront devant toi. Les nations viendront de loin pour te porter des présents et elles adoreront en toi le Seigneur... Elles invoqueront ton grand nom... Ceux qui ne t'écouteront pas seront parmi les maudits, et bénis seront ceux qui se serreront près de toi...Tu seras heureuse en tes enfants car ils seront les bénis réunis près du Seigneur », Le vrai cantique de la Co rédemptrice. Et déjà le chantent dans le Ciel les anges qui voient... La Jérusalem nouvelle et céleste, c'est en elle qu'Elle commence. Oh ! Oui, voilà la vérité. Et le monde l'ignore et l'ignorent les rabbins enténébrés d'Israël... » Jésus se plonge dans ses pensées...[1] »*

Marie est un tabernacle pour le Verbe de Dieu incarné. Cela est possible car nous verrons qu'elle est sans péché.

Adam et Ève, avant le péché originel, étaient un tabernacle de Dieu. Ils côtoyaient Dieu, mais le péché originel a rompu la relation. L'homme, devenu pécheur, ne peut rester en présence de la Sainteté de Dieu.

Le Fils de Dieu, s'incarne, prenant notre condition humaine. Jésus, pleinement Dieu et pleinement homme, paie le prix de nos fautes en mourant sur le bois de la croix. Le troisième jour il ressuscite victorieux du péché, de la maladie et de la mort elle-même.

Par sa Résurrection, si nous acceptons son sacrifice pour nous, il nous purifie. Nous pouvons à nouveau devenir le Temple, le tabernacle de Dieu.

Marie et la création

Cantique du roi Salomon

Pv 8, 22-36 : « **22YaHWeH m'a possédée au commencement de ses voies, avant ses œuvres les plus anciennes.**

23J'ai été fondée dès l'éternité, dès le commencement, avant les origines de la terre.

24Il n'y avait point d'abîmes quand je fus enfantée, point de sources chargées d'eaux.

25Avant que les montagnes fussent affermies, avant les collines, je fus enfantée,

26lorsqu'il n'avait encore fait ni la terre, ni les plaines, ni les premiers éléments de la poussière du globe.

27Lorsqu'il disposa les cieux, J'étais là, lorsqu'il traça un

---

[1] « L'Évangile tel qu'il m'a été révélé » Maria Valtorta – Tome 7, Ch 208, pages 339-340

cercle à la surface de l'abîme,

²⁸lorsqu'il affermit les nuages en haut, et qu'il dompta les sources de l'abîme,

²⁹lorsqu'il fixa sa limite à la mer, pour que les eaux n'en franchissent pas les bords, lorsqu'il posa les fondements de la terre.

³⁰J'étais à l'œuvre auprès de lui, me réjouissant chaque jour, et jouant sans cesse en sa présence,

³¹jouant sur le globe de sa terre, et trouvant mes délices parmi les enfants des hommes

³² « Et maintenant, mes fils, écoutez-moi ; heureux ceux qui gardent mes voies !

³³Écoutez l'instruction pour devenir sages ; ne la rejetez pas.

34Heureux l'homme qui m'écoute, qui veille chaque jour à mes portes, et qui en garde les montants !

³⁵Car celui qui me trouve a trouvé la vie, et il obtient la faveur de YaHWeH.

³⁶Mais celui qui m'offense blesse mon âme ; tous ceux qui me haïssent aiment la mort. »

Maria Valtorta rapporte les paroles de Jésus à ses disciples en expliquant le cantique de la création de Salomon.

« Il est dit dans le Livre de notre aïeul Salomon qui t'a vue à l'avance et qui est par conséquent ton prophète : « Dieu m'a possédée au commencement de ses œuvres, dès le principe, avant la Création. J'ai été établie éternellement, dès le principe, avant que fût faite la terre. Les abîmes n'existaient pas encore et moi, j'étais conçue. Les sources ne jaillissaient pas encore, les montagnes n'étaient pas encore constituées dans leur lourde masse et j'existais déjà. Avant les collines, j'ai été engendrée. Lui n'avait pas encore fait la Terre, les fleuves, ni les pôles du monde et moi, j'existais déjà. Quand Il préparait les cieux et le Ciel, moi, j'étais présente. Quand par des lois inviolables Il renferma l'abîme sous la voûte, quand Il rendit stable dans les hauteurs la voûte céleste et y suspendit les sources des eaux, quand Il fixa à la mer ses limites et donna comme loi aux eaux de ne pas dépasser leurs frontières, quand Il jetait les fondements de la Terre, j'étais avec Lui pour mettre en ordre toutes choses. Toujours dans la joie, je jouais continuellement en sa

présence. Je jouais dans l'univers.[23] »

L'âme existe à partir du moment où Dieu la pense. Une fois créée, l'âme est immortelle. L'âme des justes est immortelle au Ciel. L'âme, qui refuse la grâce de Dieu pour être purifiée, est immortelle dans l'Enfer

L'âme de Marie est depuis toujours pensée par Dieu. L'âme de la Mère de Jésus est donc éternelle. Elle a été pensée et créée par Dieu de toute éternité. Marie est donc présente à la création.

1.1.2 Messie fils de l'homme

Descendant d'Abraham

L'ange de YaHWeH parle à Abraham.

Gn 22, 18 : « **En ta postérité seront bénies toutes les nations de la terre, parce que tu as obéi à ma voix.** »

La bénédiction vient par le Messie descendant d'Abraham.

Descendant d'Isaac

Comme en Gn 22, 18 pour Abraham, YaHWeH annonce ses bénédictions par la postérité d'Isaac.

Gn 26, 4b : « **et en ta postérité seront bénies toutes les nations de la terre…** »

Descendant de Jacob

Comme pour Abraham et Isaac, YaHWeH annonce les bénédictions par le Messie issu de Jacob

Gn 28, 14b : « **et toutes les familles de la terre seront bénies en toi et en ta postérité.** »

Dans l'oracle de Balaam, fils de Béor, il est confirmé qu'un astre

---

[2] « L'Évangile tel qu'il m'a été révélé » Maria Valtorta – Tome 5, Ch 36, page 244
[3] Pr 8, 22-31 – Application des Proverbes à la Vierge Marie selon Marie d'Agréda (1602-1665) dans « la Cité mystique de Dieu », Livre 1, chapitre 5, § 52 et suivants

(la lumière, le Messie) sort de Jacob. Il brandira le sceptre d'Israël. Le spectre c'est le signe de la royauté. Il sera donc roi d'Israël, roi du peuple élu. Après son combat contre l'ange de Dieu, Jacob reçoit un nouveau nom Israël.

Le patriarche Jacob s'est arrêté à Bethléem car Rachel sa bien-aimée y mourut.

Nb 24, 17 : « **Je le vois, mais non comme présent ; je le contemple, mais non de près. Un astre sort de Jacob, un sceptre s'élève d'Israël.** »

Descendant de Moïse
YaHWeH suscitera de Moïse un Messie…

Dt 18, 15-18 : « **[15]YaHWeH, ton Dieu, te suscitera du milieu de toi, d'entre tes frères, un prophète tel que moi : vous l'écouterez.**

Descendant de Jessé de Bethléem
Le prophète annonce que le Messie descendra de Jessé, père du roi David. Jessé est né à Bethléem.

Is 11, 1-4 : « **[1]Un rameau sortira du tronc de Jessé, et de ses racines croîtra un rejeton. [2]Sur lui reposera l'Esprit de YaHWeH, esprit de sagesse et d'intelligence, esprit de conseil et de force, esprit de connaissance et de crainte de YaHWeH ; [3]il mettra ses délices dans la crainte de YaHWeH. Il ne jugera point sur ce qui paraîtra à ses yeux, et il ne prononcera point sur ce qui frappera ses oreilles. [4]Il jugera les petits avec justice, et prononcera selon le droit pour les humbles de la terre. Il frappera la terre de la verge de sa bouche, et par le souffle de ses lèvres il fera mourir le méchant.** »

Jésus, le Messie, est le rejeton qui descend dans son humanité du rameau (David à Marie) du tronc de Jessé (père du roi David). David inaugure la royauté terrestre, Jésus la royauté spirituelle.

Jésus, est le rejeton dans son humanité. Il s'incarne comme un petit, un enfant dans une crèche, un mendiant d'amour.

Mais le tronc de Jessé dépend de ses racines. Jessé dépend de Dieu qui donne vie et qui permet la continuité de la vie. Jésus, le Messie, dans sa divinité est engendré du Père. Jésus, le rejeton, est rattaché directement aux racines de Jessé, c'est-à-dire à Dieu. Jésus est Fils de Dieu.

Les racines de Jessé sont à Bethléem. C'est à Bethléem que naîtra le Messie (rejeton).

Sur lui reposera l'Esprit de YaHWeH, c'est-à-dire l'Esprit-Saint. Jésus, le Messie annoncé, recevra l'Esprit-Saint de façon visible sous la forme d'une colombe le jour de son baptême dans le Jourdain.

Le prophète Isaïe va annoncer la naissance, la vie de Jésus, sa passion, sa mort et sa résurrection.

Israël attend un Messie. Cette attente est trinitaire car elle se comprend avec Celui qui donne l'Onction - le Père, Celui qui reçoit l'Onction - le Fils, l'Onction elle-même - le Saint-Esprit. Le Messie est le vecteur de la révélation définitive du Dieu Trinitaire.

Pendant la vie terrestre de Jésus, la manifestation trinitaire se fait par une intervention du ciel au baptême de Jésus, à la transfiguration et le jeudi saint avant la passion.

Le terme « messie » désigne d'abord celui qui avait reçu une onction d'huile sainte dans Ex 30, 23-25. Elle est utilisée pour l'onction d'Aaron et des prêtres (Ex 29, 7 et 29, 29) pour les consacrer au sacerdoce.

L'onction sera donnée ensuite aux rois d'Israël : à Saul (1S 9, 16 et 10, 1 ; à David (1S 16, 12), à Salomon (1R 1, 34) puis à tous leurs successeurs.

L'onction d'huile sainte est toujours un signe en rapport avec l'Esprit de Dieu, mais le Messie reçoit une onction de plénitude car l'Esprit de Dieu lui-même repose sur Lui.

Isaïe se réfère à Jessé, père de David, et qualifie le Messie de descendant de Jessé plutôt que de David. La raison en est que la tradition juive considère Jessé comme un juste parfait n'ayant jamais commis de sa vie le moindre péché, à tel point que leurs Docteurs ont affirmé qu'il n'est mort que par suite de la perfidie du serpent, c'est-à-dire par suite de la condamnation du premier homme, et non pas pour quelque péché qu'il aurait commis personnellement (cf. Talmud, Shabbat, fol. 55 verso, et traité Baba-Baihra, fol. 17 recto).

Descendant de David - Roi éternel

YaHWeH s'adresse au prophète Nathan (2S 7, 4-17). Il lui demande de parler à David.

2S 7, 16 : « **Ta maison et ta royauté seront pour toujours assurées devant toi ; ton trône sera affermi pour toujours.** »

Le Seigneur prévient David à travers son prophète Nathan qu'il aura un successeur dans sa descendance qui établira une royauté stable. C'est ce descendant, qui construira une maison pour Dieu.

Ce descendant est Jésus qui établit sa royauté sur toute la terre et qui restaure l'homme temple de Dieu, par sa mort et sa résurrection.

1 Ch 17, 11-15 : « **[11]Quand tes jours seront accomplis et que tu iras avec tes pères, j'élèverai ta postérité après toi, l'un de tes fils, et j'affermirai son règne. [12]C'est lui qui me bâtira une maison, et j'affermirai son trône pour toujours. [13]Je serai pour lui un père, et il sera pour moi un fils ; et je ne lui retirerai point ma grâce, comme je l'ai retirée à celui qui a régné avant toi. [14]Je l'établirai pour toujours dans ma maison et dans mon royaume, et son trône sera affermi pour toujours ». [15]Nathan parla à David selon toutes ces paroles et toute cette vision.** »

Nathan prophétise la venue du Messie descendant de David.

Descendant de David – Juif – Oint

David prophétise dans les psaumes la venue du Messie.

Ps 45/44, 3 : « **Tu es le plus beau des enfants des hommes, La grâce est répandue sur tes lèvres ; Oui Dieu t'a béni pour toujours !** »

Dieu va établir pour toujours la lignée de David.

Ps 89, 4-5 : « **J'ai contracté alliance avec mon élu ; j'ai fait ce serment à David, mon serviteur : pour toujours j'affermis ta race, et j'établis ton trône pour tous les âges.** »

Ps 132, 11 : « **YaHWeH a juré à David la vérité, il ne s'en départira pas : « C'est du fruit de tes entrailles, que je mettrai sur ton trône.** »

Ps 132, 17 : « **Là je ferai germer pour David une corne, je**

préparerai un flambeau à mon Oint. »

La corne a le sens d'éminence, d'élévation. Son symbolisme est celui de la puissance, de la force.

Jésus est de la descendance de David. Il habite en Sion. Il est l'Oint par excellence de façon visible au moment de son baptême.

Nouveau David, Pasteur

Dieu annonce par le prophète Ézéchiel l'avènement d'un nouveau David.

Éz 34, 23-24 : « **23Je leur susciterai un seul pasteur, - et il les fera paître, - mon serviteur David ; c'est lui qui les paîtra, et c'est lui qui sera pour elles un pasteur. 24Moi, YaHWeH, je serai leur Dieu, et mon serviteur David sera prince au milieu d'elles (les brebis) ; Moi, YaHWeH, j'ai parlé. »**

Messie fils d'homme

Dn 7, 13-14 : « **13Je regardais dans les visions de la nuit, et voici que sur les nuées vint comme un Fils d'homme ; il s'avança jusqu'au vieillard, et on le fit approcher de lui. 14Et il lui fut donné domination, gloire et règne, et tous les peuples, nations et langues le servirent. Sa domination est une domination éternelle qui ne passera point, et son règne ne sera jamais détruit. »**

Daniel annonce la venue d'un Fils d'homme avec une autorité éternelle. C'est l'annonce de la venue du Messie. Le Verbe incarné, Jésus, se fera appelé au début de son ministère le fils de l'homme, puis à la fin de son ministère, le fils de Dieu.

Dn 7, 21-22 : « **21Je regardai, et cette corne faisait la guerre aux Saints et l'emportait sur eux, 22jusqu'à ce que le vieillard vînt, que le jugement fût donné aux Saints du Très-Haut, et que le temps arrivât où les saints possédèrent le royaume. »**

Le Messie sera fils de l'homme car il ne sera pas qu'homme, ne comprenant pas en sa personne que la nature des autres enfants d'Adam.

Cette dénomination indique qu'il y a dans sa personne aussi une nature tirée de l'homme, nature qu'il a prise dans le sein virginal de sa très-sainte Mère. Nous voyons dans l'Évangile que Notre-Seigneur s'est constamment annoncé comme fils de l'homme. Jamais il ne se dit homme.

Pierre appelle Jésus homme quand il le renie. Dans ce moment où il dira « Je ne connais pas, cet homme »

Serviteur Germe, bâtisseur du Temple de YaHWeH
La venue du Germe sublime est annoncée.

Za 3, 8 : « **Écoute donc, Jésus, grand prêtre, toi et tes collègues qui siègent devant toi : - Car ce sont des hommes de présage ; - Voici que je vais faire venir mon serviteur Germe.** »

Za 6, 12 : « **Tu lui parleras en ces termes : Ainsi parle YaHWeH des armées : Voici un homme dont le nom est Germe ; il germera en son lieu, et il bâtira le temple de YaHWeH.** »

Jésus va annoncer la bonne nouvelle « en son lieu » en Galilée et dans tout Israël. Le Germe germera en son lieu (Jérusalem) en mourant pour porter du fruit (Jn 12, 24 : « **En vérité, en vérité, je vous le dis, si le grain de blé tombé en terre ne meurt pas, il demeure seul ; mais s'il meurt, il porte beaucoup de fruit.** »).

Jésus bâtit le Temple de Dieu qu'est l'homme. Il permet par sa passion et sa mort de racheter tous les hommes. Tout homme sanctifié devient temple de Dieu et Dieu habite en lui.

Origine du Messie
Jacob prophétise la venue du Messie dans la tribu de Juda (Gn 49, 10). Dans cette tribu, la famille de Jessé est préférée à toutes les autres (Is 11, 1 et 10). Puis dans cette famille, la maison de David est désignée pour donner au monde le Rédempteur d'Israël (2Sam. 7, 12 et suivants - 1Rois 11, 34 et 36 Ps 79, 36 et 37).

1.1.3 Messie fils de Dieu

Issu du Très-Haut – Envoyé pour la terre

Au chapitre 24 de Siracide (ou Ecclésiastique), l'auteur fait l'éloge de la sagesse. La sagesse c'est le Verbe.

Si 24, 3 : « **Je suis sortie de la bouche du Très-Haut, Et, comme une nuée, je couvris la terre.** »

Au verset 3, l'auteur nous dit que la sagesse est sortie de la bouche du Très-Haut. Le Verbe est le Fils, engendré du Père. Sa parole révèle la pensée du Père. Le Messie va couvrir toute la terre de l'annonce du Royaume de Dieu, lui-même, puis ses disciples conduits par le Saint-Esprit.

Si 24, 8 : « **Alors le créateur de toutes choses me donna ses ordres, et celui qui m'a créée fit reposer ma tente ; et il me dit : « Habite en Jacob, aie ton héritage en Israël. »**

Une nuit, Jacob lutte contre un homme (ou un ange de Dieu) jusqu'à l'aurore (Gn 22, 23-33). Avant de le quitter son « adversaire » celui-ci lui dit Gn 23, 29 : « **Et il dit : « Ton nom ne sera plus Jacob, mais Israël, car tu as combattu avec Dieu et avec des hommes, et tu l'as emporté. »**.

Le troisième des patriarches hébreux, Jacob, est renommé Israël. Israël signifie « Celui qui lutte avec Dieu » ou « Dieu est fort, Dieu triomphe ». Notons que ce n'est pas celui qui lutte contre Dieu, mais avec Dieu. Dieu change le nom de Jacob. Chez les hébreux au nom est attaché une fonction, une mission, une raison d'être.

Dans Siracide, nous voyons que le Messie viendra de Jacob, car il sera descendant des patriarches Abraham, Isaac et Jacob. Le Messie aura son héritage en Israël, « Dieu triomphe », car il remportera la victoire sur les forces du mal, après sa mort sur la croix, il ressuscitera.

Messie fils de Dieu

Is 35, 4 : « [4]**Dites à ceux qui ont le cœur troublé ; « Prenez courage, ne craignez point : Voici votre Dieu ; la vengeance vient, une revanche divine, il vient lui-même et vous sauvera. »**

Dieu vient lui-même ! Le Messie est donc Dieu. Il vient pour nous sauver. Il est le sauveur.

Divinité du Messie annoncé par le prophète Isaïe

Isaïe, 11, 2a : « **Sur lui (le Messie) reposera l'Esprit de YaHWeH** ».

Le Messie ne sera pas seulement oint, c'est l'Esprit de YaHWeH qui sera sur lui.

Is 12, 2 : « **Voici le Dieu de ma délivrance ; j'ai confiance et je ne crains pas ; car ma force et ma louange c'est YaHWeH, YaHWeH ; il a été pour moi le salut.** »

Les rachetés louent Dieu. Faut-il voir dans la répétition du mot YaHWeH le Père et le Fils ? Car le salut vient par l'envoyeur, le Père qui envoie son Fils, et par l'envoyé, le Fils qui accomplit la mission salvatrice par sa mort et sa Résurrection. De plus le Fils est comme le Père à l'exclusion que l'un est engendré et l'autre l'engendreur.

Is 25, 9 : « **On dira en ce jour-là : « Voici notre Dieu ; en qui nous espérions pour être sauvés ; c'est YaHWeH, en qui nous avons espéré ; livrons-nous à l'allégresse et réjouissons-nous-en son salut.** »

Le salut vient du Messie, le Messie est Dieu.

Is 35, 4 : « **Dites à ceux qui ont le cœur troublé ; « Prenez courage, ne craignez point : Voici votre Dieu ; la vengeance vient, une revanche divine, il vient lui-même et vous sauvera.** »

Le Messie, c'est Dieu lui-même qui vient nous sauver.

Is 40, 5 : « **Alors la gloire de YaHWeH apparaîtra et toute chair sans exception la verra ; car la bouche de YaHWeH a parlé.** »

Isaïe prophétise le retour du Messie à la fin des temps car d'une part Jésus est revêtu de gloire après sa Résurrection (un des quatre dons du ressuscité) et d'autre par toute chair sans exception le verra.

Is 40, 9 : « **Monte sur une haute montagne, toi qui portes à Sion la bonne nouvelle ; élève la voix avec force, toi qui portes à Jérusalem la bonne nouvelle ; élève-la, ne crains point ; dis aux villes de Juda : « Voici votre Dieu !** »

Divinité du Messie dans les psaumes

Ps 132, 13-14 : « **[13]Car YaHWeH a choisi Sion, il l'a désirée pour sa demeure. [14] « C'est le lieu de mon repos pour toujours ; j'y habiterai, car je l'ai désirée. »**

YaHWeH habite Sion par l'incarnation du Verbe de Dieu au moment de l'Annonciation.

Divinité du Messie annoncé par le prophète Michée

Mi 1, 3 : « **Car voici que YaHWeH va sortir de sa demeure ; il descendra, il marchera sur les hauteurs de la terre.** »

Le prophète Michée, 740 à 687 avant J.C., annonce la venue en Israël de celui qui doit gouverner Israël. Dieu lui-même va venir de son royaume. Il descendra (s'incarnera) dans une nature humaine. Il marchera sur la terre. Ceci se réalisera avec le Messie Jésus, pleinement homme et pleinement Dieu.

Divinité du Messie annoncé par le prophète Zacharie

Za 2, 9: « **Et moi, je serai pour elle (Jérusalem), - oracle de YaHWeH, - une muraille de feu à l'entour, et je serai en gloire au milieu d'elle.** »

Za 2, 12 : « **Car ainsi parle YaHWeH : pour sa gloire il m'a envoyé vers les nations qui vous ont pillés ; car qui vous touche touche la prunelle de son œil.** »

Za 2, 14-15 : « **[14]Pousse des cris de joie et sois dans l'allégresse, fille de Sion ; Car voici que je viens et j'habiterai au milieu de toi, -oracle de YaHWeH. [15]Beaucoup de nations s'attacheront à YaHWeH en ce jour-là, et elles seront mon peuple ; et j'habiterai au milieu de toi, et tu sauras que YaHWeH des armées m'a envoyé vers toi.** »

Sion peut désigner à la fois le lieu de la présence de Dieu et le peuple de Dieu.

Dieu en Jésus va habiter au milieu de la fille de Sion. Le Concile Vatican II appelle Marie « Fille de Sion par excellence » (Lumen gentium 55).

Messie, prophète, Homme et Dieu,

Dt 18, 15-18 : « **[15]YaHWeH, ton Dieu, te suscitera du milieu de toi, d'entre tes frères, un prophète tel que moi : vous l'écouterez. [16]C'est ce que tu as demandé à YaHWeH, ton Dieu, en Horeb, le jour de l'assemblée en disant : « Que je n'entende plus la voix de YaHWeH, mon Dieu, et que je ne voie plus ce grand feu, de peur de mourir. » [17]YaHWeH me dit : »[18]Ce qu'ils ont dit est bien. Je leur susciterai du milieu de leurs frères un prophète tel que toi ; je mettrai mes paroles dans sa bouche, et il leur dira tout ce que je commanderai. ».**

Au verset Dt 18, 15 : « YaHWeH, ton Dieu, te suscitera du milieu de toi (Moïse), d'entre tes frères (c'est-à-dire de l'Homme) ; un prophète tel que moi (YaHWeH, Dieu) : vous l'écouterez. ».

Au verset Dt 18, 18 : « Ce qu'ils ont dit est bien. Je leur susciterai du milieu de leurs frères (c'est-à-dire de l'humanité) un prophète tel que toi (Moïse, homme) ; je mettrai mes paroles dans sa bouche, et il leur dira tout ce que je commanderai. »

Ce prophète promis sera donc à la fois Dieu et homme. Le Messie sera tout à la fois Homme et Dieu.

A la fin du verset Dt 18, 15 le « vous l'écouterez » est la traduction de « Sh'ma » dont la signification et « écouter et obéir ». Dieu nous demande donc d'écouter le Messie et d'obéir au Messie.

Messie du ciel et de la terre

Le Messie devait donc naître Fils de l'homme et Fils de Dieu, cette dernière qualité lui étant inhérente dès le principe. Il devait naître germe de YaHWeH et fruit de la terre, ainsi que s'exprime Isaïe 4, 2 : « **En ce jour-là, le germe de YaHWeH fera l'ornement et la gloire, et le fruit de la terre, fera l'orgueil et la parure des réchappés d'Israël.** »

En ce jour signifie au jour du salut, à l'avènement du Rédempteur. Le germe de YaHWeH, c'est le fils de Dieu, le Messie ainsi qu'il est écrit en Jr 23, 5 et Za 3, 8 et 6, 12. Le fruit de la terre, c'est le fils de l'Homme, le Messie.

Messie, naissance du Dieu fait homme

Is 9, 5 : « **Car un enfant nous est né, un fils nous a été donné ; l'empire a été posé sur ses épaules, et on lui donne pour nom : Conseiller admirable, Dieu fort, Père éternel, Prince de la paix.** »

Isaïe prophétise la naissance d'un enfant, d'un fils. Ce fils est donné à l'humanité. Il est le Fils de l'Homme. L'empire est posé sur ses épaules. Il est le Roi des Rois, le Seigneur des Seigneurs. Son nom est conseiller admirable car il est la Sagesse même. Son nom est Dieu fort car tout a été fait par lui, pour lui, et en lui. Son nom est Père éternel, car il est à l'image parfaite du Père et est venu nous révéler le Père. Son nom est Prince de paix car il est venu réconcilier les hommes avec Dieu et entre-eux.

Le messie sera donc tout à la fois Homme et Dieu.

Is 45, 8 : « **Cieux, répandez-d'en haut votre rosée, et que les nuées fassent pleuvoir la justice ! Que la terre s'ouvre et produise le salut, qu'elle fasse germer la justice en même temps ! Moi ! YaHWeH, je crée ces choses.** »

« Tsedek » du texte ne signifie pas seulement la justice, la justification, mais aussi le juste, et s'applique particulièrement au Messie. Il en est de même de « Iêschagne », qui signifie aussi sauveur, et s'entend du Sauveur du monde ; comme Is. 51, 5. « Karob Tsidki Iatsa Yischegni » : « **Mon juste est proche, mon sauveur va paraître (sens de latsa)** ». Is. 62, 11 : « **Dites à la fille de Sion voici ton sauveur qui vient** » (Hinnê Yischgnehh bâ). Jr. 23, 6 : « **Et voici le nom dont on l'appellera le Seigneur notre juste** » (Adonaï Tsidkênou). Daniel 9, 24 : « **et pour amener le juste des siècles.** » (Oulhabie Tsedek Gnolamim).

Le Messie descend du Ciel car il est Dieu. Il est le Juste que les nuées laissent pleuvoir sur la terre.

Le Messie sort de la terre car il est homme. Il est le salut.

Is 55, 3 : « **Prêtez l'oreille et venez à moi ; écoutez et que votre âme vive ; et je conclurai avec vous un pacte éternel, vous accordant les grâces assurées à David.** »

Messie, germe de David et YaHWeH sauveur

Jr 23, 5-6 : « **⁵Voici que des jours viennent, oracle de YaHWeH, où je susciterai à David un germe juste ; il régnera en roi et il sera sage, et il fera droit et justice dans le pays. ⁶Dans ses jours, Juda sera sauvé, Israël habitera en assurance, et voici le nom dont on l'appellera : YaHWeH-notre-justice.** »

Le prophète évoque un descendant de David. Il sera un germe juste et un roi. Il sauvera Juda et Israël. Ce descendant sera appelé « YHWH Notre Justice » et sera le Messie.

Jésus est présenté comme le descendant de David à travers les mots utilisés : rejeton, germe, fils. David est le roi qui a fait Israël. C'est le roi emblématique du peuple élu. Jésus est présenté dans la filiation de David comme un rejeton, un germe. Il est présenté comme un petit. Mais il régnera prince au milieu des brebis, roi. Il sera juste et sage, fera droit et justice.

Derrière cette humilité se cache un grand roi, dont la royauté n'aura pas de fin. Derrière cette petitesse se cache sainteté et amour. Derrière cet abaissement se cache la puissance de Dieu.

Jésus, sauveur, accomplit cette prophétie en Fils de David venant sauver son peuple de ses péchés.

Jr 33, 14-16 : « **¹⁴Voici que les jours viennent, oracle de YaHWeH, où j'accomplirai la parole que j'ai dite au sujet de la maison d'Israël et de la maison de Juda. ¹⁵En ces jours-là, et en ce temps-là, je ferai germer à David un germe juste, qui exercera le droit et la justice sur la terre. ¹⁶En ces jours-là, Juda sera sauvé, et Jérusalem habitera en assurance, et on l'appellera : YaHWeH-notre-justice.** »

Nouvelle alliance en Jésus, homme et Dieu

Jr 31, 31, 32 : « **³¹Voici que les jours viennent, - oracle de YaHWeH, où je conclurai avec la maison d'Israël et avec la maison de Juda une alliance nouvelle, ³²non comme l'alliance que je conclus avec leurs pères, le jour où je les pris par la main pour les faire sortir du pays d'Égypte, alliance qu'eux ont rompue, quoique je fus** leur époux. »

La nouvelle alliance est annoncée. Elle sera éternelle. Cette nouvelle alliance est réalisée par Jésus, pleinement homme et pleinement Dieu. Il unit en lui la nature humaine et la nature divine.

La nouvelle alliance est le Verbe de Dieu fait homme. Il est l'alliance parfaite de l'homme et de Dieu. Il réalise cette union dans sa personne étant de nature divine et de nature humaine.

Dieu et David

Os 3, 5 : « **Après cela les enfants d'Israël se convertiront et chercheront de nouveau YaHWeH, leur Dieu, et David, leur roi ; ils reviendront en tremblant vers YaHWeH et vers sa bonté, à la fin des jours.** »

Les prophètes annoncent que les enfants d'Israël chercheront YaHWeH, (leur Dieu) et David, (leur roi). Le Messie répond à cette recherche car il est fils de Dieu (et donc Dieu) et fils de l'homme (nouveau David). Marie va donc enfanter Dieu dans le temps des hommes.

Messie du ciel et de la terre

Le Messie est attendu par Israël pour réconcilier l'homme avec Dieu après le péché originel. Il devait être à la fois Dieu et un homme.

En effet, il devait réunir dans sa personne sans la moindre division, la nature divine et la nature humaine. Il fallait que ces deux extrémités s'unissent, afin que le Dieu donnât du prix aux souffrances de l'homme, et que l'homme fournît, pour ainsi dire la matière du sacrifice qui devait expier nos iniquités. Il n'aurait pas suffi que Dieu habitât dans l'homme comme dans son temple, et qu'il en acceptât les dispositions et les sentiments. Il fallait que ce fût lui-même qui souffrît et qui mourût quoique dans une autre nature que la divine. Il fallait que ce fût lui-même qui s'anéantît et qui s'humiliât jusqu'à la mort. Et quelle mort ? Celle de la croix !

1.2 Marie, vierge perpétuelle

1.2.1 Prophétie d'Isaïe virginité de Marie

Environnement Achaz

Achaz, roi de Juda, est connu pour son impiété et pour la prophétie qui manifeste son incrédulité (2R 15, 34 – Ch 27, 2 – 2 R 16, 1 – 2 Ch. 28, 1).

Rasin de Syrie et Phacée d'Israël, alliers, s'avançaient dans les provinces du roi Achaz, descendant de David.

Signe donné : une Vierge devient Mère

Isaïe est considéré comme le plus grand prophète messianique. C'est lui qui donne le plus de précision sur Marie et sur Jésus. Isaïe fait le récit de sa vocation au cours d'une vision dans laquelle se révèle à lui le Dieu « trois fois saint » (Is 6, 3). Il est envoyé par le Seigneur pour raffermir la foi d'Achaz, roi de Juda, de la maison de David, qui tremble devant le roi d'Aram et le roi d'Israël en marche contre lui (Is 7, 1-9). Le roi Achaz craint un changement de dynastie et une menace extermination de la famille royale régnante. Le prophète fait remarquer à Achaz et aux princes de Juda que la conservation de leur famille est une conséquence de la promesse divine qui lie le Rédempteur futur à la maison de David. Il ajoute la prophétie de la naissance miraculeuse du Sauveur (Is chapitres 7 à 11).

Alors le Seigneur met sa parole dans la bouche de son prophète Isaïe et lui ordonne d'aller à la rencontre d'Achaz, hors des murs de la capitale, et de mener avec lui son propre fils, le jeune Scheèr-Yaschub. Le prophète Isaïe, d'après l'ordre de Dieu, prend son fils, Scheèr-Yaschub et se présente à Achaz pour calmer ses inquiétudes, ainsi que celles de toute la famille du roi.

Isaïe rassure le roi en parlant des deux bouts de tison qui achèvent de se consumer (Is 7, 4). Devant l'incrédulité du roi, le prophète lui dit de demander un signe à YaHWeH.

Is 7, 10-15 : « **[10]YaHWeH parla encore à Achaz, en disant : « [11]Demande un signe à YaHWeH, ton Dieu, demande-le dans les profondeurs du schéol ou dans les hauteurs du ciel. » [12]Mais Achaz dit : « Je ne le demanderai pas, je ne tenterai pas YaHWeH. »**

¹³Et Isaïe dit : « Écoutez, maison de David : Est-ce trop peu que vous fatiguer les hommes, que vous fatiguiez aussi votre Dieu ? ¹⁴C'est pourquoi le Seigneur lui-même vous donnera un signe : Voici que la Vierge a conçu, et elle enfante un fils, et elle lui donne le nom d'Emmanuel. ¹⁵Il mangera de la crème et du miel, jusqu'à ce qu'il sache rejeter le mal et choisir le bien. »

Mais le roi refuse de demander le signe d'un grand miracle au haut du ciel ou dans les profondeurs de la terre, le prophète se détourne du prince impie, et s'adresse à la maison de David, pour la rassurer sur son existence menacée par deux ennemis puissants.

Le Seigneur lui-même, dit-il, vous donnera un signe. Ce signe est supérieur à ce qui avait été proposé au choix d'Achaz (Is 7, 11). Aussi les deux éléments, le ciel et la terre, concourront à ce miracle : le ciel car le Messie sera Dieu ; la terre car le Messie sera Homme.

Ce miracle ne devant avoir lieu que longtemps après qu'Achaz aura cessé d'exister, il est confié à la tradition de toute la maison de David. Isaïe ne dit pas, comme les autres prophètes parlant au nom du Seigneur : Je vous donne de moi-même un signe, mais il dit : Le Seigneur vous donnera de lui-même un signe, pour marquer que le miracle est encore fort éloigné, et que le prophète qui l'annonce, ne le verra pas sur cette terre.

Marie Vierge concevant et enfantant

Isaïe annonce le signe de Dieu : une vierge va concevoir. Marie est vierge de tout péché y compris du péché originel. Comment une vierge pourrait concevoir si ce n'est par action divine ?

Selon Paul Drach, dans la lettre du texte original « *Hinné hagnalma hara ve yolédet* », il y a deux participes présents : une Vierge « concevant », une Vierge « enfantant ». Marie demeure Vierge dans ces deux états et conserve sa pureté intacte.

Marie conçoit Jésus par l'Esprit-Saint tout en restant vierge. Elle enfante un fils tout en restant vierge.

Le mot hébreu « **alma** » signifie une jeune femme non mariée, une jeune fille, et désigne habituellement une vierge.

Les juifs d'Alexandrie au IIIème siècle réalisent la traduction grecque « des Septantes » de l'Ancien Testament. Ils remplacent l'hébreu « alma » par le grec « parthenos », qui signifie « vierge ». Ce terme est celui qui convient le mieux pour indiquer ce sens précis. L'étymologie du mot Alma est « cacher », « soustraire au regard », « ôter à la connaissance de tiers ». Il désigne une jeune femme vierge, dans l'innocence la plus absolue.

Une jeune vierge pure et dans toute son innocence (Halma et non une Betula, vierge qui peut-être n'a que les signes trompeurs de la Virginité, ou les a flétris par des pensées condamnables) une halma donc, se trouvera enceinte sans que le principe de sa maternité appartienne à des relations charnelles. Cette halma, toujours vierge, enfantera un fils auquel, suivant l'ordre de Dieu, elle donnera le nom d'Emmanuel.

Vierge fameuse

Isaïe prophétise la conception virginale de Jésus. En 735 av. J.C., le prophète Isaïe promet un signe à Achaz, roi de Juda.

Au verset 7, 14 Isaïe parle de « La jeune Vierge ». Isaïe ne dit pas simplement : voici qu'une Vierge se trouvera enceinte (binnê gnalma hara), mais, voici que la Vierge (hagnalma avec l'article défini).

L'article « la » dans « la Vierge » est conservée dans toutes les anciennes versions Chaldaïque, syriaque, arabe, et dans les septante. Saint Chrysostome s'exprime ainsi : *« Dès le début de cette prophétie, il ne dit pas simplement « voici qu'une Vierge », mais « voici que la Vierge », avec l'article ; une vierge fameuse et unique ; celle qui nous a été annoncée. »*. Marie est unique car elle est vierge de tout péché y compris du péché originel.

C'est la Vierge qu'une tradition constante nous annonce comme la femme dont la progéniture écrasera la tête du serpent, et ôtera le venin d'Ève, venin qui circulant avec le sang passe des veines des parents dans celles des enfants.

Le prophète Isaïe nous annonce la merveille des merveilles, l'incarnation du Verbe dans une chair humaine. Selon la tradition ancienne, consignée par écrit dans les livres des rabbins, la naissance du Christ devait sortir des règles ordinaires de la nature. Il devait venir d'ailleurs.

Prophétie d'Isaïe, Emmanuel

Le prophète annonce la venue du Messie en donnant le nom Emmanuel à cette enfant. L'oracle d'Isaïe indique le nom d'Emmanuel (Imm-anou-el). « El » indique la nature divine de Jésus.

Emmanuel signifie « Dieu avec nous » ou « Dieu au milieu de nous ». Comment Dieu peut-il être plus avec nous qu'en se faisant homme ? Le Dieu avec nous c'est Jésus. Le Verbe, Fils de Dieu et Dieu lui-même, s'est fait chair pour se faire homme et il a habité parmi nous.

L'annonce d'Isaïe se réalise avec l'annonciation par l'archange Gabriel à Marie (Lc 1, 30-35).

Enfants d'Isaïe

Isaïe donne encore deux autres signes à partir de ses deux fils qui diffèrent du premier signe, chacun par son caractère et son objet particulier. Ces deux fils d'Isaïe diffèrent du fils de la Vierge et sont chacun une prophétie séparée.

Is 7, 16 : « **¹⁶Car avant que l'enfant sache rejeter le mal et choisir le bien, le pays dont tu redoutes les deux rois sera dévasté.** »

Le Seigneur avait ordonné à Isaïe de mener avec lui son fils Scheèr-Yaschub. Le nom de cet enfant est un signe prophétique. Le reste (en hébreu : scheèr) du peuple, préservé des armes de Rasin et de Phacée, par la protection du Seigneur, reviendra (en hébreu : yaschub) au Dieu fort, sous un règne à venir, celui d'Ezéchias ; ainsi qu'il est dit au chapitre 10, 21. « **Un reste reviendra, un reste de Jacob, vers le Dieu fort.** »

La présence de cet enfant devait montrer que Jérusalem ne sera pas prise, que la maison de David sera conservée, mais également que la terre ne portera pas longtemps ces deux rois envahisseurs. Lorsque le garçon que voici (Scheèr-Yaschub) aura atteint l'âge de discrétion, celui de sept à huit ans, ils ne seront plus. Ils disparaîtront subitement (Ps 37, 35 et 36) et leurs royaumes changeront de face.

Dans le verset 16, qui commence par un nouveau nominatif, il présente Scheèr-Yaschub, dont il s'est fait accompagner, comme signe que le pays sera délivré des rois qui l'attaquent. Ceci arrivera avant que ce garçon sache rejeter le mal et choisir le bien : avant qu'il soit arrivé à l'âge de discernement, celui d'environ sept ans.

Is 8, 1-4 : « ¹**Et YaHWeH me dit : « Prends une grande tablette, et écris-y en caractères lisibles à tous : Hâtez le pillage ! Butinez vite ! »** ²**Et je pris avec moi des témoins dignes de foi, le prêtre Urie et Zacharie, fils de Jébarachie.** ³**Et je m'approchai de la prophétesse, et elle conçut et enfanta un fils. Et YaHWeH me dit : « Appelle-le Maher-Schalal-Chasch-Baz.** ⁴**Car avant que l'enfant sache crier : Mon père, ma mère ! On portera les richesses de Damas et les dépouilles de Samarie devant le roi d'Assyrie. »**

La prédiction suivante concerne la naissance d'un nouveau fils à Isaïe par la prophétesse, c'est-à-dire son épouse légitime. Le nom de l'enfant est donné par le Seigneur : « Maher-Schalal-Hhasch-Baz » signifiant : « hâtez-vous d'enlever le butin prenez vite les dépouilles ». Il annonce de cette manière qu'avant que ce second garçon soit en état d'appeler mon père ! Ma mère ! Ce qui arrive ordinairement vers l'âge de deux ans, Damas et Samarie seront dévastés (Is 8, 4). En effet, environ deux ans après, Théglatphalassar, successeur de Sardanapale, ravagea ces deux pays, et fit mourir Rasin (2 Rois 15, 29 et 16, 9). A la même époque Phacée, roi d'Israël, périt des mains d'Osée fils d'Ela, qui avait conspiré contre lui (2 Rois 15, 30).

Ces deux fils d'Isaïe, Scheèr-Yaschub et Maher-Schalal-Hhaschbaz, sont donnés par le Seigneur à Isaïe pour être des signes et des prodiges en Israël (Is 8, 18). Ils avaient, lors des désastres de Samarie et de Damas, sept ans et deux ans.

Sens du mot vierge en hébreu

Trois mots en hébreu ont des affinités avec vierge : Nagnara, Betula, Halma.

Nagnara, dont la racine exprime le mouvement, l'agitation, la précipitation, signifie une jeune femme en général, mariée ou non mariée, vierge ou non vierge.

Dans le Deutéronome 22, 15 et 16, le texte appelle deux fois **nagnara**, **une femme mariée**, accusée par son époux d'avoir perdu son innocence avant leur union. Dans le livre de Ruth 4, 12, après que Booz eut acquis Ruth pour être son épouse (v. 10) tout le peuple et les anciens dirent, Ruth 4, 12b : « **Par la postérité que YaHWeH te donnera de cette jeune femme (nagnara) !** » Dans le même livre le serviteur qui surveillait les moissonneurs, satisfaisant à la demande de Booz qui ne connaissait pas Ruth, Ruth 2, 6 : « **Le serviteur établi sur les moissonneurs répondit : « C'est une jeune (nagnara) moabite, qui est revenue avec Noémie des champs de Moab** ». Le surveillant qui donnait ces informations connaissait Ruth et savait que ce n'était pas une fille, mais une veuve non remariée.

Rébecca **vierge** est appelée nagnara dans la Genèse. Dans une foule d'autres endroits de l'ancien testament nous lisons nagnara betula, ce qui signifie une nagnara vierge (Deutéronome XXII, 23 et 28. Esther II, 3 - 1 Rois 1, 2). Dans le livre d'Esther 2, 2 nous lisons ces deux noms au pluriel : nagnarot betulot.

Le texte de la Genèse 34, 1-2 nous apprend que Sichem abuse de Dina et la flétrie la rendant **non vierge**. Mais ensuite il s'y attache. Gn 34, 3 : « **Son âme s'attacha à Dina, fille de Jacob ; il aima la jeune fille (nagnara) et parla au cœur de la jeune fille (nagnara).** » Gn 34, 4 : « **Et Sichem dit à Hémor, son père : « Prends-moi cette jeune fille (nagnara) pour femme.** »

Le masculin est Nagnar, garçon, jeune homme. Par extension il signifie, serviteur, esclave.

Betula signifie une femme vierge sans distinction d'âge ; jeune ou vieille.

Dans le Lévitique il est dit que le grand prêtre peut rendre les derniers devoirs à sa sœur betula, n'ayant jamais eu de mari. Lv 21, 3 : « **et pour sa sœur vierge (betula), qui vit auprès de lui, n'étant pas encore mariée ; pour elle il se rendra impur.** »

La racine de ce mot exprime la séparation, l'éloignement de l'autre sexe.

Une Betula est une femme qui a encore ses betulim. Ce mot hébreu signifie en termes d'anatomie l'hymen. Or une femme peut, ainsi que nous verrons plus bas, avoir reçu les hommages d'un homme, et avoir cependant conservé cette partie membraneuse, signe ordinaire de la virginité. D'un autre côté, une personne peut posséder encore toute la virginité morale de l'innocence, et avoir perdu par accident la virginité physique. Dans ce cas elle n'est plus betula : elle est Halma.

C'est pour cette raison que le texte de la Genèse (Gn 24, 16 : « **La jeune fille était fort belle de figure ; elle était vierge (betula), et nul homme ne l'avait connue. Elle descendit à la source, remplit sa cruche et remonta.** » Après avoir dit que Rébecca était betula le texte ajoute « et nul homme ne l'avait connue ». Ces dernières paroles semblent superflues au premier abord ; mais elles sont nécessaires pour nous apprendre que cette jeune personne avait à la fois la Virginité physique et la virginité morale. Sans cette dernière espèce de virginité le texte n'aurait pas pu qualifier Rébecca de Halma, comme il le fait au verset 43.

Halma

Halma, dont la racine signifie cacher, soustraire à tous les regards, ôter la connaissance d'une chose, désigne une personne jeune et vierge dans toute l'innocence virginale, et tenue loin du commerce de tout homme. En orient elle est ordinairement retenue dans la partie de la maison la plus retirée, où aucun homme étranger à la famille ne peut pénétrer.

Halma signifie une personne qui a conservé la virginité morale par son éloignement de toute impureté, même si un accident ou la violence, lui ait fait perdre les signes matériels de la virginité physique.

Nous avons en hébreu le masculin de Halma, qui est hélem, et nous n'avons pas celui de betula. Un garçon peut posséder la virginité morale, être innocent de tout acte impur : il est alors ce que la Halma est dans l'autre sexe. Mais un garçon ne peut avoir, comme la betula la virginité physique, parce que la circoncision telle qu'elle était pratiquée, et l'est encore, parmi les Hébreux, s'oppose à ce que le sexe masculin en porte les signes matériels.

La vertu ne consiste pas dans la conservation de la virginité physique, qui est quelquefois forcée, mais dans la conservation de la virginité morale qui ne peut être que volontaire.

Halma de soi-même signifie vierge tandis que Nagnara ne renferme pas nécessairement cette signification. Nous trouvons souvent dans le texte hébreu, nagnara betula, c'est-à-dire une nagnara qui est vierge ; et nous n'y trouvons jamais halma betula, une Halma qui est vierge ; parce que ce serait la même chose que si l'on disait : « une jeune vierge qui est vierge. »

Telle est donc la signification de Halma dans toute l'écriture sainte, où ce terme se rencontre sept fois, tant au singulier qu'au pluriel ; savoir, Genèse 24, 43 - Exode 2, 8 - Isaïe 7, 14 - Cantique 1, 3 et 6, 8 - Psaume 68, 26 - Proverbes 30, 19.

Saint Jérôme note dans son commentaire sur Isaïe, tome IV, page 109, édition de Venise, in-4° : « *Dans la langue phénicienne, qui dérive de l'hébreu, Alma est l'expression propre pour dire Vierge. J'ai beau chercher dans ma mémoire, je ne trouve point que le texte hébreu emploie jamais le mot Alma pour dire une femme mariée, mais bien une vierge : une personne non-seulement vierge, mais aussi jeune et dans l'âge de l'adolescence. Une vierge, dans l'acception générale du mot, pourrait aussi s'appliquer à une femme vieille. Mais celle dont parle Isaïe était une vierge dans les premières années de la jeunesse. En d'autres termes, une vierge, non une jeune fille dans l'enfance, incapable encore de faire accueil à un homme, mais déjà nubile.* »

Conclusion

Halma est le seul terme hébreu qui exprime la virginité morale de l'innocence, une pureté qui n'a jamais été ternie, la seule vraie virginité. Halma, une vierge jeune dont l'innocence n'a jamais reçu la moindre atteinte. Halma, une jeune fille qui a toujours vécu loin de toute communication avec les individus de l'autre sexe.

De même un jeune garçon qui possède encore toute sa pureté, est hèlem.

Isaïe annonce qu'une vierge deviendra la mère du Messie. Il utilise halma plutôt que betula...

1.2.2 Prophétie d'Ezéchiel virginité de Marie

<u>Marie réservée à Dieu</u>

Ez 44, 1-3 : « ¹Puis il me fit revenir dans la direction du portique extérieur du sanctuaire qui regardait l'orient ; il était fermé. ²Et YaHWeH me dit : « Ce portique sera fermé ; il ne s'ouvrira point, et personne n'entrera par là, car YaHWeH, le Dieu d'Israël, est entré par là ; et il sera fermé. ³Quant au prince, comme étant le prince, il s'y assoira pour manger les mets devant YaHWeH ; il entrera par le chemin du vestibule du portique et sortira par le même chemin. »

Au verset 1, le sanctuaire c'est le lieu de la présence de Dieu. Dans le temple de Jérusalem le Saint des Saints est le lieu de la présence de l'arche d'alliance, les tables de la loi données par Dieu à Moïse sur le mont Sinaï. Le Saint des Saints, c'est le lieu de la présence de Dieu. Le grand prêtre est le seul à pénétrer une fois pas an en ce lieu en espérant que Dieu agrée le sacrifice du Yom Kippour et qu'ainsi il puisse en ressortir en vie.

Marie est sainte sans aucun péché. Elle est exemptée du péché originel et est donc l'Immaculé Conception. Elle va être le nouveau sanctuaire, l'arche d'alliance. Marie est celle qui va porter la nouvelle alliance c'est-à-dire le Messie pleinement Dieu et pleinement homme.

Le portique extérieur du sanctuaire regarde l'orient. Le Messie devait venir de l'Orient. Le portique est fermé, Marie est la toujours Vierge.

Au verset 2, le portique est fermé et ne s'ouvrira pas. Marie est la Sainte réservée à Dieu elle ne peut être approché par le péché. Marie est la toujours Vierge, réservée à Dieu seul qui respectera son vœu de virginité. L'Esprit-Saint couvre Marie de son ombre et l'être saint qui naîtra sera appelé Fils de Dieu. Marie va portée le Messie attendu par Israël. C'est pourquoi Marie restera Vierge car elle a porté « Dieu ».

Au verset 3 le prince, c'est le fils du roi, c'est le Fils de Dieu. Jésus, fils de Dieu, est porté et nourrit par Marie pendant les neuf mois de grossesse. Il est entré par le chemin du vestibule du portique et est sorti par le même chemin. L'entrée et la sortie du Fils de Dieu en Marie est particulière. Dieu respecte la Virginité de Marie.

1.2.3 Messie postérité de la femme

Postérité de la femme

Un rédempteur est annoncé au premier homme.

Gn 3, 15 : « **Et je mettrai une inimitié entre toi (le serpent) et la femme, entre ta postérité (semence) et sa postérité (semence) ; celle-ci te meurtrira à la tête, et tu la meurtriras au talon.** »

La femme est Ève et sa postérité. C'est aussi Marie, la nouvelle Ève et sa postérité à travers son Fils, Jésus. Nous sommes en effet de la postérité de Jésus. L'univers a été fait par lui, pour lui et en lui.

Le serpent vient de pousser Adam et Ève à pécher. Le texte du verset 3, 15 nous parle d'une femme mystérieuse et de sa postérité, qui écrasera la tête du serpent. La postérité de la femme est une appellation inhabituelle. Mais Marie attendra Jésus sans intervention de l'homme, parce que le Saint-Esprit la couvre de son ombre (Lc 1, 26-38).

Le Seigneur qualifie de progéniture de la femme « celui qui doit écraser la tête du serpent. (Gn. 3, 15a : « **Et je mettrai une inimitié entre toi et la femme, entre ta postérité (semence) et sa postérité (semence)** »). La semence de la femme écrasera la tête du serpent.

Comme progéniture de la femme il n'a donc pas de père. Si Jésus s'appelle lui-même fils de l'homme, il faut bien faire attention que c'est la traduction verbale du ben-adam de l'hébreu, qui signifie tout simplement un individu du genre humain. C'est ainsi que Jésus a fait connaître la réalité de son humanité.

Créature nouvelle

Ps 2, 7 : « **Je vais publier le décret : YaHWeH m'a dit : Tu es mon Fils, moi-même, aujourd'hui, je t'ai engendré.** »

Le livre Médrasch-Thehillim s'exprime dans les termes suivants sur le psaume 2 : « *Lorsque le temps du Messie sera venu, Dieu saint, béni soit-il, dira : Il faut que je le crée une créature nouvelle. Et c'est dans ce sens qu'il est écrit : Je t'ai engendré aujourd'hui (« à une époque déterminée du temps » pour la sainte humanité de Jésus-Christ et*

« éternellement » pour le Verbe éternel). Dieu le créera à cette heure-là. »

Être nouveau
Jr 31, 22 : « **Car YaHWeH a créé une chose nouvelle sur la terre : une femme entourera un homme.** ».

Marie sera la mère d'une chose nouvelle (le Dieu–homme). Elle entourera un homme car il viendra par le Saint-Esprit uniquement de la femme.

Le verset peut se traduire : « Car YaHWeH créera une chose nouvelle, une femme enveloppera un homme. ». YaHWeH créera une créature nouvelle, un homme tel qu'il n'en a jamais existé sur la terre. Dieu s'unira hypostatiquement à la nature humaine, et sera un homme-YaHWeH, et une femme l'enfermera dans son sein.

L'Esprit-Saint développera en elle une fécondité qui lui sera propre et n'aura besoin d'aucun homme. La seule nature de la femme suffira pour donner un corps au Verbe de Dieu. Une femme entourera un homme. Cet homme viendra uniquement par le Saint-Esprit et la femme.

Le miracle s'accomplit. Celui qui est le Verbe de Dieu, qui ne pas être contenu, s'abaissera dans une nature humaine. Le Rédempteur du monde, créateur et conservateur de l'univers, se trouvera circonscrit, en tant qu'homme, dans l'espace étroit du sein d'une jeune fille.

Le Médrasch-Yalkut article 315 sur Jérémie enseigne que cette prophétie aura son accomplissement « *lors de la venue du Messie* »

Venue du Messie sans intervention humaine
Présentation
Le livre de Daniel est un texte de visions, de révélations.

Daniel va avoir une très longue vie. Il verra tout le royaume de Babylone depuis Nabopolassar jusqu'à son effondrement en 586 avant JC et il verra le début du royaume de l'empire perse.

Le roi de Babylone a fait un rêve prophétique qui le marque, mais il est incapable de raconter, d'expliquer ce rêve.

Les sages, magiciens et devins sont sollicités pour rappeler le rêve du roi. Les magiciens avouent leur impuissance. Le roi dit c'est la preuve qui vous ne servez à rien. Ordre est donné de supprimer tous les magiciens. Daniel demande 3 jours pour révéler le rêve du roi.

Au bout de 3 jours Daniel reçoit la description du rêve du roi et son interprétation.

La statue
Daniel raconte son songe au roi.

Dn 2, 29-36 : « **[29]Toi, ô roi, tes pensées s'élevaient en ton esprit sur ta couche au sujet de ce qui arriverait après ce temps-ci, et celui qui révèle les secrets t'a fait connaître ce qui doit arriver. [30]Et moi, ce n'est pas par une sagesse qui serait en moi, supérieure à celle de tous les vivants, que ce secret m'a été révélé, mais c'est afin qu'on en fasse savoir la signification au roi, et que tu connaisses les pensées de ton cœur. [31]Toi, ô roi, tu regardais, et voici une grande statue. Cette statue était immense et sa splendeur extraordinaire ; elle se dressait devant toi, et son aspect était terrible. [32]Cette statue avait la tête d'or fin, la poitrine et les bras d'argent, le ventre et les cuisses d'airain, [33]les jambes de fer, les pieds en partie de fer et en partie d'argile. [34]Tu regardais, jusqu'à ce qu'une pierre fut détachée, non par une main, et frappa la statue à ses pieds de fer et d'argile, et les brisa. [35]Alors furent brisés en même temps le fer, l'argile, l'airain, l'argent et l'or, et ils devinrent comme la balle qui s'élève de l'aire en été, et le vent les emporta sans qu'on en trouve plus aucune trace ; et la pierre qui avait frappé la statue devint une grande montagne et remplit toute la terre. [36]Voilà le songe ; sa signification, nous allons la dire devant le roi.** »

Les quatre grands royaumes et souveraineté de Dieu
Daniel interprète le songe du roi.

Gn 2, 37-45 : « **[37]Toi, ô roi, roi des rois, à qui le Dieu du ciel a donné l'empire, la puissance, la force et la gloire, [38]entre les mains de qui il a livré, en quelque lieu qu'ils habitent, les enfants des hommes, les bêtes des champs, les oiseaux des cieux, et qu'il a fait dominer sur eux tous : c'est toi qui es la tête d'or. [39]Après toi, il s'élèvera un autre royaume, moindre que toi, puis un troisième royaume d'airain, qui dominera sur toute la terre. [40]Un quatrième royaume sera fort comme le fer ; de même que le fer écrase et brise tout, et comme le** fer qui met en pièces, il écrasera et mettra en pièces tous ceux-là. ⁴¹Si tu as vu les pieds et les orteils en partie d'argile de potier et en partie de fer, c'est que ce sera un royaume divisé ; il y aura en lui de la solidité du fer, selon que tu as vu du fer mêlé à l'argile. ⁴²Mais comme les orteils des pieds étaient en partie de fer et en partie d'argile, ce royaume sera en partie fort, et il sera en partie fragile. ⁴³Si tu as vu le fer mêlé à l'argile, c'est qu'ils seront mêlés de semence d'homme ; mais ils ne tiendront pas l'un à l'autre, de même que le fer ne peut s'allier avec l'argile. ⁴⁴Dans le temps de ces rois, le Dieu du ciel suscitera un royaume qui ne sera jamais détruit, et dont la domination ne sera point abandonnée à un autre peuple ; il brisera et anéantira tous ces royaumes-là, et lui-même subsistera à jamais, ⁴⁵selon que tu as vu qu'une pierre a été détachée de la montagne, non par une main, et qu'elle a brisé le fer, l'airain, l'argile, l'argent et l'or. Le grand Dieu a fait connaître au roi ce qui arrivera dans la suite ; le songe est véritable et sa signification certaine. »

Les quatre empires qui vont se succéder sur la terre sont déjà dans les textes Gn 1, 2 – Gn 14, 1 – Dn 2, 29-45 – Dn 7, 1-8.

Prophétie de Daniel sur les quatre empires
Daniel, après avoir raconté le songe du roi, lui en donne l'explication.

Quatre empires doivent se succéder à la surface de la terre jusqu'à la fin. Ces quatre empires sont caractérisés par quatre éléments dont la statue est composée. Les éléments vont du plus précieux l'or au plus vil, l'argile. Contrairement à ce qu'on pense on ne va pas vers un progrès constant de l'humanité, mais vers une décadence, un déclin irréversible de la civilisation humaine auquel on va assister, depuis le temps de Daniel jusqu'à la fin.

Le premier empire est Babylonien avec Nabuchodonosor. Il est semblable à une tête d'or pur.

Le deuxième empire est celui des mèdes et des perses. Il est représenté par la poitrine d'argent. Cet empire est inférieur en valeur au précédent.

Le troisième empire est grec avec Alexandre le grand. Il est représenté par l'airain (bronze). Cet empire est inférieur en valeur au précédent.

Le quatrième royaume, dur comme le fer, est celui des romains qui réduisirent leurs adversaires. Il est en deux périodes. Dans un premier temps il est monolithique entièrement composé de fer. Dans un deuxième temps il est composé d'un alliage hétérogène de fer et d'argile. Le royaume d'Israël au 1er siècle sera divisé entre le fer de Rome et l'argile d'Hérode. C'est tout le système de la civilisation humaine qui est fragilisé. Cet empire est inférieur en valeur au précédent.

Prophétie sur la venue du Messie
Dn 2, 34 : « **34 Tu regardais, jusqu'à ce qu'une pierre fût détachée, non par une main, et frappa la statue à ses pieds de fer et d'argile, et les brisa.** »

Une pierre se détache de la montagne sans l'intervention humaine. C'est donc une intervention divine qui détache la pierre.

La pierre frappe la statue à ses pieds de fer et d'argile, et les brise. Alors furent brisés en même temps le fer, l'argile, l'airain, l'argent et l'or, c'est à dire les royaumes humains.

La pierre qui a brisé la statue devient une grande montagne et remplit toute la terre. Malgré des débuts modestes le règne messianique jamais ne sera détruit. Il subsistera éternellement et remplira toute la terre.

La prophétie de Daniel évoque le moment de la venue du Messie. Au temps de la Vierge Marie, le livre de Daniel est lu dans sa forme actuelle depuis déjà deux siècles. A cette époque, il y avait une attente messianique importante.

Le prophète Daniel a vu d'avance la venue du Messie. Il parle d'une pierre détachée sans l'intervention d'une main. La venue du Messie dans le monde se fait sans le travail de mains humaines. C'est-à-dire sans l'intervention d'un homme travailleur manuel, autrement dit sans l'action de Joseph. Marie est seule à coopérer à l'économie du salut en se laissant « couvrir de l'ombre du Saint-Esprit ». La pierre mentionnée vient de la terre par Marie, mais du ciel par le Saint-Esprit.

1.3 Marie sans péché

1.3.1 Marie sans tache

Marie sans tache

Marie est la toute belle parce que la toute pure, Ps 46, 12 : « **et le roi sera épris de ta beauté ; puisqu'il est ton Seigneur, incline-toi devant lui.** »

Marie est le lys, sans péché, au milieu des épines des pécheurs. Ct 2, 2a : « **Comme un lis au milieu des épines…** » Elle est sans tache aucune. Ct 4, 7 : « **Tu es toute belle, mon amie, et il n'y a pas de tache en toi.** » Marie est la plus belle des femmes. Ct 5, 9a : « **Qu'a donc ton bien-aimé de plus qu'un autre bien-aimé, ô la plus belle des femmes ?** »

Marie, arche d'alliance

Marie est une source fermée

Ct 4, 12 : « **C'est un jardin fermé que ma sœur fiancée, une source fermée, une fontaine scellée** »

Marie est l'arche de l'alliance, le sanctuaire. Elle est une porte fermée réservée à Dieu seul. Ez 44, 1-2 : « **¹Puis il me fit revenir dans la direction du portique extérieur du sanctuaire qui regardait l'orient ; il était fermé. ²Et YaHWeH me dit : « Ce portique sera fermé ; il ne s'ouvrira point, et personne n'entrera par là, car YaHWeH, le Dieu d'Israël, est entré par là ; et il sera fermé.** »

Prophétie de venue de l'agneau par la fille de Sion

Is 16, 1 : « **Envoyez l'agneau du dominateur du pays, de Pétra, à travers le désert, à la montagne de la fille de Sion.** »

L'agneau du souverain du pays, c'est le fils unique de Dieu Père qui est le vrai souverain. Il vient par la fille de Sion, la Vierge Marie. Il vient vers la montagne, la montagne appartient à la terre, mais la montagne c'est ce qui rapproche la terre du ciel. La vierge Marie, sans péché, rapproche la terre du ciel et permet l'incarnation de celui qui est sans péché.

1.3.2 Enfantement sans douleur

Marie, enfantement du Messie sans douleur

YaHWeH dit à la femme après le péché originel Gn 3, 16 :

« **À la femme il dit : « Je multiplierai tes souffrances, et spécialement celles de ta grossesse ; tu enfanteras des fils dans la douleur ; ton désir se portera vers ton mari, et il dominera sur toi. ».**

Marie accouchera miraculeusement, car non atteinte par le péché (y compris le péché originel), elle ne souffrira pas les douleurs de l'accouchement indiquées dans la Genèse.

Is 66, 7-8 : « **[7]Avant d'être en travail, elle a enfanté ; avant que les douleurs lui vinssent, elle a mis au monde un enfant mâle. [8]Qui a jamais entendu chose pareille, qui n'a jamais rien vu de semblable ? Un pays naît-il en un jour, une nation est-elle enfantée d'un seul coup, que Sion, à peine en travail ait mis au monde ses fils ?** »

La naissance d'un enfant se compose des étapes suivantes : le travail, la descente et la naissance du bébé, l'expulsion du placenta, le rétablissement de la mère. Isaïe nous indique la naissance sans ce processus, sans même la première phase le travail. Il commence lorsque des contractions régulières se font sentir. Il se termine lorsque le col de l'utérus est complètement ouvert pour permettre au bébé de sortir, c'est-à-dire lorsque l'ouverture atteint 10 cm.

Isaïe en 66, 7 annonce une naissance sans travail et sans douleur. Marie est vierge de tout péché y compris du péché originel elle n'a donc pas à souffrir les douleurs de l'enfantement (Gn 3, 16). Comment une vierge pourrait enfanter tout en restant vierge si ce n'est par action divine ?

Marie, signe des temps

Trente plus tard, le prophète Michée annonce la naissance à Bethléem du Messie et ajoute Mi 5, 2 : « **C'est pourquoi il les livrera, jusqu'au temps où celle qui doit enfanter aura enfanté ; et le reste de ses frères reviendra aux enfants d'Israël.** »

Marie est celle qui doit enfanter.

Michée parle ici d'une époque où celle qui doit, enfanter enfantera. La tradition consignée dans le talmud, enseigne que ces paroles du prophète ont trait à l'avènement du fils de David.

Michée dit : « celle qui doit enfanter », il est donc connu parmi le peuple hébreu une prédiction relative à cette femme extraordinaire. Il s'agit bien sur de la prophétie d'Isaïe : « Voici qu'une vierge... «

Marie est la fille de Sion qui se réjouit de porter le Roi d'Israël (littéralement) : en ses entrailles de mère) dont parle Zacharie 2, 14-15 : « **[14]Pousse des cris de joies et sois dans l'allégresse, fille de Sion ; car voici que je viens et j'habiterai au milieu de toi, - oracle de YaHWeH. [15]Beaucoup de nations s'attacheront à YaHWeH en ce jour-là, et elles seront mon peuple ; et j'habiterai au milieu de toi, et tu sauras que YaHWeH des armées m'a envoyé vers toi.** »

Marie est l'image parfaite du peuple élu, Israël, qui attend le Christ. Elle est l'intime de Jésus pendant les 9 mois de la grossesse, durant les 30 ans de la vie cachée, au cours des 3 années de la vie publique, au cours des trois jours de la passion, de la mort et de la Résurrection. Marie est l'icône de l'Église chrétienne, qui accomplit le judaïsme, en annonçant au monde que le Messie attendu par Israël est Jésus-Christ.

1.3.3 Marie donnée à Dieu
Désobéissance de la femme et de l'homme

Gn 2, 16-17 : « **[16]L'Éternel Dieu donna cet ordre à l'homme: Tu pourras manger de tous les arbres du jardin ; [17]mais tu ne mangeras pas de l'arbre de la connaissance du bien et du mal, car le jour où tu en mangeras, tu mourras.** »

Dieu donne cet ordre à l'homme de ne pas manger de l'arbre de la connaissance du bien et du mal. C'est à Dieu de déterminer ce qui est bien et ce qui est mal.

Dieu fait une compagne à l'homme car il n'est pas bon qu'il soit seul (Gn 1, 18, 25).

Gn 2, 1-8 : « **[1]Le serpent était le plus rusé de tous les animaux des champs, que l'Éternel Dieu avait faits. Il dit à la femme: Dieu a-**

t-il réellement dit: Vous ne mangerez pas de tous les arbres du jardin ? ²La femme répondit au serpent: Nous mangeons du fruit des arbres du jardin. ³Mais quant au fruit de l'arbre qui est au milieu du jardin, Dieu a dit: Vous n'en mangerez point et vous n'y toucherez point, de peur que vous ne mouriez. ⁴Alors le serpent dit à la femme: Vous ne mourrez point ; ⁵mais Dieu sait que, le jour où vous en mangerez, vos yeux s'ouvriront, et que vous serez comme des dieux, connaissant le bien et le mal.

⁶La femme vit que l'arbre était bon à manger et agréable à la vue, et qu'il était précieux pour ouvrir l'intelligence ; elle prit de son fruit, et en mangea ; elle en donna aussi à son mari, qui était auprès d'elle, et il en mangea. ⁷Les yeux de l'un et de l'autre s'ouvrirent, ils connurent qu'ils étaient nus, et ayant cousu des feuilles de figuier, ils s'en firent des ceintures. ⁸Alors ils entendirent la voix de l'Éternel Dieu, qui parcourait le jardin vers le soir, et l'homme et sa femme se cachèrent loin de la face de l'Éternel Dieu, au milieu des arbres du jardin. »

Le serpent, surnommé le Malin, est le plus rusé. Il choisit d'intervenir auprès de la femme qui est plus sensible au domaine spirituel. Il est insidieux, il n'affirme pas, mais interroge en transformant la vérité. Dieu n'a interdit qu'un seul arbre et le serpent interroge Dieu vous a dit de ne manger aucun arbre ? Ève innocente sans voir le danger dit la vérité. En commençant à répondre, elle engage une relation très dangereuse avec l'ennemi de nos âmes. Et le serpent lui répond en mentant : « Vous ne mourrez pas » et pour continuer à appâter sa victime il lui dit : « Vous serez comme des dieux, connaissant le bien et le mal. »

La première femme entraîne le premier homme dans sa chute.

Ève a eu le tord d'écouter le serpent, de communiquer avec lui. Elle se laisse entraîner à ne pas donner davantage foi aux paroles de Dieu

Désormais les premiers humains deviennent mortels.

Obéissance de Marie

Marie est la nouvelle Ève. Là où Ève n'écoute pas Dieu et lui désobéit, Marie écoute Dieu et lui obéit.

Marie est consacrée par ses parents, Anne et Joachin, à Dieu. Elle passe son enfance au Temple à partir de trois ans jusque quinze ans. Elle fait vœu de virginité pour Dieu.

Le jour de l'Annonciation elle accepte la parole de Dieu transmise par l'archange Gabriel.

Lc 1, 38 : « **Marie dit : Je suis la servante du Seigneur ; qu'il me soit fait selon ta parole ! Et l'ange la quitta.** »

Marie a fait vœu de virginité et Dieu lui demande d'être Mère. Marie ne comprend pas mais, elle fait une confiance absolue à Dieu.

Le fiat de Marie à l'ange a une portée au-delà du temps. Marie sans péché n'a pas à subir les condamnations de la Genèse. Elle n'aurait pas due perdre les dons préternaturels (dont la vie) qu'on perdu nos premiers parents après le péché originel. Elle accepte de vivre sur la terre, soumise aux lois physiques et biologiques et donc à la mort pour enfanter le Messie et pour le salut des hommes.

2 Marie, vie cachée de Jésus

2.1 Marie, l'Immaculée

2.1.1 Conception sans péché de Marie

Attente d'Anne et Joachim

Anne et Joachim sont âgés et n'ont pas eu d'enfants.

« Hors les murs de Jérusalem, sur les collines et au milieu des oliviers, il y a une grande foule.[4] »

Nous sommes au Nord Est du Temple sur le mont des Olivers. Les galiléens font leur camp en ce lieu lors des fêtes du pèlerinage à Jérusalem et donc lors de la fête des Tentes.

« ... sur lequel tout doucement des artificiers et des décorateurs invisibles fixent des gemmes lumineuses, les unes isolées, les autres groupées en de bizarres figures géométriques, parmi lesquelles brillent la grande Ourse et la petite avec leur forme de char, dont le timon reste attaché au sol après avoir détaché le joug des bœufs. L'étoile polaire a allumée tous ses feux.

La position de la grande Ourse avec « son timon » près de l'horizon correspond aux soirées entre mi-septembre et mi-octobre.

Je comprends que c'est octobre, parce que une grosse voix d'homme le dit : « *Un bel octobre, comme on en voit rarement !*[5] »

Nous sommes en **22 av. J.-C.** lors de la fête des Tentes (Soukkot). Cette fête se déroule du 15 au 21 Tishri, juste après la pleine lune (du samedi 22/09 au V28/09 de l'an -22). Selon l'astronomie, la pleine lune eut lieu le 22/23 septembre.

« La nuit fourmille de plus en plus d'étoiles...[6] ». La nuit fourmille d'étoiles car la soirée est sans lune jusqu'après minuit.

« Demain, c'est le dernier jour de supplication.[7] »

---

[4] « L'Évangile tel qu'il m'a été révélé » Maria Valtorta – Tome 1, chap.3, page 18
[5] Ibid – Tome 1, chap.3, page 19
[6] Ibid – Tome 1, chap.3, page 20
[7] Ibid – Tome 1, chap.3, page 21

Anne et Joachim viennent au Temple de Jérusalem, le septième et dernier jour de la fête des Tabernacles (Hochaana Rabba, le 21 Tishri 3740). Cette fête présente un caractère joyeux et grave.

Anne et Joachim prient dans l'espoir d'avoir enfin un enfant, malgré leur âge avancé. Ils décident, si le Seigneur leur donne un enfant, de le consacrer à Dieu selon la tradition transmise par saint Grégoire de Nysse : « *Le père de cette sainte Vierge était un Israélite d'une piété insigne, qui avait une femme stérile, laquelle, à cause de sa stérilité, ne pouvant avoir part aux prérogatives des femmes qui avaient eu des enfants, demanda à Dieu qu'il lui plût de bénir son mariage, et en même temps lui voua le fruit qu'elle mettait au monde.[8]* »

Conception de Marie

Joachim est descendant du roi David et Anne son épouse est descendante d'Aaron (frère de Moïse) qui établit la lignée sacerdotale. Marie, fille d'Anne et de Joachim est donc d'une lignée royale et sacerdotale.

Au printemps, Anne entonne un cantique d'actions de grâces et annonce à Joachim que leurs prières ont été exaucées, et qu'elle va être mère.

« *Pour la fête des lumières l'espérance a jeté sa semence ; l'air embaumé du mois de nisan la voit germer.[9]* »

La fête de la Dédicace ou des lumières (Hanoukkah) débute le 25 Kislev 3740 et dure 8 jours, soit du S 01/12 au S 08/12/-22.

La Vierge Marie est conçue début décembre, durant la fête de la Dédicace (à partir du 25 Kislev 3740, durée 8 jours). Marie d'Agreda[10] précise que c'était un dimanche. Il s'agit donc du samedi 8 ou dimanche 9 décembre de l'an -22. Chez les hébreux la journée commence la veille à 18h00.

L'Église fête l'Immaculée Conception de Marie le 8 décembre.

---

[8] « Dictionnaire de la Bible » Dom A. Calmet 1849 article Joachim
[9] « L'Évangile tel qu'il m'a été révélé » Maria Valtorta – Tome 1, chap. 5, Page 23
[10] « La cité mystique de Dieu » Marie d'Agreda, part 1, Livre 1, chap. 15, n° 218

Fête de la Dédicace

Marie, mère du Verbe qui est la vraie lumière, est conçue en la fête juive des Lumières. C'est la fête de la dédicace du temple après sa profanation. L'homme par son péché a profané le Temple de Dieu qu'il était.

Dans l'ancien testament Dieu fait alliance avec l'homme en lui donnant les dix commandements qui sont gardés dans le Saint des Saints du Temple de Jérusalem.

Dans le nouveau testament Dieu fait alliance avec l'homme en Jésus, pleinement Dieu et pleinement homme. Marie est l'arche d'alliance. Elle porte le Saint des Saints, celui qui n'a pas péché, Jésus.

Ève la première humanité avait péché avec la conséquence de s''exclure de la présence de Dieu. Marie sans péché y compris dans sa conception (exempt du péché originel) devient la nouvelle humanité apte à devenir le Temple de Dieu et elle portera le Verbe incarné.

Maria Valtorta

Les apôtres demandent à Jésus le récit de la Nativité.

« Le temps de la Grâce étant venu, Dieu prépara pour Lui sa Vierge. Vous pouvez bien comprendre comment Dieu ne pouvait résider là où Satan avait posé son signe ineffaçable. La Puissance travailla donc pour faire son futur tabernacle immaculé. Et par deux justes, d'âge avancé et contre les règles habituelles de la procréation, fut conçue Celle sur laquelle il n'y a aucune tache. Qui a déposé cette âme dans la chair embryonnaire qui reverdissait le vieux sein d'Anne d'Aaron, ma grand-mère ? Toi, Lévi, tu as vu l'Archange de toutes les annonciations. Tu peux dire : c'est celui-là. Car la Force de Dieu fut toujours le victorieux qui apporta la nouvelle de la joie aux saints et aux prophètes, l'indomptable sur lequel la plus grande force de Satan s'est brisée comme une tige de mousse desséchée, l'intelligent qui avec sa bonne et lucide intelligence a détourné les pièges de l'autre intelligent mais malfaisant en procurant avec promptitude l'exécution des ordres de Dieu.

Avec un cri de joie, lui l'Annonciateur qui déjà connaissait les chemins de la terre, parce qu'il était descendu pour parler aux prophètes, recueillit du Feu Divin l'étincelle immaculée qui était l'âme de l'Enfant Éternelle, et l'enfermant dans un cercle de flammes angéliques, celles de son amour spirituel, il la porta sur la terre dans une maison, dans un sein. Et à partir de ce moment, le monde posséda l'Adoratrice ; et Dieu, à partir de ce moment, put regarder un point de la terre sans en éprouver de dégoût. Et une petite créature naquit, l'Aimée de Dieu et de ses anges, la consacrée à Dieu, saintement aimée par ses parents. Oh qu'en vérité les parents de l'éternel Abel surent donner à Dieu les prémices de leur bien, tout leur bien, en mourant pour avoir donné ce bien à Celui qui le leur avait donné ! [11] »

Conception sans péché de Marie

Le texte « Nativité de Marie », appelé aussi Protévangile de Jacques, est un apocryphe de la seconde moitié du IIe siècle.

Extraits à partir de Wikisource.org :

« **IV.** — Et voici que l'ange du Seigneur vola vers elle en lui disant : Anne, Dieu a exaucé votre prière ; vous concevrez et vous enfanterez, et votre enfant sera célèbre dans tout le monde ; mais Anne dit : Le Seigneur mon Dieu est vivant : soit que j'engendre garçon ou fille, je l'offrirai au Seigneur notre Dieu, et il servira dans les choses sacrées tous les jours de sa vie. Et voici que deux anges vinrent en lui disant : Joachim, votre mari, vient avec ses troupeaux ; car l'ange du Seigneur est descendu vers lui, disant : Joachim, Joachim, le Seigneur a exaucé votre prière, descendez d'ici. Voici que Anne votre femme concevra dans son sein ; et Joachim descendit, et il appela ses bergers, disant : Apportez-moi ici dix agneaux femelles [pures et sans taches], et elles seront pour le Seigneur mon Dieu ; et amenez-moi douze veaux purs, et ils seront pour les prêtres et pour le clergé, soit pour l'assemblée des vieillards ; et apportez-moi cent boucs, et les cent boucs seront pour tout le peuple. Et voici que Joachim vient avec ses troupeaux, et Anne se tenait debout sur la porte, et elle vit Joachim qui venait avec ses troupeaux ; et, accourant, elle s'attacha à son cou, disant : À présent je connais que le Seigneur Dieu m'a extrêmement bénie ; car moi qui étais veuve, je

---

[11] « L'Évangile tel qu'il m'a été révélé » Maria Valtorta – Tome 2, chap.103, page 618-619

ne suis plus veuve, et moi qui étais stérile, j'ai conçu dans mon sein. Et Joachim se reposa dans sa maison le premier jour.

V. — Le lendemain il offrit ses dons, disant en soi-même : Si le Seigneur Dieu me bénit, la lame du prêtre me le fera connaître ; [et Joachim offrit ses dons], et fit attention à la lame [soit à l'éphod ou au rational] du prêtre, lorsqu'il fut admis à l'autel du Seigneur, et il ne vit point de péché en soi ; et Joachim dit : À présent j'ai connu que Dieu a eu pitié de moi, et m'a remis tous mes péchés ; et il descendit justifié de la maison du Seigneur, et il vint dans sa maison. Ainsi, Anne conçut, et ses six mois furent accomplis ; mais au neuvième mois, Anne enfanta, et dit à la sage-femme : Qu'est-ce que j'ai enfanté ? Elle dit : Une femme ; et Anne dit : Mon âme est magnifiée à cette heure-ci, et elle se recoucha. Or, les jours étant accomplis, Anne fut purifiée, et elle allaitait sa fille, et nomma son nom Marie. »

Les deux anges préviennent Anne et lui disent : « **Joachim, votre mari, vient avec ses troupeaux ; car l'ange du Seigneur est descendu vers lui, disant : Joachim, Joachim, le Seigneur a exaucé ta prière. Descendez d'ici. Voici que Anne votre femme a conçue (ou concevra) en son sein** ».

La conception de Marie peut être comprise comme miraculeuse sans contact avec Joachim (« a conçue »). Elle explique alors la conception sans péché de Marie.

La conception de Marie peut être comprise comme humaine union d'Anne et Joachim (« concevra »). Marie est cependant conçue sans péché. Elle est exemptée du péché originel. Le nom des parents de Marie signifie pour Anne : « la Grâce » et pour Joachim : « Préparation du Seigneur ». Marie reçoit d'ailleurs de l'ange de l'annonciation le qualificatif de : « Pleine de grâces »

« La nouvelle Ève a été conçue par la Pensée au pied du pommier du Paradis pour que son sourire et ses larmes mettent en fuite le serpent et désintoxiquent le fruit empoisonné. Elle est devenue l'arbre du fruit rédempteur.[12] »

---

[12] « L'Évangile tel qu'il m'a été révélé » Marie Valtorta – Tome 3, Ch 69, page 416

Exemption de la chute et de ses conséquences

Ève n'a pas été toute tournée vers Dieu, elle a pris du fruit de l'arbre de la connaissance interdit par Dieu. Elle a entraîné avec elle Adam dans la chute consécutive au péché originel. Après la chute, l'homme est revêtue « d'un vêtement de peau » qui lui donne la corporalité que nous connaissons. Dès lors la procréation se fait par amour de l'homme et la femme incluant l'union physique. Cette union donne un nouvel être biologique auquel Dieu donne l'être, la présence intérieure.

Sans le péché originel (et le péché), le monde spatio-temporel (avec matière-énergie, espace-temps, et principe de causalité) n'aurait pas existé.

Le fiat éternel, et inconditionnel de Marie à Dieu, la rend capable directement du royaume de Dieu. Elle ne porte pas en elle le poids du péché originel. Elle ne prend pas du fruit de l'arbre de la connaissance du bien et du mal. Dès lors, Marie aurait pu être exemptée des conséquences de la chute. Mais Marie doit descendre dans notre humanité pour permettre que le Verbe s'incarne dans notre corporalité.

Marie, par son « fiat » à l'ange lors de l'annonciation, montre qu'elle est toute à Dieu. Le fiat à l'ange qui rejoint son fiat éternel est une kénose : « Je suis la servante du Seigneur, qu'il me soit fait selon sa volonté. »

2.1.2   Naissance de Marie créature d'exception

Naissance de Marie
21 av. J.-C.

Les temps sont accomplis, la femme frappée d'anathème sous l'ancienne loi, pour avoir introduit le péché dans le monde, devient le premier instrument de l'œuvre de la rédemption et elle est réintégrée dans tous ses droits par la loi nouvelle.

L'apocryphe « Évangile de la Nativité » indique : « Elle naquit dans la cité de Nazareth. »

En début de la nuit du samedi 6 septembre au dimanche 7

septembre, la Vierge Marie naît à Nazareth. Joseph est présent aux côtés de Joachim selon Maria Valtorta. Il est alors âgé d'environ 18 ans.

« Le 8 septembre, sainte Anne comprit qu'elle allait enfin posséder l'enfant de tant de prières; elle se prosterna et pria Dieu de la bénir. Alors son auguste fille (Marie) entra dans une extase très sublime, de sorte qu'elle ne put pas s'apercevoir de sa venue au monde. Quand elle fut sortie de son ravissement, elle se trouva toute belle dans les bras de son heureuse mère, qui avait été préservée de toutes les incommodités ordinaires à cet état, et qui adressa à Dieu cette prière : Créateur de tout ce qui existe, je vous offre ma fille que je viens de recevoir de votre bonté et je vous en remercie. [...] Le Seigneur lui répondit intérieurement de la traiter comme les autres mères traitent leurs enfants, sans lui témoigner à l'extérieur le respect qui était dans son cœur, mais aussi avec autant de soin que d'amour.[13] »

« Il semble qu'il (un gigantesque arc-en-ciel) encercle toute la terre d'Israël, et déjà, mais regardez, voilà une étoile alors que le soleil n'est pas encore disparu. Quelle étoile ! Elle brille comme un énorme diamant !... »

« Et la lune, voilà. C'est la pleine lune alors qu'il manque encore trois jours pour y arriver. Mais regardez quelle splendeur ![14] »

« À cause de leur sainteté Anne n'éprouva pas les douleurs de l'enfantement mais donna extatiquement le jour, après l'avoir porté, à la Sans Faute[15]. »

Le soleil étant proche de l'horizon, l'arc en ciel semble grand. Ce soir là, au coucher du soleil, la planète Jupiter brille sur l'horizon sud.

La pleine lune est le mardi 11 septembre en l'an -21. L'Église fixe la naissance de Marie le 8 septembre de l'an -21. Jean-Chrysostome Trombelli établit qu'il s'agit d'un samedi.

Cérémonie de la purification

La cérémonie a lieu 80 jours après la naissance d'une fille (Lv 12,

---

[13] « La Cité mystique de Dieu » de Maria d'Agreda – Ch. 6
[14] « L'Évangile tel qu'il m'a été révélé » Maria Valtorta – Tome 1, chap. 7, page 33
[15] Ibid - Tome 1, chap 15, page 65

1-8). Mardi 25 novembre, Anne se rend au Temple de Jérusalem. La prophétesse Anne de Phanuel assiste à la cérémonie.

L'Église fête la présentation de Marie au Temple le 21 novembre.

Apparitions de Marie

La Sainte Église a choisi le 8 Septembre dans la célébration de la Nativité de Marie.

Marie annonce la date réelle de sa naissance comme étant le 5 août à Medjugorje et dans de nombreuses autres parties du monde avant Medjugorje, comme dans les apparitions en Espagne et au Mexique dans les années 70 et dans d'autres continents comme l'Asie et l'Afrique.

En 1973, la Vierge apparaît à Amparo Cuevas (apparitions de la Vierge à New Prado, El Escorial, Espagne). Elle lui indique le 5 Août comme date réelle de sa naissance.

En 1984, La vierge apparaît à Jelena (Apparitions de la Vierge à Medjugorje en Bosnie-Herzégovine). Elle déclare le 5 août 1984 comme l'anniversaire des 2000 ans de sa naissance.

Le 5 août 1985, Anita (apparitions à Oliverto Citra en Italie) a eu une nouvelle apparition dans laquelle la Vierge lui a dit : « Aujourd'hui est un jour férié. C'est mon anniversaire. »

A Tierra Blanca, au Mexique, Marie dit la même chose.

2.1.3 Enfance de Marie au Temple
Entrée de Marie au Temple - 18 av. J.-C.

Le pro évangile de Jacques indique que Marie est élevée au Temple à partir de trois ans. C'est ce que retiendra la tradition.

Selon la loi rabbinique une fillette devient « Ketannah » (petite, mineure) dès l'âge de trois ans. Marie est née le 10 tishri 3741 soit le 6 septembre -21. Elle a trois ans le 10 tishri 3744 soit le lundi 3 octobre -18.

Anne et Joachim accomplissent leur vœu fait quatre ans plus tôt. Ils confient leur fille au Temple en présence de Zacharie et d'Élisabeth. Marie vient d'avoir trois ans. C'est le Grand Prêtre en personne qui accueille Marie. Nous sommes en automne de l'an -18. Le Grand-Prêtre est Simon ben Boéthos. Nommé par Hérode en 23, il fut destitué en 6 ou 5 av. J.-C. et remplacé par Matthatias ben Theophilus.

Marie au Temple - Début 17 av. J.-C. à la fin de l'automne 7 av. J.-C.

Marie reste au Temple pendant douze hivers. Durant son séjour au Temple, ses parents Joachim et Anne décèdent. Marie est orpheline.

« Ma Mère fut l'Enfant du Temple depuis l'âge de trois ans à quinze ans et hâta la venue du Christ par la force de son amour.[16] »

Choix d'un mari pour Marie - 7 av. J.-C.

En septembre -7, Marie a quatorze ans. Le tuteur légal de Marie, le Grand Prêtre, doit trouver un époux de sa race royale de David. Il convoque au Temple, pour la fête de la Dédicace, les célibataires de la descendance de David.

Maria Valtorta indique que Joseph avait 18 ans à la naissance de Marie. Joseph a 32 ans et Marie vient d'avoir 14 ans.

Joseph est choisi par Simon Boéthos[17] comme époux pour la Vierge Marie sur un signe du ciel. Chaque prétendant amène une branche d'amandier. Celle de Joseph est la seule à fleurir.

« Il (le rameau) a fleuri miraculeusement, alors qu'aucun rameau sur la terre n'est fleuri en ce moment, dernier jour de l'Encénie, bien que la neige tombée ne soit pas encore disparue sur les hauteurs de Juda.[18] »

Nous sommes le dernier jour de la fête de la Dédicace, le 2 Tébeth 3755 (soit le 24 décembre 7 av. J.-C), et juste au moment du solstice d'hiver.

Joseph indique à Marie qu'il est naziréen.

Marie indique alors à Joseph : *« Toute enfant, je me suis consacré au Seigneur. Je sais que cela ne se fait pas en Israël, mais j'ai entendu une voix qui me demandait ma virginité en sacrifice d'amour pour*

---

[16] « L'Évangile tel qu'il m'a été révélé » Maria Valtorta – Tome 2, chap.103 page 619
[17] Grand prêtre de l'an -36 à l'an -6
[18] Ibid – Tome 1, chap. 19 pages 79-80

l'avènement du Messie. Il y a si longtemps qu'Israël l'attend… Ce n'est pas trop de renoncer pour cela à la joie d'être mère !…[19] »

Joseph répond à Marie : « *Moi aussi, j'unirai mon sacrifice au tient et par notre chasteté nous témoignerons tant d'amour à l'Éternel, tant d'amour que Lui donnera plus tôt le Sauveur à toute la terre, nous permettant de voir sa Lumière illuminée le monde.[20] »*

Fiançailles de Marie et de Joseph - 6 av. J.-C.

Joseph vient au Temple de Jérusalem en mars pour célébrer ses fiançailles avec Marie.

« *Dans ses mains, des bouquets de myrte en fleurs.[21]* ». La floraison du myrte commence au printemps. Nous sommes fin février/ début mars.

Zacharie (lévite) et Élisabeth sont présents. Zacharie est de service deux à trois semaines par an au Temple. Il a suivi avec Élisabeth l'éducation de leur cousine Marie au Temple.

Marie et Joseph, accompagnés de Zacharie et d'Élisabeth se rendent en char à Nazareth. Là, Joseph annonce à son frère Alphée stupéfié, qu'ils feront les noces *« quand Marie prendra ses seize ans, après la fête des Tabernacles[22] »*. Le mariage en famille est donc prévu pour septembre 5 av. J.-C. Marie décide de vivre dans la maison de ses parents.

Le papyrus d'Hérakléopolis daté de 134 av. J.-C., « *la plainte de Philota* », confirme l'existence de deux cérémonies[23]. Le « qiddoushin » est la cérémonie de sanctification de la mariée qui la lie par contrat à son époux et la sépare de sa famille. Le « issou'in » est la cérémonie d'admission dans la maison du mari. La consommation du mariage n'a lieu qu'après cette deuxième cérémonie.

---

[19] « L'Évangile tel qui'il m'a été révélé » Maria Valtorta – Tome 1, chap. 19, page 83
[20] Ibid – Tome 1, chap. 19, page 83
[21] Ibid – Tome 1, chap. 20, page 87
[22] Ibid – Tome 1, chap. 22, page 96
[23] « Le Monde de la bible » Joseph Mélèze-Modrzejewsli, janv./fév. 2005, page 55

Maria Valtorta

« Ma Mère fut l'Enfant du Temple depuis l'âge de trois ans à quinze ans et hâta la venue du Christ par la force de son amour. Vierge avant sa conception, vierge dans l'obscurité d'un sein, vierge dans ses vagissements, vierge dans ses premiers pas, la Vierge appartint à Dieu, à Dieu seul. Elle proclama son droit supérieur au décret de la Loi d'Israël, en obtenant de l'époux qui lui fut donné par Dieu de rester inviolée après les noces.

Joseph de Nazareth était un juste. À lui seulement pouvait être confié le Lys de Dieu et seul il le posséda. Ange, en son âme comme en sa chair, il aima comme aiment les anges de Dieu. L'abîme de cet amour fort qui eut toutes les tendresses conjugales sans dépasser la barrière du céleste feu au-delà de laquelle était l'Arche du Seigneur, sera compris par peu de personnes sur la terre. C'est le témoignage de ce que peut-être un juste pourvu qu'il le veuille de ce qu'il peut, car même l'âme encore blessée par la tache originelle possède des forces puissantes d'élévation, de souvenir et de retour à sa dignité de fille de Dieu, elle opère divinement pour l'amour du Père.[24] »

2.2 Marie, Vierge concevant le Messie

2.2.1 Annonciation, Marie Vierge et Mère

Annonciation – Immaculée, Vierge, Mère de Dieu

L'ange Gabriel annonce à la vierge Marie qu'elle va enfanter grâce à l'Esprit-Saint qui donne vie, en Lc 1, 26 - 38 : « **[26]Au sixième mois, l'ange Gabriel fut envoyé par Dieu, dans une ville de Galilée appelée Nazareth, [27]vers une vierge qui était fiancée à un homme de la maison de David, nommé Joseph ; et le nom de la vierge était Marie. [28]Étant entré où elle était, il lui dit : « Salut, pleine de grâce ! Le Seigneur est avec vous ; [vous êtes bénie entre les femmes]. » [29]Mais à cette parole elle fut fort troublée, et elle se demandait ce que**

---

[24] « L'Évangile tel qu'il m'a été révélé » Maria Valtorta – Tome 2, Ch 103, page 619

pouvait être cette salutation. ³⁰L'ange lui dit : « Ne craignez point, Marie, car vous avez trouvé grâce devant Dieu. ³¹Voici que vous concevrez, et vous enfanterez un fils, et vous lui donnerez le nom de Jésus. ³²Il sera grand et sera appelé fils du Très-Haut ; le Seigneur Dieu lui donnera le trône de David son père ; ³³il règnera éternellement sur la maison de Jacob, et son règne n'aura pas de fin. » ³⁴Marie dit à l'ange : « Comment cela se fera-t-il, puisque je ne connais point l'homme ? » L'ange lui répondit : « ³⁵L'Esprit-Saint viendra sur vous, et la vertu du Très-Haut vous couvrira de son ombre. C'est pourquoi l'être saint qui naîtra sera appelé Fils de Dieu. ³⁶Et voici qu'Élisabeth, votre parente, a conçu, elle aussi, un fils dans sa vieillesse, et ce mois-ci est le sixième pour elle que l'on appelait stérile, ³⁷car rien ne sera impossible pour Dieu. » ³⁸Marie dit alors : « Voici la servante du Seigneur : qu'il me soit fait selon votre parole ! » Et l'ange la quitta. »

Marie Immaculée

Au verset Lc 1, 28 L'ange salue Marie en l'appelant pleine de grâces et bénie entre les femmes. Marie a reçu une plénitude de grâces pour qu'elle soit sans péché. Pour porter le Saint des Saints, il fallait que Marie soit la toute pure. Il fallait qu'elle soit exempt de tout péché y compris du péché originel. Marie est l'Immaculée.

Marie, conçue sans péché, est la seule créature non atteinte par le péché originel. Elle ne peut pas être atteinte par le péché, car le Saint-Esprit la couvre de son ombre, et elle porte Jésus, le Saint de Dieu, celui qui n'a pas péché.

Marie, sans péché, aurait pu demeurer dans le monde de Dieu. Mais elle accepte par son « fiat » à Dieu de vivre sa propre kénose. C'est pourquoi tous les âges la diront bienheureuse car elle participe à l'incarnation et à la rédemption.

Marie Vierge

Au verset 34, Marie s'inquiète car elle est vierge consacrée à Dieu par ses parents dès l'âge de trois ans. Elle ne connaît pas d'homme. Dans la Bible, connaître c'est avoir des relations. Marie n'a pas de relation avec un homme comment pourrait-elle être enceinte ?

Au verset Lc 1, 35a l'ange lui dit que Vierge, elle concevra par le Saint-Esprit qui la couvrira de son ombre. Ce n'est pas Joseph qui engendre Jésus: il est « exclu ». Marie va être enceinte, sans avoir connu d'homme, par l'Esprit-Saint.

Marie Mère de Dieu

Dans Luc, l'ange de l'Annonciation présente le caractère divin de l'enfant avec le langage de la culture juive, en disant que Marie est comme la tente de la rencontre ou l'arche d'Alliance, autrement dit, le lieu de la présence divine.

L'ange Gabriel annonce à la vierge Marie qu'elle va enfanter grâce à l'Esprit-Saint qui donne vie.

Au verset 31, l'ange lui donne le nom de l'enfant : « Jésus ». « Jésus » signifie « Dieu sauve ». C'est Dieu lui-même qui vient comme Messie en la personne du Verbe incarné.

Au verset 32, l'ange annonce : « Il sera grand », l'épithète « grand » est réservée à Dieu dans l'Ancien Testament. Il sera « Fils du Très-Haut ». Le Très-Haut c'est Dieu, il sera donc Fils de Dieu.

Au verset 33, le fils de Marie règnera éternellement. Le règne éternel est réservé à Dieu.

Au verset Lc 1, 35 l'être saint qui naîtra sera appelé Fils de Dieu. De même que le fils d'un homme est un homme, de même le fils de Dieu est Dieu. Marie va enfanter Dieu (la Mère de Dieu).

Marie est la nouvelle tente de la rencontre. Marie attendra le Fils de Dieu.

Beaucoup d'exégètes pensent que Lc 1, 35 a des affinités avec Ex 40, 34-35 : « **[34]Alors la nuée couvrit la tente de réunion, et la gloire de YaHWeH remplit la demeure. [35]Et Moïse ne pouvait plus entrer dans la tente de la réunion, parce que la nuée restait dessus, et que la gloire de YaHWeH remplissait la Demeure.** »

Dans Exode, la nuée, symbole de la présence de Dieu, couvre de son ombre la tente de la rencontre et la Gloire de Dieu remplit la demeure. Dans Luc, l'Esprit-Saint, Puissance du Très Haut, descend et couvre de son ombre Marie et la gloire de Dieu est en elle car elle porte l'Être saint, le Fils de Dieu.

Jésus descendant de David

Marie est descendante à la fois de David et d'Aaron. Joseph n'est pas seulement fils de David (Mt 1, 20), il est de la maison de David (Lc 1, 27). Il se rendra à Bethléem pour le recensement car il est de la maison et de la lignée de David (Lc 2, 4). Joseph est donc un des héritiers directs du trône de David.

Après la mort de Joseph, Jésus portera ce titre de « Fils de David » (Mt 1, 1 ; 9, 27 ; 15, 22 ; 20, 30 ; 21, 9).

Le Talmud reconnaît que Jésus est de la descendance de David (Sanhédrin fol.43 recto). L'Histoire ne retient aucun autre Messie, Fils de David. Depuis la fin du premier siècle, il n'est plus possible de déterminer un autre Fils de David. L'attente messianique est désormais révolue.

Marie Lataste

« *Un jour de l'Annonciation, je lisais dans mon livre l'évangile de la messe ; je le lisais doucement, avec attention, pour y chercher le fruit du mystère que nous célébrions. Vainement je voulus m'arrêter sur les paroles enfermées dans ce passage de l'évangéliste saint Luc; je demeurai sans pensées, sans réflexion, sans sentiment. J'appelai Jésus à mon aide; je me prosternai à genoux à ses pieds devant le tabernacle, et le suppliai de m'éclairer sur le mystère de l'Annonciation. Le Sauveur Jésus vint à moi et me dit :* « *Ma fille, vous aimez que je vous parle de ma Mère, moi aussi je l'aime. Pour vous éclairer sur le mystère de ce jour, je veux vous emmener avec moi. Venez, ma fille, suivez-moi.* » *Jésus me prit par la main. Dès qu'il m'eut touchée, je me sentis élevée en l'air, la terre disparut à mes yeux, je ne vis plus rien, si ce n'est Jésus. Nous arrivâmes à une immense plaine. Ce n'était ni une plaine ni une campagne de la terre ; c'était comme cela, mais ce n'était point cela, et je ne sais le dire autrement. Autour de cette plaine, je vis neuf degrés ou neuf enceintes superposées. Chacune de ces enceintes était immense et occupée par une multitude de jeunes gens vêtus de blanc. Leur robe descendait jusqu'aux genoux ; leurs bras étaient nus, leurs cheveux longs, retroussés en arrière, séparés sur le milieu du front. Ils avaient tous deux ailes sur leurs épaules. Chacun de ces jeunes hommes était brillant comme le soleil ; mais plus l'enceinte était élevée et plus les jeunes hommes de cette enceinte étaient éclatants de lumière. Ceux de la dernière enceinte l'emportaient sur tous les autres. »*

« Au-dessus de ces enceintes je vis un trône magnifique, de l'or le plus fin et le plus brillant. Ce trône n'était que lumière, et cette lumière descendait sur tous les jeunes hommes qui me semblaient réfléchir la lumière de ce trône. Autour du trône, je vis, prosternés à genoux, sept jeunes hommes, plus brillants que ceux de toutes les enceintes, parce qu'ils approchaient de plus près le trône de la lumière. »

« Alors, du trône de la lumière, une voix se fit entendre. Tous ceux qui étaient dans les neuf enceintes et les sept qui se trouvaient devant le trône de la lumière prêtèrent l'oreille ; puis le premier des sept monta sur le trône, se prosterna trois fois, quitta cette plaine et passa par les endroits que nous avions parcourus. »

« Venez avec moi, ma fille, » me dit alors le Sauveur Jésus. Il me prit encore par la main, et nous arrivâmes, avec celui qui avait quitté la plaine d'en haut, dans une petite cellule. Là, une jeune fille, d'une quinzaine d'années, les mains croisées sur la poitrine, priait, les yeux levés au ciel. Le jeune homme se prosterna devant elle et lui dit : « Je vous salue, pleine de grâce, le Seigneur est avec vous. Vous êtes bénie entre toutes les femmes. » À ces mots, la jeune fille me parut troublée dans la parole qu'elle venait d'entendre. Elle se demandait quel pouvait être ce salut. Alors le jeune homme lui dit : « Ne craignez point, Marie ; vous avez trouvé grâce devant Dieu. Voici que vous concevrez dans votre sein et vous enfanterez un Fils, et vous lui donnerez le nom de Jésus. Il sera grand. Son nom sera le Fils du Très-Haut. Le Seigneur lui donnera le trône de David, son Père, et il régnera éternellement, et son règne n'aura point de fin. » Alors la jeune fille répondit : « Comment cela s'opèrera-t-il, car je ne connais point d'homme ? » Il lui fut répondu : « Le Saint-Esprit descendra en vous, et la vertu du Très-Haut vous couvrira, et ce qui naîtra de vous est saint et sera appelé le Fils du Très-Haut. Voici que votre parente Élisabeth a conçu, elle aussi, un fils dans sa vieillesse, et c'est le sixième mois de la grossesse de celle qui est

appelée stérile, parce qu'il n'y a point de promesse irréalisable pour Dieu. » La jeune fille, levant les yeux au ciel, s'écria : *« Voici la servante du Seigneur, qu'il me soit fait selon votre parole. »*

Alors tout disparut, le jeune homme venu avec le Sauveur Jésus et moi de la plaine d'en haut, et la jeune fille que nous avions trouvée en prière. Je ne vis plus que le Sauveur Jésus ; il était en face de l'autel. Je me mis à genoux devant lui ; il me bénit, me releva et me dit : *« Ma fille, j'ai voulu parler à vos yeux avant de parler à votre intelligence, parce que votre intelligence comprendra mieux maintenant ce que vos yeux auront aperçu, ce que vos oreilles auront entendu. Cette plaine que vous considériez, ma fille, c'est le ciel ; les neuf enceintes et ceux qui les occupaient, les neuf chœurs des anges ; le trône de lumière, le trône de Dieu ; les sept jeunes hommes qui entouraient ce trône, les sept anges qui sont toujours devant mon Père; celui qui s'est levé, qui est venu avec vous dans la cellule où nous sommes entrées, c'est l'ange Gabriel ; celle à qui il a parlé, c'est Marie. »*

« Vous allez maintenant, ma fille, pénétrer plus facilement le mystère sur lequel vous vouliez méditer. Je vous parlerai avec la simplicité d'une mère; écoutez-moi avec la docilité d'un enfant. »

« Mon incarnation était le chef-d'œuvre des manifestations extérieures de Dieu au ciel et sur la terre. Toute l'éternité Dieu a préparé cette œuvre. Quand l'heure sonna, au milieu des temps, il envoya son ange, l'un des sept qui se trouvent toujours en adoration en sa présence et à qui il confie l'exécution de ses commandements, celui qui s'appelle Gabriel, c'est-à-dire force de Dieu ou bien Dieu et homme. Ce n'est pas sans dessein qu'il porte ce nom, force de Dieu, parce qu'il devait être le héros annonçant la grande manifestation de la force et de la puissance qui est en Dieu ; Dieu et homme, parce qu'il devait annoncer la grande merveille d'un Dieu fait homme.

« Il est ange et l'un des plus puissants de la cour de mon Père, et il vient dans la cellule de Marie, que mon Père avait choisie pour me donner le jour sur la terre. C'est le ciel qui apprend cette grande nouvelle à la terre ; c'est un ange qui l'apprend à une vierge ; c'est le plus beau des anges qui l'apprend à la plus sainte des créatures ; c'est l'ange de Dieu qui l'apprend à la mère de Dieu. La terre et le ciel, Dieu et sa justice et sa miséricorde étaient en même temps dans la cellule de

Marie. Marie priait, demandait la délivrance du monde, soupirait après la venue du Messie, et Dieu vient à elle par son ange ; Dieu vient lui dire que les temps sont accomplis, que le Messie va naître d'elle ; l'ange la salue et se prosterne devant elle. »

« Vous avez contemplé ce spectacle ravissant, admirable, l'ange venant au nom de Dieu, Marie n'ayant point ses yeux fixés sur l'ange, mais toujours sur Dieu, l'ange saluant Marie pleine de grâce, temple de Dieu, femme bénie parmi les femmes, Marie se disant la servante de Dieu. Ce langage n'était point un langage de la terre, c'était plus qu'un langage angélique, il était de Dieu, porté par un ange et reçu par Marie. Or, ma fille la parole de Dieu est lumière, et cette lumière n'est point une lumière créée, mais incréée, qui ne sort pas de Dieu, qui reste en Dieu, mais dont les rayons viennent et descendent jusqu'à la créature pour lui montrer les choses de Dieu et l'élever jusqu'à lui. »

« Marie écouta la parole de Dieu transmise par l'ange et demeura en silence. Son esprit, éclairé aussitôt par cette lumière de la parole, pénètre jusqu'au sein de la Divinité pour y contempler ses desseins éternels. Elle contemple, et cette contemplation est pour elle pleine d'intelligence. L'ange, pénétré de respect, vénérant le silence de Marie et sa contemplation, demeure en silence devant elle. »

« N'avez-vous point remarqué cela, ma fille ? — Oui, Seigneur. —Qu'avez-vous vu en Marie ? — Seigneur, je ne saurais m'exprimer, mais il me semble que c'était un ravissement céleste, et puis comme un trouble produit par la parole de l'ange et ce ravissement. — Ne pensez-vous point que ce soit la présence de l'ange qui l'ait troublée ? — Non, Seigneur, car j'ai vu clairement et d'une manière sensible la vérité du récit évangélique qui dit que Marie fut troublée dans le discours de l'ange. »

« Il en a été ainsi, ma fille. Marie était sainte et pleine de grâces, la pureté de son âme surpassait la pureté de tous les esprits célestes ; la présence d'un ange sous une forme humaine ne pouvait la troubler. Marie était si éclairée, son intelligence si ouverte et si pénétrante, qu'elle eût reconnu un artifice, si l'ange des ténèbres avait voulu se changer pour elle en ange de lumière. Marie n'était pas seulement gardée par un ange, mais par Dieu; car Dieu était avec elle, et, sous la garde de Dieu, elle ne pouvait ni craindre ni se troubler. Marie fut troublée dans la

parole de l'ange. Il y eut combat entre son humilité et la parole du messager céleste. Le combat produisit le trouble de Marie, qui se demanda quelle pouvait être cette salutation et la signification de ces paroles. Ah ! Ma fille, l'humilité était si grande en Marie qu'elle ignorait les grandeurs qui étaient en elle. Dieu voulait élever Marie, et Marie ne pensait qu'à s'humilier devant Dieu ; et son humilité lui enlevait la parole, et elle se confondait dans son néant au moment même où Dieu allait l'exalter par sa divinité, qui devait s'unir si intimement à elle. Son humilité devint sa force ; l'ange ajouta : « Ne craignez point, Marie, vous avez trouvé grâce devant Dieu. »

« Savez-vous, ma fille, quelle est cette grâce que Marie a trouvée devant mon Père ? — Non, Seigneur. — Écoutez l'ange, il va vous l'apprendre : « Voici, lui dit-il, que vous concevrez dans votre sein et que vous enfanterez un Fils, et vous lui donnerez le nom de Jésus. »

« La grâce que Marie a trouvée devant mon Père, est moi. Je suis la grâce de Dieu le Père, je suis la splendeur de sa gloire, et Marie m'a trouvé par sa sainteté, par sa vertu, par sa virginité. Elle m'a trouvé et je viendrai en elle, et je me donnerai à elle, et elle se donnera à moi. Ma divinité descendra en son humanité, son humanité voilera ma divinité ; ma divinité remplira son humanité ; vierge, elle deviendra mère ; vierge mère, elle sera mère de Dieu, elle sera ma mère. »

« Voilà la dignité que l'ange annonce à Marie, et cette dignité étonnante pour le ciel et pour la terre le fut aussi pour Marie. Elle s'écria : « Comment cela pourra-t-il s'opérer, je ne connais point d'homme ? »

« Je désire, ma fille, que vous compreniez bien ces paroles ; écoutez-moi avec plus d'attention. Il n'y a point un doute sur la parole de l'ange : Marie savait que je devais naître d'une vierge, et son âme était pleine de foi dans les promesses de Dieu. Mais elle ne savait point de quelle manière je devais naître d'elle. Être vierge et mère en même temps, c'est là un mystère que nul ne comprendra jamais, et Dieu n'avait point révélé la manière dont il devait opérer cette étonnante maternité. Aussi Marie s'écrie : « Comment cela s'opèrera-t-il, je ne connais point d'homme ? » Loin d'être une parole de doute, cette parole est pleine de croyance et de foi ; une parole de croyance au pouvoir de Dieu, à sa maternité et aussi à la conservation de sa virginité. C'est une parole de

vénération pour le pouvoir de Dieu, de remerciement pour la maternité promise, d'action de grâces pour sa virginité conservée. Quel est ce mode nouveau que Dieu emploiera pour opérer son œuvre ? Quelle est cette nouvelle faveur que Dieu me réserve ? Telle était la pensée de Marie. »

« Vous devez remarquer aussi que cette parole n'est pas une parole uniquement de Marie, c'est une parole de Dieu, comme les paroles de l'ange étaient aussi paroles de Dieu. Dieu voulait par cette parole et sa conservation dans l'Évangile faire éclater la vérité de sa promesse, faire observer la réalisation des prophéties, tout en relevant la dignité, la pureté, la sainteté de la créature qu'il avait choisie pour être sa mère. »

« Marie, par sa virginité, a attiré Dieu en elle. Il fallait que cette virginité apparût toute brillante aux yeux de tous les hommes; et que cette vertu, manifestée en elle d'une manière si éclatante, demeurât parmi les hommes comme l'expression de ce qui pouvait être le plus agréable à Dieu. Dieu ne voulait pas seulement que j'habitasse en Marie, il voulait aussi que je vinsse habiter dans les enfants des hommes; il voulait que parmi les enfants des hommes je choisisse un peuple, un peuple privilégié, dont la pensée s'élevât au-dessus de la terre et des sens, méditât, dans une chair sujette à la corruption et captivée par les sens, le mystère de l'union incorruptible entre Dieu et l'homme, que ce peuple se demandât toujours : Comment, dans ma faiblesse, dans ma misère, dans mon indignité, arriverai-je à unir Dieu à ma chair ? Et qu'il comptât comme Marie sur les paroles de l'ange : Le Saint-Esprit descendra en vous, la vertu du Très-haut vous couvrira, et ce qui naîtra de vous est saint et sera appelé le Fils du Très-Haut. »

« Oui, ma fille, dans l'œuvre de mon incarnation en Marie, il n'y a eu que l'œuvre de Dieu. Les hommes n'y ont point eu de part. Tout a été divin dans cette nouvelle création. Le Saint-Esprit est venu lui-même opérer en Marie cette merveille, la vertu de mon Père a soutenu Marie dans la création de mon humanité en elle ; mon humanité unie à la divinité a été sainte comme ma divinité, et j'ai été appelé parmi les hommes du nom que je portais dans le sein de mon Père, du nom qui désigne et exprime ce que je suis, le Fils de Dieu. »

« Voilà le prodige merveilleux, dont l'explication est donnée à Marie, que les femmes stériles devenues mères dans l'ancienne loi avaient annoncé, qu'Élizabeth sa cousine, devenue mère aussi malgré sa stérilité, annonçait également, non pas dans sa totalité, mais comme signe de l'efficacité de la puissance de Dieu, dont pas une promesse n'est irréalisable. »

« Heureuses les âmes qui, comme Marie, suivent, dès leur enfance l'attrait que Dieu met dans leur âme, qui se consacrent à lui et ne désirent d'autre union que son union ! En vérité, je vous le dis, ma fille, ces âmes deviendront ma mère comme Marie ; je reposerai en elles, non-seulement neuf mois, mais toute leur vie, et pendant l'éternité elles reposeront en moi. J'aurai pour elles, comme j'en ai eu pour Marie, des faveurs spéciales sur la terre et dans le ciel. Ma fille, je vous appelle à moi, dites avec Marie : « Voici la servante du Seigneur, qu'il me soit fait selon votre parole. » Prononcez souvent ces mots, prononcez-les comme Marie, les yeux levés au ciel, votre cœur tout entier abandonné à Dieu, votre esprit et votre âme ne demandant, ne désirant, ne cherchant que la volonté de Dieu. »

« Ma fille, quand l'ange eut fini de parler, il avait achevé sa mission et n'attendait que la réponse de Marie. J'étais à même de m'incarner en Marie, mais il fallait le consentement de Marie. Dieu allait renouveler son alliance avec les hommes, mais cette alliance devait être acceptée par Marie, et Dieu, et l'ange, et moi qui vous parle nous attendions la réponse de Marie. O puissance, ô grandeur communiqué à Marie ! Jamais, Dieu ne s'était soumis à l'homme, et il se soumet à Marie ; jamais Dieu n'avait consulté l'homme, et il consulte Marie ; jamais Dieu n'avait fait dépendre son action de l'homme, et il fait dépendre la plus admirable de ses actions de Marie. O parole de Marie ! Ma fille, n'en avez-vous point distingué l'accent ? N'était-ce point ma parole que vous avez distinguée dans la parole de Marie ? Je suis la parole éternelle de Dieu, j'allais m'incarner dans Marie, et déjà ma parole était en elle comme un essai de ce que j'allais produire par elle dans le monde : « Voici la servante du Seigneur, qu'il me soit fait selon votre parole. »

« Le résumé de mon incarnation est dans cette parole. Il n'y a que deux choses en elle : humilité et puissance : l'une et l'autre existent *séparément, mais il semble que la seconde ne se manifeste que par la première. Ce n'a été que par mon humiliation jusqu'à la mort et jusqu'à la mort de la croix, que j'ai voulu manifester ma puissance sur la mort, sur l'enfer, et sur l'homme pécheur à qui je rendais la grâce et la liberté. »*

« Marie, au moment où le messager du ciel proclame ses grandeurs, s'humilie jusque dans le plus intime de son être : « Voici la servante du Seigneur. » Mais cette humilité acquît une force toute divine, qui m'attire et m'incarne en elle par la puissance d'un commandement auquel je ne résiste point ! : « Qu'il me soit fait selon votre parole »!

« L'œuvre de mon incarnation fut accomplie par cette parole. J'habitai dès lors corporellement en Marie, et le ciel adora ce mystère de l'abaissement du Fils de Dieu, de sa miséricorde et de son amour pour les hommes, et de la dignité, de la grandeur, de la puissance de la Vierge que j'avais choisie pour être ma mère. »

« Voilà ce que je me rappelle de mon entretien avec le Sauveur sur le mystère de l'Annonciation. Je n'ai point parlé comme le Sauveur, mais comme j'ai su et comme il me l'a permis. Ce que je ne puis et ne sais point dire, c'est le bonheur que l'onction de sa parole mit dans mon âme. Je le remerciai de l'instruction qu'il m'avait donnée et le priai de me faire participer aux sentiments de Marie au jour de l'Annonciation.[25] »

Conchita

Dans son journal, Conchita[26], la grande mystique mexicaine relate les paroles reçues du Seigneur :

« Jésus poursuivit : « Le Verbe, la seconde personne de la Très Sainte Trinité est descendu dans le sein très pur de Marie et, par l'opération du Saint-Esprit, qui l'a rendue féconde, le Verbe s'est incarné et Il s'est fait homme ! Abaissement tellement profond que seul l'amour d'un Dieu pouvait le réaliser. »

---

[25] Marie Lataste « Livre 3, chap. 6
[26] Mexicaine (1862-1937)

Maria Valtorta

Maria Valtorta rapporte les paroles de Jésus à ses apôtres sur l'Annonciation :

« Marie était encore dans sa maison dans l'attente de la cohabitation avec son époux, lorsque Gabriel, l'ange des divines annonciations, revint sur la terre et demanda à la vierge d'être Mère. Déjà il avait promis le Précurseur au prêtre Zacharie qui ne l'avait pas cru. Mais la Vierge crut que cela pouvait se faire par la volonté de Dieu et, sublime dans son ignorance, demanda seulement : « Comment cela peut-il arriver ? ». Et l'Ange Lui répondit : « Tu es la Pleine de Grâce, ô Marie. Ne crains donc pas car tu as trouvé grâce près du Seigneur même pour ce qui est de ta virginité. Tu concevras et enfanteras un Fils auquel tu donneras le nom de Jésus, car c'est Lui le Sauveur promis à Jacob et à tous les Patriarches et Prophètes d'Israël. Il sera grand et Vrai Fils du Très-Haut, car c'est par l'activité de l'Esprit Saint qu'il sera conçu. Le Père Lui donnera le trône de David, comme il est prédit et il régnera sur la maison de Jacob jusqu'à la fin des siècles, mais son vrai Règne n'aura jamais de fin. Maintenant, le Père, le Fils, l'Esprit Saint attendent ton obéissance pour accomplir la promesse. Déjà le Précurseur du Christ est dans le sein d'Élisabeth, ta cousine et, si tu consens, l'Esprit Saint va descendre sur toi et saint sera Celui qui naîtra de toi et portera son vrai Nom de Fils de Dieu. »

Et alors Marie répondit : « Voici la Servante du Seigneur. Qu'il soit fait de moi selon sa parole ». Et l'Esprit de Dieu descendit sur son Épouse et dans son premier embrassement lui donna ses lumières qui achevèrent de perfectionner les vertus de silence, d'humilité, de prudence et de charité dont Elle était pleine car Elle fut une seule chose avec la Sagesse, désormais inséparable de la Charité, et l'Obéissante, la Chaste se perdit dans l'océan d'Obéissance que Je suis et Elle connut la joie d'être Mère sans connaître le trouble d'être effleurée. Elle fut la neige qui devint toute fleur et s'offrit ainsi à Dieu...[27] »

---

[27] « L'Évangile tel qui'il m'a été révélé » Maria Valtorta – Tome 2, Ch 103, page 620

Marie Vierge – Conception virginale de Jésus

L'Esprit-Saint participe à la conception du messie car il est celui qui donne la vie. L'Esprit-Saint est présent tout au long de la vie de Jésus. Il est présent sous forme corporelle au baptême de Jésus qui marque le début de son ministère public.

Lorsque Dieu prend chair en Jésus, la réunion du ciel et de la terre se réalisent par l'incarnation de la seconde personne de la trinité dans le nouvel Adam.

L'homme accueille Dieu par la personne de Marie, la nouvelle Ève. C'est pourquoi Marie est appelée la porte du Ciel. L'annonciation est souvent représentée sur les portes royales de l'iconostase chez les orthodoxes (cloison qui sépare la nef du sanctuaire) qui symbolisent les portes du royaume des cieux.

La conception de Jésus respecte la virginité de Marie. Marie dans son innocence se demande comment cela va-t-il se faire ? Et l'ange lui répond trinitairement : « **L'Esprit-Saint viendra sur vous, et la vertu du Très-Haut (Père) vous couvrira de son ombre. C'est pourquoi l'être saint qui naîtra sera appelé Fils de Dieu.** ». L'incarnation engage la Trinité car il n'y a qu'un seul Dieu en trois personnes.

Marie Mère de Dieu – Nom de Jésus

Marie donne donc le nom de Jésus à sa naissance. Jésus vient du grec ancien « Ἰησοῦς, », « Iêsoûs », lui-même issu du prénom hébreu ancien « ישוע », « Iéshua » ou « Yehoshua » (même racine que Josué). Ce nom « Yehoshua » est formé de « YaHWeH » et de « sauve ». Ce mot signifie donc « Dieu sauve » ou « Dieu délivre ».

C'est Jésus qui va sauver son peuple de son péché. Comment Jésus peut-il être plus sauveur qu'en donnant sa vie, qu'en payant le prix de nos péchés ?

Jésus sera aussi appelé le Christ. Christ vient du grec ancien « χριστός », « khristós », lui-même traduit de l'hébreu ancien « משיח », « maschiah ». Ce mot signifie « messie », une personne « ointe ». Jésus est le Messie, annoncé par les prophètes et attendu par le peuple juif.

Au verset 35, l'ange indique que Jésus sera appelé Fils de Dieu, soulignant que Jésus est Dieu.

Lieu de l'annonciation

« Jésus dit : Pouvez-vous dire que je n'ai pas aimé cette terre (l'Italie) où j'ai apporté les reliques de ma vie et de ma mort : la maison de Nazareth où je fus conçu dans une étreinte de lumineuse ardeur entre le divin Esprit et la Vierge, et le Suaire sur lequel la sueur de ma mort a imprimé la marque de ma douleur, subie pour l'humanité ?[28] »

L'annonciation a lieu dans la maison de Marie à Nazareth, maison qu'elle a héritée de ses parents. La maison comprenait trois murs adossés à une grotte. La maison a été transportée miraculeusement, après plusieurs étapes, à Notre-Dame de Lorette en Italie[29]. C'est la relique de la Vie du Christ.

Le Suaire, sur lequel la sueur et le sang ont imprimé la passion et la mort de Jésus, est à Turin (Linceul de Turin). C'est la relique de la mort et de la Résurrection du Seigneur.

Date de conception de Jésus

Marie est à Nazareth dans la maison de ses parents depuis mars de l'an -6. Le mariage en famille est prévu pour septembre 5 av. J.-C, après la fête des Tabernacles (ou des tentes).

Au sixième mois de la grossesse d'Élisabeth, l'ange Gabriel annonce à la vierge Marie qu'elle va enfanter un fils.

Luc précise que l'Annonciation a eu lieu au sixième mois après la conception de Jean. Lc 1, 26 : « **Au sixième mois, l'ange Gabriel fut envoyé par Dieu dans une ville de Galilée appelée Nazareth…** ».

La conception de Jean-Baptiste a lieu lors de la fête des Tabernacles, le 15 Tishri. Le sixième mois après est Adar.

Maria Valtorta situe l'Annonciation au printemps. *« C'était un serein après-midi d'Adar[30] »*, soit entre le 7 février -5 et le 6 mars de l'an -5. Chaque année, durant la vie publique, la Vierge Marie commémore cet évènement en décorant son humble demeure avec des branches

---

[28] « Cahiers du 22 juillet 1943 » Maria Valtorta
[29] « Pièces à conviction du Messie d'Israël » Pierre Milliez, chap. 1.1 Maison de Marie à Nazareth, page 15
[30] « L'Évangile tel qu'il m'a été révélé » de Maria Valtorta, Tome 5, chap. 36, page 245

fleuries. Des détails chronologiques situent l'événement entre le 15 et le 20 Adar 3756 soit entre le 21 et le 25 février de l'an -5.

Marie informe Joseph de son désir de rejoindre sa cousine Élisabeth qui est enceinte. Joseph lui dit : « *Seulement... attends. Je dois aller avant la Pâque à Jérusalem pour acheter quelques objets utiles à mon travail.*[31] ». Or la Pâque du 15 Nissan tombe le 21 mars.

Jésus apporte cette précision : « *Marie partit chez sa cousine pendant l'octave de pascale... soit environ un mois après l'Annonciation.*[32] »

Catherine Emmerich fixe la date de l'Incarnation le **25 février**.

Les liturgies orientales et occidentales s'accordent sur l'identification de la date de l'annonciation (et donc de la conception de Jésus) au 25 mars.

« *Cette merveille (l'incarnation) arriva un vendredi, vingt-cinquième de mars, à la pointe du jour, dans l'année de la création du monde 5199, selon que l'Église romaine, inspirée par le Saint-Esprit, le raconte dans le Martyrologe, et à la même heure que notre père Adam fut formé.*[33] »

2.2.2 Visitation
Date de la visitation

Marie apprenant que sa cousine est enceinte veut partir l'aider. Joseph décide de l'accompagner jusqu'à Jérusalem.

Ils partent le dimanche 17 mars car le jour du sabbat les déplacements ne sont pas possibles. Il faut deux à trois jours pour atteindre Jérusalem. Joseph achète des outils pour son activité professionnelle.

Le samedi 23 mars, au premier jour de la Pâque, ils prient ensemble au Temple.

Le lendemain, **dimanche 24 mars de l'an 5 avant J.-C.**, c'est la

---

[31] « L'Évangile tel qu'il m'a été révélé » de Maria Valtorta - Tome 1, chap. 27, page 115
[32] Dictée de Jésus à Maria Valtorta le 31 janvier 1947
[33] « La vie divine » Maria d'Agreda Deuxième partie livre 3 chapitre 11

visitation. Marie va rejoindre sa cousine à Hébron, située à 30 kms au sud de Jérusalem. Joseph retourne à Nazareth.

Nous sommes fin mars et Jean en est bien au septième mois de formation.

Lieu d'habitation de Zacharie et Élisabeth

Zacharie et Élisabeth vivaient dans un arrondissement nommé « La Montagne » (un autre s'appelait Bethléem). Les apocryphes localisent l'endroit dans le village Eïn (source) Karem (vigne), près de Jérusalem. La tradition situe leur demeure à Aïn Karim.

Maria Valtorta situe la demeure des parents du précurseur à Hébron, ville située à une trentaine de kilomètres au Sud de Jérusalem.

Visitation

Lc 1, 39-45 : « **[39]En ces jours-là Marie partit et s'en alla en hâte vers la montagne, en une ville de Juda. [40]Et elle entra dans la maison de Zacharie, et salua Élisabeth. [41]Or, quand Élisabeth entendit la salutation de Marie, l'enfant tressaillit dans son sein, et elle fut remplie du Saint-Esprit. [42]Et elle s'écria à haute voix disant : « Vous êtes bénie entre les femmes, et le fruit de vos entrailles est béni. [43]Et d'où m'est-il donné que la mère de mon Seigneur vienne à moi ? [44]Car votre voix, lorsque vous m'avez saluée, n'a pas plus tôt frappé mes oreilles, que l'enfant a tressailli de joie dans mon sein. [45]Heureuse celle qui a cru ! Car elles seront accomplies les choses qui lui ont été dites de la part du Seigneur ! »**

Marie Immaculée

Au verset Lc 1, 42, Élisabeth salue sa cousine Marie en l'appelant bénie entre femmes. Elle ajoute et le fruit de vos entrailles est béni. Marie est bénie car elle est exempte de tous péchés. Et elle est bénie comme le fruit de ses entrailles. Marie est l'Immaculée.

Marie mère de Dieu

Marie enceinte rend visite à sa cousine Élisabeth enceinte du précurseur pour l'aider. Sa cousine l'accueille.

Au verset Lc 1, 43, Elisabeth salue la mère de son Seigneur. Dans la Bible, Dieu est appelé le Seigneur. Marie sera donc la Mère de Dieu.

Marie nouvelle arche d'alliance

Le récit de la visite de Marie à Elisabeth (Lc 1, 39-44.56) semble modelé sur 2 Sam 6, 2-16, qui raconte le transport de l'arche d'alliance de Baala de Judas à Jérusalem.

2 Sa 6, 1-11 : « **¹David rassembla encore toute l'élite d'Israël, au nombre de trente mille hommes. ²Accompagné de tout le peuple réuni auprès de lui, David se leva et se mit en marche depuis Baalé-Juda, pour faire monter de là l'arche de Dieu, sur laquelle est invoqué le Nom, le nom de Yahweh des armées qui siège sur les Chérubins. ³Ils placèrent sur un chariot neuf l'arche de Dieu, et l'emmenèrent de la maison d'Abinadab, qui était sur la colline ; Oza et Achio, fils d'Abinadab, conduisaient le chariot neuf ⁴(et ils l'emmenèrent de la maison d'Abinadab, qui était sur la colline) avec l'arche de Dieu ; Achio marchait devant l'arche. ⁵David et toute la maison d'Israël dansaient devant Yahweh, au son de toutes sortes d'instruments de bois de cyprès, de harpes, de luths, de tambourins, de sistres et de cymbales. ⁶Lorsqu'ils furent arrivés à l'aire de Nachon, Oza étendit la main vers l'arche de Dieu et la saisit, parce que les bœufs avaient fait un faux pas. ⁷La colère de Yahweh s'enflamma contre Oza, et Dieu le frappa sur place, à cause de sa précipitation ; et Oza mourut là, près de l'arche de Dieu. ⁸David fut fâché de ce que Yahweh avait ainsi porté un coup à Oza ; et ce lieu a été appelé jusqu'à ce jour Phéréts-Oza. ⁹David eut peur de Yahweh en ce jour-là, et il dit : « Comment l'arche de Yahweh viendrait-elle vers moi ? » ¹⁰Et David ne voulut pas retirer l'arche de Yahweh chez lui, dans la cité de David ; et là David la fit conduire dans la maison d'Obédédom de Geth. ¹¹L'arche de Yahweh resta trois mois dans la maison d'Obédédom de Geth, et Yahweh bénit Obédédom et toute sa maison.** »

Le voyage soit de l'arche, soit de Marie, se passe dans le pays de Judas. Dans les deux épisodes ont lieu des manifestations de joie.

David et le peuple dans Exode et Élisabeth dans Luc poussent des cris de joie. Élisabeth est remplie de l'Esprit-Saint, « et elle s'écria à voix haute ». Le verbe *anaphoneô*, employé par Lc 1, 42 est utilisé par les LXX exclusivement pour les acclamations liturgiques, spécialement celles qui accompagnent le transport de l'arche d'alliance. La clameur sacrée du peuple devant l'arche est maintenant le cri d'allégresse d'Elisabeth qui, éclairée par l'Esprit, sait qu'elle se trouve devant la nouvelle arche d'Alliance, c'est-à-dire Marie qui porte en son sein la présence de Dieu incarné.

La présence de l'arche dans la maison d'Obed-Edom et la présence de Marie dans la maison de Zacharie sont des motifs de bénédiction. 2 Sa 6, 10 et Lc 1, 40.

Une crainte religieuse pénètre aussi bien David qu'Élisabeth. L'arche stationne dans la maison d'Obed-Edom trois mois et Marie reste avec le parent âgé, sa cousine environ trois mois Élisabeth donc jusque la naissance de Jean-Baptiste. 2 Sa 6, 11 et Lc 1, 56.

Marie est la nouvelle Arche d'Alliance, autrement dit, le lieu de la présence divine.

Magnificat

Lc 1, 46-55 :

« **[46]Et Marie dit : « Mon âme glorifie le Seigneur,**

[47]et mon esprit tressaille de joie en Dieu, mon Sauveur,

[48]parce qu'il a jeté les yeux sur la bassesse de sa servante.

Voici, en effet, que toutes les générations me diront bienheureuse,

[49]parce que le Puissant a fait pour moi de grandes choses.

Et son nom est saint,

[50]et sa miséricorde, d'âge en âge,

est pour ceux qui le craignent.

[51]Il a fait œuvre de force avec son bras ;

il a dissipé ceux qui s'enorgueillissaient dans les pensées de leur cœur :

[52]il a renversé de leur trône les potentats,

et il a élevé les humbles ;
⁵³il a rassasié de bien les affamés,
et il a renvoyé les riches les mains vides.
⁵⁴Il a pris soin d'Israël son serviteur,
se ressouvenant de sa miséricorde,
⁵⁵ – ainsi qu'il l'avait promis à nos pères, -
en faveur d'Abraham et de sa race, pour toujours. »

Faveur particulière pour Jean

Élisabeth accueille Marie :

« Bénie es-tu pour avoir apporté la Sainteté à mon fils qui, je le sens, bondit comme une jeune chevrette pour la joie qu'il éprouve, en mon sein ! C'est qu'il se sent délivré du poids de la faute, appelé à être le Précurseur, sanctifié avant la Rédemption par le Saint qui croît en toi !³⁴ »

Marie dit à Maria Valtorta :

« Je vais pour porter un secours matériel, et Dieu sanctifie la droiture de ma démarche opérant la sanctification du fruit du sein d'Élisabeth et, avec cette sanctification qui présanctifia le Baptiste, soulage la souffrance physique d'une fille d'Ève âgée et concevant à un âge inhabituel.³⁵ »

« Des siècles et des siècles se sont écoulés depuis que Dieu a jugé Lucifer et qu'il a jugé Adam, mais la voix de ce jugement ne s'éteint pas, mais les conséquences de ce jugement existent. Et si maintenant je suis venu rapporter la Grâce aux hommes, par l'intermédiaire du Sacrifice parfait, le jugement sur l'acte d'Adam reste ce qu'il est et il sera toujours appelé « Faute d'origine ». Les hommes seront rachetés, lavés par une purification supérieure à toute autre. Mais ils naîtront avec cette marque, car Dieu a jugé que cette marque doit exister sur tout être né de la femme, sauf pour Celui qui a été fait non par œuvre d'homme mais par l'Esprit Saint, et pour la Préservée et le Présanctifié, vierges pour l'éternité. La Première pour pouvoir être la Vierge Mère de Dieu, le second pour pouvoir être le Précurseur de l'Innocent en naissant déjà

---

[34] « L'Évangile tel qu'il m'a été révélé » de Maria Valtorta, Tome 1, chap. 32, page 126
[35] Ibid Tome 1, chap. 35, page 135

pur, par l'effet d'une jouissance anticipée des mérites infinis du Sauveur Rédempteur.[36] »

« C'est que le précurseur du Messie fut sanctifié dans le sein de sa mère, par rémission du péché originel.[37] »

Jésus parle à Hébron en l'an 29 la terre où naquit le précurseur :

« Bien avant l'an dernier elle a été une terre de miracle. Elle l'a été il y a trente-trois ans pour la première fois, quand la grâce du Seigneur reverdit les entrailles desséchées afin d'en faire un arbre pour la douce pomme de mon Précurseur. Elle le fut il y a trente-deux ans quand par une opération mystérieuse, je l'ai présanctifié alors que nous étions, lui et Moi, deux fruits qui mûrissaient dans un sein profond.[38] »

Le Cardinal Jean Daniélou souligne :

« C'est déjà la grâce du Christ, vivant en Marie, qui le sanctifie dans le sein de sa mère le jour de la Visitation, anticipant les temps et en disposant souverainement. Il est ainsi constitué dans son ordre propre, unique, dépassant infiniment tout de qui l'a précédé, mais en même temps, indigne de délier le cordon de la chaussure de celui qui vient après lui, parce que celui-là est le Dieu vivant. »

Maria Valtorta

Le **jeudi 25 novembre 27** les trois bergers, disciples de Jean-Baptiste, Siméon, Jean et Mathias viennent voir Jésus et lui parlent de Jean.

« Quoi ? Quoi ? Oh! Raconte ! Il dit de lui-même : « Je suis le pécheur ». Les trois bergers sont anxieux de savoir et les disciples aussi ont le même désir.

« Quand la Mère me portait, enceinte de Moi-Dieu, parce qu'Elle est l'Humble et l'Amoureuse, Elle alla rendre service à la mère de Jean qui était sa cousine par sa mère et avait conçu pendant sa vieillesse. Déjà le Baptiste avait son âme car il était au septième mois de sa formation et le germe d'homme, renfermé en son sein maternel, tressaillit

---

[36] « L'Évangile tel qui'il m'a été révéle » Maria Valtorta – Tome 6, chap. 103, page 174
[37] Bernard de Clarvaux Ep. 174
[38] L'Évangile tel qu'il m'a été révélé » Maria Valtorta - Tome 6, chapitre 87 page 65

de joie en entendant la voix de l'Épouse de Dieu. Il fut Précurseur aussi par le fait qu'il devança les rachetés car d'un sein à l'autre se répandit la Grâce, et Elle y pénétra et la Faute d'Origine disparut de l'âme de l'enfant. Je dis donc que sur la terre, il y en a trois qui possèdent la Sagesse, comme au Ciel il y en a Trois qui sont la Sagesse : le Verbe, la Mère, le Précurseur sur la terre; le Père, le Fils, l'Esprit Saint au Ciel. »

« Notre âme est remplie d'étonnement... Presque comme lorsqu'il nous fut dit : « Le Messie est né... » Car tu es l'Abîme de la Miséricorde et notre Jean est l'abîme de l'humilité. »

« Et ma Mère est l'Abîme de la Pureté, de la Grâce, de la Charité, de l'Obéissance, de l'Humilité, de toute autre vertu dont la source est en Dieu et que Dieu verse en ses saints.[39] »

Après l'institution des douze apôtres, début février 28, Jean donne son premier enseignement :

« C'est un homme, Jean. Mais la Grâce que le Feu de Dieu lui a communiquée en le purifiant dès le sein de sa mère comme furent purifiées par un Séraphin les lèvres du Prophète (Is 6, 6-7), pour qu'il pût précéder le Messie sans laisser la puanteur de la faute d'origine sur le chemin royal du Christ, a donné à Jean des ailes d'ange, et la Pénitence les a fait grandir en supprimant en même temps ce poids d'humanité que sa nature d'être né de la femme lui avait conservé.[40] »

« Paroles de Jésus :

« Jean n'avait pas besoin de signe pour lui-même. Son esprit, présanctifié dès le sein de sa mère était en possession de cette vue de l'intelligence surnaturelle qui aurait été le lot de tous les hommes sans la faute d'Adam.[41] »

Si l'homme était resté en état de grâce, dans l'innocence et la fidélité à son Créateur, il aurait vu Dieu à travers les apparences extérieures. On dit dans la Genèse que le Seigneur Dieu parlait familièrement avec l'homme innocent et que l'homme ne s'évanouissait pas en entendant cette voix et la discernait sans se tromper. Tel était le

---

[39] « L'Évangile tel qu'il m'a été révélé » Maria Valtorta – Tome 2, Ch 94, page 553
[40] Ibid – Tome 3, Ch 26, page 118
[41] Ibid – Tome 2, Ch 4, page 19

sort de l'homme : voir et comprendre Dieu, comme un fils à l'égard de son père. Puis la faute est venue et l'homme n'a plus osé regarder Dieu, n'a pu savoir découvrir et comprendre Dieu. Et il le sait de moins en moins.

Mais Jean, mon cousin Jean, avait été purifié de la faute quand la pleine de Grâce s'était penchée avec amour pour embrasser celle qui autrefois stérile était devenue féconde, Élisabeth. Le bébé avait sauté de joie dans son sein en sentant les écailles de la faute tomber de son âme comme une croûte qui tombe d'une plaie au moment de la guérison. L'Esprit Saint qui avait fait de Marie la Mère du Sauveur, commença son œuvre de salut à travers Marie, Ciboire Vivant du Salut Incarné pour cet enfant qui allait naître, destiné à m'être uni, non pas tant par le sang que par la mission qui fit de nous comme les lèvres qui forment la parole. Jean c'était les lèvres et Moi la Parole. Lui le Précurseur dans l'Évangile et sa destinée de martyr. Moi, Celui qui donne ma divine perfection à l'Évangile inauguré par Jean et son martyr pour la défense de la Loi de Dieu.

Jean n'avait besoin d'aucun signe, mais pour l'épaisseur de l'esprit des autres, un signe était nécessaire. Sur quoi Jean aurait-il fondé son affirmation sinon sur une preuve irrécusable que les yeux des hommes lents à voir et les oreilles paresseuses auraient perçue ?

Moi, également, je n'avais pas besoin de baptême. Mais la Sagesse du Seigneur avait jugé que ce devait être l'instant et la façon de se rencontrer. En faisant sortir Jean de sa grotte dans le désert et Moi de ma maison il nous unit en ce moment pour ouvrir sur Moi le Ciel et en faire descendre Soi-même, Colombe Divine, sur Celui qui aurait à baptiser les hommes avec cette Colombe et faire descendre du Ciel l'annonce encore plus puissante de cette angélique pensée de mon Père : « Voici mon Fils Bien Aimé, en qui je me suis complu ». C'est pour que les hommes n'eussent pas d'excuse ou de doute pour savoir s'ils devraient me suivre ou non.[42] »

---

[42] « L'Évangile tel qui'il m'a été révélé » Maria Valtorta – Tome 2, Ch 4, page 20

2.2.3 Annonce à Joseph

Jean-Baptiste[43]

Jean-Baptiste naît à **Hébron**, ville de Judée, **le jeudi 4 juillet -5**.

Selon la tradition hébraïque, Jean est circoncis le huitième jour après sa naissance soit le **vendredi 12 juillet à Jérusalem**. C'est ce jour là que le nom est donné à l'enfant. La Vierge Marie est aux côtés de sa cousine lorsque Zacharie retrouve la parole.

Les parents de Jean montent au Temple de Jérusalem avec Jean et Marie pour la cérémonie de la présentation du nouvel Israélite et pour la purification de la mère selon Lv 12, 1-8.

Quarante jours après la naissance, le **mardi 13 août de l'an -5** tous sont au Temple pour la purification d'Élisabeth. Joseph vient rejoindre Marie à Jérusalem. Joseph est parti le soir du sabbat précédent, faisant au plus vite pour atteindre Jérusalem le mardi midi. Du fait des grandes chaleurs d'août, le voyage du retour se fait de nuit, ce qui est rendu possible car c'est en période de pleine lune.

Lc 1, 56 : « ⁵⁶**Et Marie demeura avec elle environ trois mois, et elle s'en retourna chez elle.** »

Luc nous dit que Marie reste trois mois avec sa cousine Élisabeth donc jusque la naissance de Jean-Baptiste.

Annonce à Joseph

Mt 1, 18-25 : « ¹⁸**Or la naissance de Jésus Christ arriva ainsi. Marie, sa mère, ayant été fiancée à Joseph, il se trouva, avant qu'ils eussent habité ensemble, qu'elle avait conçu par la vertu du Saint-Esprit. ¹⁹Joseph, son mari, qui était juste et ne voulait pas la diffamer, se proposa de la répudier secrètement. ²⁰Comme il était dans cette pensée, voici qu'un ange du Seigneur lui apparut en songe, et lui dit : « Joseph, fils de David, ne crains pas de prendre chez toi Marie ton épouse, car ce qui est conçu en elle est du Saint-Esprit. ²¹Et elle enfantera un fils, et tu lui donneras pour nom Jésus, car il sauvera son peuple de ses péchés. »**

²²**Or tout cela arriva afin que fût accompli ce qu'avait dit le

---

[43] Détails dans « Jésus au fil des jours » du même auteur

Seigneur par le prophète : « *²³Voici que la Vierge sera enceinte et enfantera un fils ; et on lui donnera pour nom Emmanuel, ce qui se traduit : Dieu avec nous.*

²⁴Réveillé de son sommeil, Joseph fit ce que l'ange du Seigneur lui avait commandé : il prit chez lui son épouse. ²⁵Et il ne la connut point jusqu'à ce qu'elle enfantât son fils, et il lui donna pour nom Jésus. »

« La Princesse du ciel était dans le cinquième mois de sa grossesse, lorsque son très chaste époux Joseph commença d'en découvrir des marques.[44] »

Joseph retrouve Marie à Jérusalem lors de la présentation de Jean-Baptiste au Temple. Marie, avant d'habiter avec Joseph, a conçu par la vertu du Saint-Esprit. Marie est alors enceinte d'un peu plus de cinq mois.

Joseph se rend compte que Marie est enceinte alors qu'elle lui était promise. Elle risquait donc la lapidation. Mais Joseph est un juste, il veut répudier sa femme secrètement.

Le trajet de Jérusalem à Nazareth se fait du mercredi 14 août au vendredi 16 août avant le sabbat. Joseph vit « sa passion » pendant les trois jours du retour.

L'ange du Seigneur apparaît en songe à Joseph et l'informe que l'enfant est conçu du Saint-Esprit. Joseph va donc assumer la paternité légale de Jésus. Il « adopte » Jésus qui devient le Fils de l'homme.

Luc nous apprend en 1, 27 que Joseph est de la maison de David. Matthieu nous dit en 1, 20 que Joseph est fils de David. Joseph est un descendant de David et est né à Bethléem. Il est parti à Nazareth pour trouver du travail comme bâtisseur. Plusieurs chantiers se déroulent aux environs proches de Nazareth. Hérode fonde une nouvelle capitale de la Galilée (Tsippori en hébreu, ou Séphoris en grec) à 10 km de Nazareth.

Au verset 20 l'ange dit à Joseph de ne pas craindre. Il s'agit de la sainte crainte de Dieu. Joseph projette de se retirer devant l'œuvre de Dieu en Marie. L'ange lui signifie que certes elle est enceinte du Saint-Esprit, mais qu'il sera le père en lui donnant son nom.

---

[44] « La cité mystique de Dieu » Maria d'Agreda, Livre 4, chap. 1

Marie Mère de Dieu

Dans l'annonce à Joseph (Mt 1, 18-25), plusieurs expressions dénotent le caractère divin de l'enfant conçu par Marie.

Au verset 21, **Jésus** vient du grec ancien Ἰησοῦς, Iêsoûs, lui-même issu du prénom hébreu ancien עושי, Iéshua (et a la même racine que Josué). Ce mot signifie « Dieu sauve » ou « Dieu délivre ».

L'expression « **car il sauvera son peuple** » se rapporte uniquement à Dieu. L'expression « **son peuple** » est très forte.

Le Nouveau Testament, en héritant du langage de l'Ancien Testament, rapporte cette expression uniquement à Dieu qui avait choisi Israël comme son peuple. Maintenant, par l'œuvre du Christ, Dieu s'est acquis un nouveau peuple, formé aussi des gentils. Jésus ressuscité a reçu tout pouvoir du Père dans le ciel et sur la terre (Mt 28, 19).

L'expression « **il sauvera son peuple de ses péchés** » (Mt 1, 21) est une prérogative divine. Ces paroles sont un témoignage de la divinité de Christ. L'ange annonce que Jésus sauvera son peuple. Le possessif évoque l'appartenance. La divinité de Jésus est affirmée par l'ange car Israël (et au-delà l'humanité) est le peuple de Dieu. Lors de l'épisode du paralytique de Capharnaüm, Jésus remet les péchés au malade et les scribes précisent que seul Dieu peut remettre les péchés. (Mc 2, 5-7).

Au verset 23, Matthieu cite la prophétie d'Isaïe. « Emmanuel » signifie « Dieu avec nous ».

Is 7, 14 : « **C'est pourquoi le Seigneur lui-même vous donnera un signe :**

Voici que la Vierge a conçu, et elle enfante un fils,
Et elle lui donne le nom d'Emmanuel. »

Dans ce verset 23, l'expression « **Emmanuel** » signifie « **Dieu avec nous** » Cette appellation doit être comprise dans son sens plein. Dieu est avec nous lorsque le Verbe s'incarne. Mais Dieu est aussi avec nous car en Mt 28, 20 Jésus dit : « **Et moi, je suis avec vous toujours jusqu'à la fin du monde.** » Jésus est là lorsque deux ou trois se réunissent en son nom (Mt 18, 20). Jésus est substantiellement présent dans les espèces consacrées au cours de l'Eucharistie.

Marie Vierge

Au verset 20 l'ange prévient Joseph de prendre Marie chez elle car ce qui est conçu en elle est du Saint-Esprit.

Au verset 24 Joseph réalise l'ordre de Dieu annoncé par l'ange. Il respecte le contrat de mariage en prenant chez lui son épouse.

Au verset 25 Joseph n'a pas connu Marie jusqu'à ce qu'elle enfante. La virginité de Marie est respectée. Rien ne permet de supposer qu'il la connut après.

Hébreu[45]

Au verset 18 la traduction littérale du grec est : « elle se trouva ayant dans le ventre » cela traduit l'hébreu wa-tahar.

Au verset 21, nous lisons : « Et elle enfantera un fils, et tu lui donneras pour nom Jésus, car il sauvera son peuple de ses péchés. » Le « car » présent ici en français n'a pas de signification. La relation logique qu'implique ce mot n'apparaît pas. Par contre en hébreu le car a une signification. La traduction est sans problème car la phrase se trouve plusieurs fois dans la Bible hébraïque : « we-qaraeta et-schemô Ieschoua ki hou Ioschia et-ammô meawônôteihem. » Le nom propre hébreu Ieschoua est rattaché à la racine Iascha, à une forme verbale hoschia qui signifie : sauver, délivrer. Le mot hébreu de la relation logique « ki », traduit par car en français, a un sens : « Tu appelleras son nom sauveur parce que lui il sauvera… ».

Au verset 22 la traduction littérale du grec donne : « Tout cela arriva afin que fut remplie la parole (dite par) le Seigneur (YHWH) par la bouche du prophète qui dit… » L'expression « remplir ce qui a été dit », « remplir la parole », se trouve en Mt 2, 15 – 2, 17 – 4, 14 – 8, 17 – 12, 17 – 13, 35 – 21, 4 – 27, 9. C'est la traduction de l'expression hébraïque « malle et-debar » que l'on trouve en 1R 2, 27 « remplir la parole de YHWH, du Seigneur ».

Au verset 23 nous retrouvons littéralement du grec : « la jeune fille aura dans le ventre » traduction en grec du mot hébreu « harah ». « et tu appelleras son nom Immanu El ». Le traducteur grec de Matthieu précise, pour les lecteurs grecs, que cela signifie : « Avec nous, Dieu ». Il respecte l'ordre hébraïque des mots dans la traduction.

---

[45] D'après « Le Christ Hébreu » Claude Tresmontant, éditions O.E.I.L.

La traduction littérale du verset 25 est : « Et il ne la connut pas jusqu'à ce qu'elle ait enfanté un fils. Et il appela son nom Ièsous. ». « Il la connut » est l'expression utilisée par la Bible hébraïque pour signifier l'union physique de l'homme et la femme. « Connaître » est la traduction de l'hébreu « iada ».

La pensée hébraïque ne dissocie pas l'âme du corps. En hébreu, il n'existe pas de mot pour désigner le corps indépendamment de l'âme, car un corps sans âme n'existe pas et n'a pas de sens.

L'union physique de l'homme et de la femme est une authentique connaissance réciproque sensible, expérimentale, spirituelle.

Ces différentes expressions, traduites littéralement en grecque, montrent bien que l'évangile de Matthieu a d'abord été écrit en hébreu.

Joseph et Marie

Joseph est un juste appelé fils de David. C'est par lui que doit se réaliser les promesses de Dieu faites à David. Il écoute et obéit (Sh'ma) se soumettant à la volonté de Dieu.

Le matin du **sabbat 17 août** et au lendemain du retour à Nazareth, Joseph vient demander pardon à Marie pour l'avoir injustement soupçonnée.

Joseph décide d'organiser les noces familiales au plus vite, sans attendre l'anniversaire des 16 ans de Marie, comme il l'avait initialement prévu. Il précipite la deuxième partie du Mariage et prend Marie chez lui. La noce a lieu la semaine suivante donc entre le **lundi 20 et le vendredi 24 août**.

En Gn 2, 21 YaHWeH fait tomber un profond sommeil sur Adam pour prendre une partie de l'être humain et en faire la femme Ève. De même, sorti de son sommeil, Joseph prend chez lui son épouse, la nouvelle Ève. Marie est l'Ève avant le péché originel.

Maria Valtorta

Jésus raconte à ses apôtres l'Annonciation.

« Mais le mari ? » demanda Pierre étonné.

« Le sceau de Dieu ferma les lèvres de Marie et Joseph ne connut

le prodige qu'au moment où, de retour de la maison de Zacharie, son parent, Marie apparut mère aux yeux de son époux. »

« Et lui, que fit-il ? »

« Il souffrit... et Marie souffrit.. »

« Si c'eût été moi...[46] »

« Joseph était un saint, Simon de Jonas. Dieu sait où il met ses dons... Il souffrit profondément et décida de l'abandonner, prenant sur lui la réputation d'injustice. Mais l'Ange descendit lui dire : « *Ne crains pas de prendre Marie pour ton épouse. Car ce qui s'est formé en Elle, c'est le Fils de Dieu et c'est par le travail de Dieu qu'Elle est Mère. Et quand le Fils sera né, tu Lui donneras le nom de Jésus, car c'est Lui le Sauveur* ».

« *Joseph était-il instruit ?* » demande Barthélémy.

« Comme un descendant de David. »

« Alors il aura eu tout de suite la lumière en se souvenant du Prophète : « *Voici qu'une Vierge concevra...* » (Is 7, 14)

« Oui, il l'eut. À l'épreuve succéda la joie... »

« Si c'eût été moi... reprend Simon Pierre, il n'arrivait rien bon, car auparavant j'aurais... Oh ! Seigneur, comme ça été bien que ce ne fut pas moi ! Je l'aurais brisée comme une tige sans lui donner le temps de parler. Et après, si je n'avais pas été assassin, j'aurais eu peur d'Elle... La peur d'Israël tout entier depuis des siècles, à l'égard du Tabernacle... »

« Même Moïse eut peur de Dieu et pourtant il fut secouru, resta avec Lui sur la montagne... Joseph alla donc habiter dans la maison sainte de l'Épouse et pourvut aux besoins de la Vierge et de Celui qui devait naître. Et lorsque ce fut pour tous le temps de l'édit, il se rendit avec Marie, dans la terre des pères, et Bethléem les repoussa parce que le cœur des hommes est fermé à la charité. Maintenant, à votre tour de parler.[47] »

---

[46] « L'Évangile tel qu'il m'a été révélé » Maria Valtorta – Tome 2, Ch 103, page 620
[47] Ibid – Tome 2, Ch 103, page 621

2.3 Marie, Vierge enfantant le Messie

2.3.1 Naissance de Jésus

Marie Mère de Dieu
Prophétie du lieu de naissance

Le prophète Michée, 740 et 687 avant J.C., annonce la venue en Israël de celui qui doit gouverner Israël.

Mi 5, 1-3 : « **¹Et toi, Bethléem Ephrata, petite pour être entre les milliers de Juda, de toi sortira pour moi celui qui doit être dominateur en Israël, et ses origines dateront des temps anciens, des jours de l'éternité. ²C'est pourquoi il les livrera, jusqu'au temps où celle qui doit enfanter aura enfanté ; et le reste de ses frères reviendra aux enfants d'Israël. ³Il se tiendra ferme, et il paîtra ses brebis, dans la majesté du nom de YaHWeH, son Dieu ; et on demeurera en sécurité, car maintenant il sera grand, jusqu'aux extrémités de la terre.** »

Curieusement Michée dit que ses origines remontent aux jours d'autrefois. Ce n'est donc pas un mortel ordinaire qui doit venir, mais quelqu'un sur qui l'emprise du temps n'est pas comparable avec l'emprise du temps sur les hommes.

La filiation éternelle de Jésus n'est pas une invention du Nouveau Testament mais s'enracine dans l'ancien testament.

Le prophète Michée annonce que le messie d'origine éternelle naîtra à Bethléem et régnera en Israël. Bethléem se situe à une dizaine de kilomètres au Sud de Jérusalem C'est le lieu de naissance et de couronnement de David, roi emblématique d'Israël. Jésus est descendant de David. Sa naissance devait avoir lieu à Bethléem. La tradition juive l'appelle aussi Ephrata.

Dans le Nouveau Testament, Matthieu et Luc nous précisent que le lieu de naissance de Jésus est Bethléem en Judée.

Bethléem, en hébreu « בית לחם », « bet lechem », « maison du pain ». Jésus est né à Bethléem, près de Jérusalem, ville dont le nom signifie « maison du pain ». Jésus est le pain de vie, le pain vivant descendu du Ciel. Le vin et le pain sont plus que des symboles. Ils deviendront le corps et le sang de Jésus au moment de la sainte Cène.

Saint Justin est d'origine palestinienne. Dans la première moitié du IIème siècle. Il rapporte dans un ouvrage[48] de discussions avec un rabbi juif nommé Triphon, que Jésus serait né dans une grotte. Cette même grotte indiquée à Constantin permettra l'édification d'une basilique.

Jésus fils de Marie et non de Joseph

Matthieu rapporte la généalogie de Jésus.

Mt 1, 1-17 « ¹Généalogie de Jésus Christ, fils de David, fils d'Abraham.

²Abraham engendra Isaac ; Isaac engendra Jacob ; Jacob engendra Juda et ses frères ; ³Juda, de Thamar, engendra Pharès et Zara ; Pharès engendra Esrom ; Esrom engendra Aram ; ⁴Aram engendra Aminadab ; Aminadab engendra Naasson ; Naasson engendra Salmon ; ⁵Salmon, de Rahab engendra Booz ; Booz de Ruth engendra Obed ; ⁶Obed engendra Jessé; Jessé engendra le roi David.

David engendra Salomon de la femme d'Urie ; ⁷Salomon engendra Roboam ; Roboam engendra Abia ; Abia engendra Asa ; ⁸Asa engendra Josaphat ; Josaphat engendra Joram ; Joram engendra Ozias ; ⁹Ozias engendra Joatham ; Joatham engendra Achaz ; Achaz engendra Ézéchias ; ¹⁰Ézéchias engendra Manassé ; Manassé engendra Amon ; Amon engendra Josias ; ¹¹Josias engendra Jéchonias et ses frères, au temps de la déportation à Babylone.

¹²Après la déportation à Babylone, Jéchonias engendra Salathiel ; Salathiel engendra Zorobabel ; ¹³Zorobabel engendra Abioud ; Abioud engendra Éliacim ; Éliacim engendra Azor ; ¹⁴Azor engendra Sadoc ; Sadoc engendra Achim ; Achim engendra Élioud ; ¹⁵Élioud engendra Éléazar ; Éléazar engendra Matthan ; Matthan engendra Jacob ; ¹⁶Jacob engendra Joseph, l'époux de Marie, de laquelle est né Jésus, qu'on appelle Christ.

¹⁷Il y a donc en tout quatorze générations depuis Abraham jusqu'à David, quatorze générations depuis David jusqu'à la déportation à Babylone, et quatorze générations depuis la déportation à Babylone jusqu'au Christ. »

---

[48] « Dialogue avec Triphon »

La généalogie est indiquée de père en fils en utilisant le verbe engendrer sauf pour Joseph et Jésus.

Le verset Mt 1, 16 indique que Jésus est né de Marie. Jésus est réellement engendré. La forme passive manifeste le caractère transcendant de l'origine paternelle du Christ.

Marie seule est l'origine humaine de Jésus, elle devient mère en tant que vierge.

Naissance à Bethléem de Jésus

Un recensement est ordonné sur l'ordre de César Auguste. Joseph et Marie se rendent à Bethléem accomplissant ainsi les écritures.

Jésus naît le **mercredi 11 septembre de l'an -5 à Bethléem.**

Lc 2, 1-7 : « **¹Or, en ces jours-là, fut publié un édit de César Auguste, pour le recensement de toute la terre. ²Ce premier recensement eut lieu pendant que Quirinius était gouverneur de Syrie. ³Et tous allaient se faire recenser. ⁴Joseph aussi monta de la Galilée, de la ville de Nazareth, en Judée, à la ville de David, qui s'appelle Bethléem, parce qu'il était de la maison et de la famille de David », ⁵pour se faire recenser avec Marie son épouse, qui était enceinte. ⁶Or, pendant qu'ils étaient là, le temps où elle devait enfanter s'accomplit, ⁷et elle mit au monde son fils premier-né, l'emmaillota et le coucha dans une crèche, parce qu'il n'y avait pas de place pour eux dans l'hôtellerie. »**

Fils premier-né

Au verset 7 « Fils premier-né » ne signifie pas que Marie aura d'autres fils.

Il y a une épitaphe sépulcrale datée au 28 janvier du 5ᵉ siècle av J-C, découverte en 1922 dans la nécropole juive de Tell el Yehudieh qui fait dire à la défunte (Arsinoe) : « *Mais le sort, dans les douleurs de l'enfantement de mon fils premier-né, me mena à la fin de la vie* ». Quoique cette jeune maman meure à son premier enfantement, son fils est appelé « premier-né ». Selon la Bible, le fils premier-né, même s'il est unique, est qualifié ainsi parce qu'il est sujet à l'obligation du rachat (Lc 2, 22-24).

Pro évangile de Jacques 18 et 19 :

« Et il (Joseph) trouva là une grotte, l'y introduisit, mit près d'elle ses fils et sortit chercher une sage-femme juive dans la région de Bethléem. »

« Et elle (sage-femme) partit avec lui (Joseph), et ils s'arrêtèrent à l'endroit de la grotte. Et une nuée obscure couvrait la grotte. Et la sage-femme dit : « Mon âme a été exaltée aujourd'hui, car mes yeux ont vu des choses merveilleuses aujourd'hui : que le salut est né pour Israël. » Et aussitôt la nuée commença à se retirer de la grotte et une grande lumière apparut dans la grotte, de sorte que les yeux ne pouvaient la supporter. Et peu à peu cette lumière se mit à se retirer jusqu'à ce qu'apparût un petit enfant ; et il vint prendre le sein de sa mère Marie. Et la sage-femme poussa un cri et dit : « Comme il est grand pour moi, le jour d'aujourd'hui : c'est que j'ai vu cette merveille inouïe. » Et la sage-femme sortit de la grotte, et Salomé la rencontra. Et elle lui dit : « Salomé, Salomé, j'ai à te raconter une merveille inouïe : une vierge a mis au monde, ce dont sa nature n'est pas capable. » Et Salomé dit : « Aussi vrai que vit le Seigneur mon Dieu, si je n'y mets mon doigt et si je n'examine sa nature, je ne croirai jamais qu'une vierge ait enfanté. »

Un accouchement virginal sans douleur

L'enfantement virginal trouve un appui scripturaire en Jn 1, 12-13 : « **[12]Mais à tous ceux qui le reçurent il donna pouvoir de devenir enfants de Dieu, à ceux qui croit en son nom, [13]qui, non du sang, ni du désir de la chair, ni du désir de l'homme, mais de Dieu sont nés.** »

L'expression « des sangs » évoquent les flux de sangs de l'accouchement. Au moment de la naissance, Jésus n'a pas causé de perte de sang à sa mère, ce fut donc un accouchement virginal qui fait disparaître la condamnation de l'enfantement dans la douleur suite au péché originel

Par un privilège spécial Marie réunit les deux plus excellentes conditions de la femme, celle de Vierge, et celle de Mère. Toujours vierge, mère à jamais. Mère non-seulement de Jésus-Christ, qu'elle adore avec nous comme son Dieu, mais aussi de nous tous; car elle est notre nouvelle Ève.

Naissance virginale de Jésus

La naissance de Jésus se produit de façon miraculeuse. Le nouveau-né Jésus passe au travers du corps de Marie. Jésus anticipe temporairement le don du corps spirituel (ou de subtilité) qu'il revêtira après sa Résurrection (1 Co 15, 44).

Le corps spirituel est un des quatre dons que Jésus revêtira à sa résurrection. Le corps traverse les obstacles. C'est ce que nous voyons dans les versets 19 et 26 du chapitre 20 de l'évangile de Jean. Le corps n'est pas alors soumis aux principes d'exclusion de Pauli. Ce principe explique que deux particules de matière ne peuvent pas occuper le même espace-temps.

Paul nous parle dans la première épître aux Corinthiens (15, 44) de cette propriété du corps ressuscité : « … **semé corps animal, il ressuscite corps spirituel.** »

Le péché d'Ève est orgueil, cupidité, gourmandise, luxure.

Marie a vaincu l'orgueil par l'humilité, la cupidité par le don de sa Créature, la gourmandise du savoir et de la jouissance en acceptant de savoir ce que Dieu veut, la luxure par la chasteté de la chair, du cœur et de l'esprit.

Après la naissance de Jésus, Marie est donc toujours vierge. Marie n'est pas souillée par le péché originel. Elle n'a pas à subir les conséquences du péché originel de Genèse 3, 16 : « **À la femme il dit : « Je multiplierai te souffrances, et spécialement celles de ta grossesse ; tu enfanteras des fils dans la douleur ; ton désir te portera vers ton mari, et il dominera sur toi.** »

Accomplissement de la fête d'Hanoucca (Dédicace)

Jean Aulagnier, s'appuie sur l'étude d'Annie Jaubert sur les manuscrits de Qumran et sur le calendrier des Jubilés (ou calendrier de Moïse). Il montre que la date de naissance de Jésus, le 11 décembre -5 correspond au mercredi 25 cisleu (9ᵉ mois) du calendrier des Jubilés[49].

Joseph et Marie, qui ont pu se reposer quelques jours à Jérusalem, arrivent à Bethléem dans la soirée du mardi 10 au mercredi 11 décembre.

Jésus est né à Bethléem de Judée pour la fête des lumières (fête de l'Encénie ou de l'Édification en hébreu Hanoucca).

La fête d'Hanouka ou Chanukkah débute le 25 du neuvième mois (Kisleu soit novembre/ décembre).

Elle commémore l'inauguration de la tente de la rencontre du temps de Moïse, dédicace du premier Temple de Salomon, et de celle du second Temple de Zorobabel après le retour de captivité.

Antiochus IV Épiphane des Séleucides avait interdit le culte judaïque pendant trois ans. Le culte est rendu après la victoire des Maccabées (premier livre des Maccabées). Hanouka commémore également la purification du Temple par Judas Maccabée après sa profanation par Antiochus Épiphane.

Hanoucca est le symbole de la victoire de la lumière sur les ténèbres, du bien sur le mal. Jésus est le Verbe incarné. Il est la lumière. Jean dit de lui en Jn 1, 4 : « **En lui était la vie, et la vie était la lumière des hommes.** »

Selon la tradition rabbinique, au cours de cette consécration se produit le miracle de la fiole d'huile permettant aux prêtres du Temple de faire brûler pendant huit jours une quantité d'huile à peine suffisante pour une journée.

Lors de la fête d'Hanoucca on allume la ménorah, le chandelier à sept branches. Le chiffre 7 symbolise la perfection et la plénitude de Dieu. Jésus est la lumière. Jn 8, 12 : « **Jésus leur parla une autre fois, disant : « Je suis la lumière du monde. Celui qui me suivra ne marchera pas dans les ténèbres, mais il aura la lumière de la vie.** »

Au moment de sa création, le premier homme et la première femme sont sans péché, à l'image de Dieu. Ils sont le Temple consacré et devaient rester tournés vers Dieu, comme le Temple de Jérusalem ne doit servir qu'à Dieu.

L'homme et la femme profanent le Temple qu'ils sont par le péché originel et par les autres péchés. C'est une analogie avec la

---

[49] « Avec Jésus au jour le jour », J. Aulagnier

profanation qu'Antiochus Épiphane a réalisé pour le Temple de Jérusalem.

Le Verbe s'est incarné en Jésus pour nous purifier par sa mort et sa Résurrection. Il nous libère du péché pour que nous devenions comme lui le Temple de Dieu. Jésus fait pour l'homme ce que Judas Maccabée a fait pour le Temple de Jérusalem.

La naissance de Jésus le 25 Cisleu, jour de la fête d'Hanoucca (ou de la Dédicace) a beaucoup de signification. Cette fête dure 8 jours Elle s'achève donc avec la circoncision de Jésus.

Le 25 décembre, solstice d'hiver, marque le début de la période de régression de la nuit sur le jour. Jésus, lumière du monde, est venu pour faire régresser les ténèbres.

Sainte famille

La Sainte Famille est une famille unique. Jésus-Christ est homme sans cesser d'être Dieu. Marie est mère, sans cesser d'être vierge. Joseph est époux, sans cesser d'être pur.

Le nom de Jésus provient de l'annonce faite à Marie par l'ange Gabriel. Marie donne donc le nom de Jésus à sa naissance. Ce nom, comme chez les juifs à cette époque, a un sens religieux. Jésus signifie : Dieu sauve.

Jésus sera aussi appelé le Christ, qui signifie Messie en grec, pour montrer que Jésus est le Messie, annoncé par les prophètes et attendu par le peuple juif.

Maria Valtorta

« Un faisceau de lumière lunaire se glisse par une fissure du plafond et semble une lame immatérielle d'argent qui s'en va chercher Marie. Il s'allonge peu à peu à mesure que la lune s'élève dans le ciel et l'atteint finalement. Le voilà sur la tête de l'orante. Il la nimbe d'une blancheur éclatante.

Marie lève la tête comme pour un appel du ciel et elle s'agenouille de nouveau. Oh ! comme c'est beau ici ! Elle lève sa tête qui semble resplendir de la lumière blanche de la lune, et elle est transfigurée par un sourire qui n'est pas humain. Que voit-elle ? Qu'entend-elle ? Qu'éprouve-t-elle ? Il n'y a qu'elle qui pourrait dire ce qu'elle vit, entendit, éprouva à l'heure fulgurante de sa Maternité. Je me rends seulement compte qu'autour d'elle la lumière croit, croit, croit. On dirait qu'elle descend du Ciel, qu'elle émane des pauvres choses qui l'environnent, qu'elle émane d'elle surtout. »

Son vêtement, d'azur foncé, a à présent la couleur d'un bleu d'une douceur céleste de myosotis, les mains et le visage semblent devenir azurés comme s'ils étaient sous le feu d'un immense et clair saphir. Cette couleur me rappelle, bien que plus légère, celle que je découvre dans la vision du saint Paradis et aussi celle de la vision de l'arrivée des Mages. Elle se diffuse surtout toujours plus sur les choses, les revêt, les purifie, leur communique sa splendeur.

La lumière se dégage toujours plus du corps de Marie, absorbe celle de la lune, on dirait qu'elle attire en elle tout ce qui peut arriver du ciel. Désormais, c'est elle qui est la Dépositaire de la Lumière, celle qui doit donner cette Lumière au monde. Et cette radieuse, irrésistible, incommensurable, éternelle, divine Lumière qui va être donnée au monde, s'annonce avec une aube, un éveil de la lumière, un chœur d'atomes lumineux qui grandit, s'étale comme une marée qui monte, monte en immenses volutes d'encens, qui descend comme un torrent, qui se déploie comme un voile...

La voûte, couverte de fissures, de toiles d'araignées, de décombres en saillie qui semblent miraculeusement équilibrées, noire, fumeuse, repoussante, semble la voûte d'une salle royale. Chaque pierre est un bloc d'argent, chaque fissure une clarté opaline, chaque toile d'araignée un baldaquin broché d'argent et de diamants. Un gros lézard, engourdi entre deux blocs de pierre, semble un collier d'émeraude oublié là, par une reine; une grappe de chauve-souris engourdies émettent une précieuse clarté d'onyx. Le foin qui pend de la mangeoire la plus haute n'est plus de l'herbe : ce sont des fils et des fils d'argent pur qui tremblent dans l'air avec la grâce d'une chevelure flottante.

La mangeoire inférieure, en bois grossier, est devenue un bloc d'argent bruni. Les murs sont couverts d'un brocart où la blancheur de la soie disparaît sous une broderie de perles en relief. Et le sol... qu'est-ce maintenant le sol ? Un cristal illuminé par une lumière blanche. Les *saillies semblent des roses lumineuses jetées sur le sol en signe d'hommage; et les trous, des coupes précieuses, d'où se dégagent des arômes et des parfums.*

Et la lumière croît de plus en plus. L'œil ne peut la supporter. En elle, comme absorbée par un voile de lumière incandescente, disparaît la Vierge... et en émerge la Mère.

Oui, quand la lumière devient supportable pour mes yeux, je vois Marie avec son Fils nouveau-né dans ses bras.[50] »

Maria Valtorta nous rapporte les paroles de Jésus :

« *Ma naissance fut une très douce extase. Dans le silence de la nuit qui isolait du monde la très humble demeure solitaire, Marie s'était plongée dans ses ferventes contemplations de Dieu. La prière de Marie était toujours un ravissement en Dieu. En sortant de son ravissement, elle connut le Fils. Même que ce furent les premiers pleurs de l'Enfant-Dieu qui arrachèrent la Mère à sa contemplation spirituelle de Dieu et portèrent son regard à contempler le plus grand miracle, de l'Univers : « un Dieu incarné pour la rédemption de l'humanité*[51] ».)

Maria Valtorta rapport les paroles de Marie lors d'un pèlerinage à Bethléem le **jeudi 6 avril 28** :

« *Et ensuite, le silence et le sommeil qui vinrent envelopper le Juste... pour qu'il ne vît pas ce qui était pour moi le baiser quotidien de Dieu... Et pour moi, après l'intermède des nécessités humaines, voici les flots démesurés de l'extase arrivant de la mer paradisiaque et qui me soulevaient de nouveau sur des crêtes lumineuses toujours plus hautes, me portant en haut, en haut, avec eux, dans un océan de lumière, de lumière, de joie, de paix, d'amour jusqu'à ce que je me trouve perdue dans la mer de Dieu, du sein de Dieu... Une voix de la terre, encore : « Tu dors, Marie ? » Oh ! si lointaine !... Un écho, un souvenir de la terre !... Et si faible que l'âme n'en est pas touchée, et je ne sais quelle réponse j'y fais pendant que je monte, que je monte encore dans cet abîme de feu, de béatitude infinie, d'avant-goût de Dieu... jusqu'à Lui,*

---

[50] « L'Évangile tel qu'il m'a été révélé » Maria Valtorta, Tome 1, chap. 47, pages 170-172
[51] Cahiers de 1943 - p. 298 Catéchèse du 15 septembre 1943

jusqu'à Lui... Oh ! mais, est-ce Toi qui es né ou est-ce moi qui suis née de la fulguration Trinitaire, cette nuit-là ? Est-ce moi qui t'ai donné Toi, ou Toi qui m'as aspirée pour me donner ? Je ne sais pas...

Et puis la descente, de chœur en chœur, d'astre en astre, de nuage en nuage, douce, lente, bienheureuse, tranquille comme celle d'une fleur qu'un aigle a portée dans les hauteurs et qu'il a laissée tomber, et qui descend lentement sur les ailes de l'air, devenue plus belle par une pluie de pierres précieuses, par un morceau d'arc-en-ciel dérobé au ciel et qui se retrouve sur la terre natale... Mon diadème : Toi ! Toi sur mon cœur...

M'étant assise ici, après t'avoir adoré à genoux, je t'ai aimé. Finalement j'ai pu t'aimer sans la barrière de la chair et d'ici je me suis levée pour te porter à l'amour de celui qui comme moi était digne de t'aimer dans les premiers. Et ici, entre ces deux rustiques colonnes, je t'ai offert au Père. Et ici, tu as reposé pour la première fois sur le cœur de Joseph... Et puis, je t'ai emmailloté et, ensemble, nous t'avons déposé ici... Je te berçais pendant que Joseph séchait le foin à la flamme et le tenait au chaud en le mettant sur sa poitrine et puis, à cet endroit, pour t'adorer tous les deux, penchés sur Toi ainsi, ainsi comme moi maintenant, pour boire ta respiration, pour voir à quel anéantissement peut conduire l'amour, pour verser les larmes que certainement on verse au Ciel pour la joie inépuisable de voir Dieu. »

Marie est allée et venue pendant cette évocation, indiquant les endroits, haletante d'amour, une larme scintillant dans ses yeux bleus et un sourire de joie sur les lèvres, elle se penche réellement sur son Jésus qui s'est assis sur une grosse pierre pendant cette évocation, et elle baise ses cheveux en pleurant et adorant comme alors...

« *Et puis les bergers... à l'intérieur, ici, pour adorer avec leur âme bonne, avec le grand soupir de la terre qui entrait avec eux, avec leur odeur d'hommes, de troupeaux, de foin ; et au-dehors, et partout les anges, pour t'adorer par leur amour, par leurs chants que ne peut redire une créature humaine, et par l'amour des Cieux, par l'atmosphère des Cieux qui entrait avec eux, qu'eux apportaient avec leurs clartés... Ta naissance, bénie !...[52] »*

---

[52] « L'Évangile tel qu'il m'a été révélé » Maria Valtorta – Tome 3, Ch 69, pages 411-412

Maria Valtorta nous rapporte les paroles de Marie :

« Mais moi je savais, cela je le savais que ce serait en la fête des Lumières que la Lumière du monde naîtrait.[53] »

Maria Valtorta nous rapporte les paroles de Marie :

« Moi seule, sans tache et sans union humaine, ait été exempte de la douleur de l'enfantement. La tristesse et la douleur sont les fruits de la faute. Moi qui étais la « Sans faute », je devais connaître pourtant la douleur et la tristesse parce que j'étais la Co rédemptrice. Mais je ne connus pas le déchirement de l'enfantement. Non. Je n'ai pas connu cette souffrance.[54] »

Maria Valtorta nous rapporte les paroles de Jésus :

« Ceci n'est pas pour les « Jean », mais pour les docteurs mécontents et exigeants. Et encore pour les chicaneurs, je dis que j'ai employé les termes « oncle » et « tante », qui n'existent pas dans les langues de Palestine, pour apporter des éclaircissements et mettre un point final à une question irrespectueuse sur ma condition de Fils Unique de Marie, et sur la Virginité de ma Mère, avant et après l'enfantement, sur la nature spirituelle et divine de l'union dont j'ai reçu la vie. Je le redis encore une fois, ma Mère ne connut pas d'autres unions et n'eut pas d'autres enfants. Chair Inviolée, que Moi-même je n'ai pas déchirée, fermée sur le mystère d'un sein-tabernacle, trône de la Trinité et du Verbe Incarné.[55] »

Jésus raconte :

« En ce qui concerne mon Incarnation réelle, je dis : « Il est juste qu'il en ait été ainsi ». Dans l'avenir, beaucoup et beaucoup tomberont dans des erreurs au sujet de mon Incarnation. Ils me prêteront précisément les formes que Judas voudrait que j'eusse pris. Un homme dont le corps était en apparence formé de matière, mais fluide en réalité, comme un jeu de lumière, grâce auquel je serais et ne serais pas une

---

[53] « L'Évangile tel qu'il m'a été révélé » Maria Valtorta - Tome 3, Ch 69, page 414
[54] Ibid - Tome 1, chap. 37, page 142
[55] Ibid – Tome 2, Ch 65, page 372

chair. Et elle existerait, sans vraiment exister la maternité de Marie. En vérité, je suis une chair, et Marie est la Mère du Verbe fait Chair. Si l'heure de ma naissance ne fut qu'extase, c'est parce qu'Elle est la nouvelle Ève qui ne porte pas le poids de la faute ni l'héritage du châtiment. Mais cela n'a pas été pour Moi une dégradation de reposer en Elle. Est-ce que par hasard la manne était avilie du fait qu'elle était dans le Tabernacle ? Non, elle était au contraire honorée de se trouver en ce lieu. D'autres diront que Moi, n'étant pas une Chair réelle, je n'ai pas enduré la souffrance ni la mort durant mon séjour sur la terre. Oui, ne pouvant nier mon existence, on niera la réalité de mon Incarnation ou la vérité de ma Divinité. Non, en vérité, je suis Un éternellement avec le Père et je suis uni à Dieu en tant que Chair car l'Amour peut avoir rejoint ce qui ne peut être rejoint dans sa Perfection en se revêtant de Chair pour sauver la chair. À toutes ces erreurs répond ma vie entière qui donne son sang depuis ma naissance jusqu'à ma mort et qui est assujettie à tout ce qu'elle partage avec l'homme, à l'exception du péché. Né, oui, d'Elle. Et pour votre bien. Vous ne savez pas à quel point s'adoucit la Justice du moment qu'elle a la Femme comme collaboratrice.[56] »

Maria Valtorta
Bethléem

Début Juin 27 Jésus retrouve Jean qui n'a pu rester en Galilée et Simon. Ce dernier a parlé de Jésus à Lazare

Jésus avec Jean, Simon et Judas retrouve Bethléem. Ils sont mal accueillis par une famille à cause du massacre des innocents. Ils partent dormir dans la grotte de la nativité.

« Et n'est-il pas dit : « Une étoile naîtra de Jacob et un sceptre s'élèvera d'Israël (Nb 24, 17) » ? Et Jacob n'est-il pas le grand patriarche et ne s'est-il pas arrêté dans cette terre de Bethléem qui lui était chère comme la prunelle de l'œil, parce que ce fut là que mourut sa bien-aimée Rachel (Gn 35, 19) ? »[57]

---
[56] « L'Évangile tel qu'il m'a été révélé » Maria Valtorta – Tome 3, Ch 69, page 417
[57] Ibid - Tome 2, chap. 37, page 177

« *Et encore, n'est-il pas sorti de la bouche d'un prophète : « Un rejeton sortira de la tige de Jessé et une fleur s'épanouira de cette racine (Is 11, 1) » ? Isaï père de David est né ici (Isaï : Jessé appelé ainsi par certaines Bibles, la Vulgate (1 Samuel 20, 27 et 1 Rois 12, 16). Le bourgeon sur la souche, sciée à la racine par l'usurpation des tyrans, n'est-ce pas la « vierge » qui enfantera le Fils conçu non pas d'un homme, car alors Elle ne serait plus Vierge, mais de la volonté de Dieu, par quoi Il sera « l'Emmanuel », car Fils de Dieu, Il sera Dieu et, par conséquent, apportera Dieu au milieu du peuple de Dieu, comme son nom l'indique (Is 7, 14) ?*

Et ne sera-t-il pas annoncé, dit la prophétie, aux peuples des ténèbres, c'est à dire aux païens « par une grande lumière (Is 9, 1) » ? Et l'étoile, vue par les mages ne pourrait-elle pas être l'étoile de Jacob (Nb 24, 17), la grande lumière des deux prophéties de Balaam (Nb 24, 17) et d'Isaïe (Is 9, 1 et Is 60, 1-3) ?

Et le massacre lui-même accompli par Hérode ne rentre-t-il pas dans les prophéties ? « Un cri s'est élevé... C'est Rachel qui pleure ses fils (Jr 31, 15) », Il était marqué que les os de Rachel, dans son tombeau d'Ephrata gémiraient et pleureraient à l'époque où, par le Sauveur, la récompense serait venue au peuple saint. Larmes qui se changeraient ensuite en un sourire céleste (Jr 31, 16-17), comme l'arc-en-ciel que forment les dernières gouttes d'eau de l'orage, mais qui dit : « Voilà : le temps serein vous est accordé (Is 61, 2).[58] »

« *Ne pleure pas, mon Jean. Tu le diras cette fois et d'innombrables autres fois : « Il était la Lumière venue briller au milieu des ténèbres, mais les ténèbres ne l'ont pas compris. Il est venu dans le monde qui par Lui a été fait, et le monde ne l'a pas connu. il est venu dans sa ville, dans sa maison, et les siens ne l'ont pas reçu ». Oh ! ne pleure pas ainsi !*[59] »

« *Et pourtant, amis, ici, la nuit du 25 du mois d'Encénie, naquit de la Vierge, Jésus le Christ, l'Emmanuel, le Verbe de Dieu fait chair pour l'amour de l'homme : Moi, qui vous parle. Alors, aussi, comme maintenant, le monde fut sourd aux voix du Ciel qui s'adressaient au*

---

[58] L'Évangile tel qu'il m'a été révélé » Maria Valtorta - Tome 2, chap. 37, page 178
[59] Ibid - Tome 2, chap. 37, page 181

cœur... et il a repoussé la Mère... et ici... Non Judas, ne détourne pas le regard d'un air dégoûté de ces chouettes qui volent, de ces lézards verts, de ces toiles d'araignées. Ne relève pas avec dégoût ton beau vêtement brodé pour qu'il ne se souille pas sur le sol, couvert d'excréments d'animaux. Ces chouettes sont les petites filles de celles qui furent les premiers jouets qui s'agitèrent sous les yeux du Bébé, pour lequel les anges chantaient le « Gloria » que les bergers entendirent, ivres de rien autre que d'une extatique joie ! de la vraie joie. Ces lézards, avec leur émeraude, furent les premières couleurs qui frappèrent ma pupille, les premières après la blancheur du vêtement et du visage maternel. Ces toiles d'araignées furent le baldaquin de mon berceau royal. Ce sol, oh ! tu peux le fouler sans dédain... il est couvert d'excréments, mais il est sanctifié par son pied, Elle, la Sainte, la Grande Sainte, la Pure, l'Inviolée, la Mère de Dieu, Celle qui enfanta parce qu'Elle devait enfanter, qui enfanta parce que Dieu, et non pas l'homme, le lui dit et la rendit enceinte de Lui-même. Elle, la Sans Tache, l'a foulé aux pieds. Tu peux y mettre tes pas. Et que Dieu veuille que par la plante de tes pieds te monte au cœur la pureté qui émana d'Elle... »

Simon s'est agenouillé. Jean s'en va directement à la crèche et pleure, la tête appuyée sur elle. Judas est effrayé... puis vaincu par l'émotion, et sans plus penser à son bel habit, se jette sur le sol, prend un coin du vêtement de Jésus, l'embrasse et se bat la poitrine en disant : « Oh ! aie pitié, bon Maître, de l'aveuglement de ton serviteur ! Mon orgueil tombe... je te vois comme Tu es. Non pas le roi que je pensais, mais le Prince Éternel, le Père du siècle à venir, le Roi de la paix (Is 9, 5). Pitié, mon Seigneur et mon Dieu ! Pitié ! »

« Oui, toute ma pitié. Maintenant, nous allons dormir où dormit l'Enfant et la Vierge, là où Jean a pris la place de la Mère en adoration, là où Simon paraît mon père putatif. Ou bien, si vous préférez, je vous parlerai de cette nuit... »

« Oh ! oui, Maître, fais-nous connaître ton épanouissement en ce monde. »

« Pour qu'il soit une perle lumineuse en nos cœurs et pour que nous puissions le redire au monde.[60] »

« Et pour vénérer ta Mère, non seulement pour avoir été ta Mère,

---

[60] « L'Évangile tel qu'il m'a été révélé » Maria Valtorta - Tome 2, chap. 37, page 182

mais pour être... oh ! pour être la Vierge ! »

C'est d'abord Judas qui a parlé, puis Simon, puis Jean avec son visage où les larmes se mêlent aux sourires, là tout près de la crèche « Venez sur le foin. Écoutez... » et Jésus raconte la nuit de sa naissance « ...la Mère qui était déjà sur le point d'enfanter, vint, sur l'ordre de César Auguste, sur l'avis du délégué impérial, Publius Sulpicius Quirinus, alors qu'était gouverneur de la Palestine Sentius Saturninus. L'avis ordonnait le recensement de tous les habitants de l'Empire. Ceux qui n'étaient pas esclaves devaient se rendre à leur lieu d'origine pour s'inscrire sur les registres de l'Empire. Joseph, époux de la Mère, était de la race de David et pareillement la Mère. Obéissant donc à cet avis, ils quittèrent Nazareth pour venir à Bethléem, berceau de la race royale. Le temps était froid... » Jésus continue le récit et tout cesse ainsi.[61] »

Mystiques

Les mystiques évoquent le don du corps spirituel (ou de subtilité) que Jésus anticipa temporairement au moment de sa naissance. Il s'agit d'un des quatre dons que revêt le Christ à sa Résurrection (1Co 15, 42-44).

Brigitte de Suède (1302-1373) rapporte ses visions : *« Comme l'âme est devenue immortelle et immuable en moi, ainsi le corps, par l'union avec elle, deviendra immortel ; il perdra sa pesanteur, il sera subtil et léger. Le corps glorifié passera à travers tous les obstacles et ne craindra ni l'eau ni le feu.[62] »*.

Maria d'Agreda (1602-1665) nous parle, parmi les quatre dons reçus par le Christ ressuscité, de la subtilité : *« La subtilité le rend si pur, qu'il pénétrait les autres corps sans aucune résistance, comme s'il eût été un pur Esprit : c'est ainsi qu'il pénétra la pierre du sépulcre, sans la remuer et sans la rompre, en la manière qu'il était sorti du Sein Virginal de sa très-Sainte Mère.[63] »*.

---

[61] L'Évangile tel qu'il m'a été révélé » de Maria Valtorta - Tome 2, chap. 37, page 183
[62] « Dialogue » de Brigitte de Suède, ch. XLI, extraits du paragraphe 53
[63] Maria d'Agreda « La cité mystique de Dieu » Tome 2 P 119 chez Seguin Aîné 1819

Maria d'Agreda nous dit : « *La subtilité c'est le don de pénétrer les autres corps sans rencontrer aucune résistance.* »

Maria Valtorta (1897-1961) nous relate les paroles de Jésus à Jacques : « *Je te promets que je viendrai te guider par mon Esprit, lorsque la glorieuse Résurrection m'aura délivré des limites de la matière.[64]* ».

Jésus enseigne les apôtres et les femmes disciples :
« *Si l'heure de ma naissance ne fut qu'extase, c'est parce qu'Elle est la nouvelle Ève qui ne porte pas le poids de la faute ni l'héritage du châtiment.[65]* »

« *Il y a dans cette maternité, dit saint Thomas, une dignité en quelque sorte infinie, puisqu'Elle a pour Fils Celui que les anges adorent comme leur Dieu et leur Seigneur. Cette suréminente dignité est la raison d'être de Son Immaculée Conception, de Son élévation au-dessus des anges, de la toute-puissance de Son crédit auprès de Dieu.* »

2.3.2 Visite des bergers
Marie Mère de Dieu

L'annonce de la naissance est faite par un ange à des bergers qui veillent aux champs. Les bergers sont douze selon Maria Valtorta : Lévi, Elie, Samuel, Jonathas, Tobie, Jonas, Isaac, Daniel, Siméon, Jean et les jumeaux Joseph et Benjamin.

L'adoration des bergers se passe le **mercredi 11 décembre de l'an -5**.

Lc 2, 8-20 : « **8Il y avait, dans la même région des bergers qui vivaient aux champs et qui veillaient la nuit pour garder leurs troupeaux. 9Un ange du Seigneur parut auprès d'eux et la gloire du**

---

[64] L'Évangile tel qu'il m'a été révélé » de Maria Valtorta - Tome 4, chap. 121, page 220
[65] Ibid – Tome 3, Ch 69, page 417

Seigneur les enveloppa de clarté, et ils furent saisis d'une grande crainte. ^{10}Mais l'ange leur dit : « Ne craignez point, car je vous annonce une nouvelle qui sera pour tout le peuple une grande joie : ^{11}il vous est né aujourd'hui, dans la ville de David, un Sauveur, qui est le Christ Seigneur. ^{12}Et voici ce qui vous en sera le signe : vous trouverez un nouveau-né emmailloté et couché dans une crèche. ^{13}Tout à coup se joignit à l'ange une troupe de la milice céleste, louant Dieu et disant :

« ^{14}Gloire, dans les hauteurs, à Dieu ! Et, sur la terre, paix chez les hommes de bon vouloir ! »

^{15}Lorsque les anges, s'en allant dans le ciel, les eurent quittés, les bergers se dirent entre eux : « Passons donc jusqu'à Bethléem, et voyons cet évènement qui est arrivé, et que le Seigneur nous a fait connaître. » ^{16}Ils y rendirent en toute hâte, et trouvèrent Marie, Joseph, et le nouveau-né couché dans la crèche. ^{17}Après avoir vu, ils firent connaître ce qui leur avait été dit au sujet de cet enfant. ^{18}Et tous ceux qui les entendirent furent dans l'admiration de ce que leur avaient dit les bergers. ^{19}Quant à Marie, elle conservait avec soin toutes ces choses, les méditant dans son cœur. ^{20}Et les bergers s'en retournèrent, glorifiant et louant Dieu de tout ce qu'ils avaient entendu et vu, selon ce qui leur avait été dit. »

Les bergers se rappelleront en l'an 27 les paroles de l'ange :
« *Les anges ont dit : « Aujourd'hui dans la cité de David est né le Sauveur, qui est le Christ, le Seigneur. Vous le reconnaîtrez à ceci : vous trouverez un Bébé couché dans une mangeoire, enveloppé de langes*[66] »

Le Fils de Marie est bien le Sauveur, le Christ Seigneur selon les paroles de l'ange en Lc 2, 11.

Maria Valtorta

Jésus raconte l'Annonciation à ses apôtres, puis le temps de l'édit, le départ de Joseph et Marie pour la terre des pères, et le rejet de Bethléem par manque de charité. Jésus laisse ensuite les bergers raconter.

---

[66] L'Évangile tel qu'il m'a été révélé » Maria Valtorta Tome 2, chap. 39, page 195

« *Moi, je rencontrai, vers le soir une femme jeune et souriante montée sur un ânon. Un homme l'accompagnait. Il me demanda du lait et des renseignements. Et je lui dis ce que je savais... Puis la nuit arriva... et une grande lumière... et nous sortîmes... et Lévi vit un ange près du parc. Et l'Ange dit : « Le Sauveur est né » C'était la pleine nuit, et le ciel fourmillait d'étoiles. Mais la lumière se perdait dans celle de l'Ange et des milliers et milliers d'anges... (Élie pleure encore à ce souvenir). Et l'Ange nous dit : « Allez l'adorer. Il est dans une étable, dans une crèche, entre deux animaux... Vous trouverez un tout petit enfant enveloppé dans de pauvres langes... « Oh ! comme il étincelait, l'Ange, en disant ces paroles ! ...Mais te souviens-tu Lévi, comment ses ailes projetaient des flammes quand, après s'être incliné pour nommer le Sauveur, il dit : « ...C'est le Christ Seigneur » ? »*

« *Oh ! Si je me souviens ! Et les voix des milliers ? Oh !... « Gloire à Dieu dans les Cieux Très Hauts et paix sur la terre aux homme de bonne volonté ! » Cette musique est ici, elle est ici, et elle m'emmène au Ciel chaque fois que je l'entends » et Lévi lève un visage extatique sur lequel brille une larme.* »

« *Et nous sommes allés, dit Isaac, chargés comme des bêtes de somme, joyeux comme pour des noces et puis... nous ne sûmes plus rien faire quand nous entendîmes la petite voix, et celle de la Mère. Nous poussâmes Lévi, qui était tout jeune, pour qu'il regarde. Nous nous sentions lépreux devant tant de candeur... Et Lévi écoutait, et il riait tout en pleurant, et il répétait, comme avec une voix d'agneau de sorte que la brebis d'Élie se mît à bêler. Et Joseph vînt à l'ouverture de l'étable et nous fît entrer... Oh ! comme tu étais petit et beau ! Un bouton de rose carnée sur le foin qui piquait... et tu pleurais... Puis tu souriais dans la tiédeur de la peau de brebis que nous t'offrîmes et pour le lait que nous avons trait... Ton premier repas... Oh !... et puis... et puis nous te baisâmes... Tu sentais l'amande et le jasmin... et nous ne pouvions plus te quitter ... »*

« *Vous ne m'avez plus quitté, en effet.* »

« *C'est vrai, dit Jonathas. Tes traits restèrent en nous, et ta voix et ton sourire... Tu grandissais... tu étais de plus en plus beau... Le monde des bons venait jouir de Toi... et celui des méchants t'évitait... Anne... tes premiers pas... les trois Sages... l'étoile...* »

« Oh ! cette nuit-là, quelle lumière ! Le monde paraissait enflammé par mille lumières. Le soir de ton arrivée, au contraire, la lumière était immobile et perlée... Puis, c'était la danse des astres, mais alors c'était l'adoration des astres. Et nous, d'une hauteur, nous voyions passer la caravane et nous la suivions pour voir si elle s'arrêtait... Et le lendemain, Bethléem toute entière vit l'adoration des Sages. Et puis... Oh ! ne parlons pas de l'horreur !... N'en parlons pas !... » Élie pâlit à ce souvenir.

« Oui, n'en parlons pas. Silence sur la haine... »

« La plus grande douleur était de ne plus te posséder et d'être sans nouvelles de Toi. Zacharie ne savait rien non plus. Notre dernier espoir ...Plus rien. »

« Pourquoi, Seigneur, n'as-tu pas réconforté tes serviteurs ? »

« Tu demandes le pourquoi, Philippe ? Parce qu'il était prudent d'agir ainsi. Tu vois que même Zacharie, dont la formation spirituelle se compléta depuis cette heure, ne voulut pas soulever le voile. Zacharie... »

« Mais, tu nous as dit que ce fut lui qui s'occupa des bergers. Et alors, pourquoi lui ne dit-il pas à eux d'abord, à Toi ensuite, que les uns cherchaient l'Autre ? »

« Zacharie était un juste, tout à fait homme. Il devint moins homme et plus juste au cours des neuf mois de mutisme, il se perfectionna dans les mois qui suivirent la naissance de Jean, mais il devint un esprit juste, lorsque sur l'orgueil de l'homme tomba le démenti de Dieu. Il avait dit : « Moi, prêtre de Dieu, je dis que c'est à Bethléem que doit vivre le Sauveur » et Dieu lui avait montré comment un jugement, même celui d'un prêtre, s'il n'est pas éclairé par Dieu, est un pauvre jugement. En pensant avec horreur : « Je pouvais faire tuer Jésus, avec mes paroles » Zacharie devint le juste qui maintenant repose en attendant le Paradis. Et la justice lui enseigna la prudence et la charité. Charité envers les bergers, prudence à l'égard du monde pour lequel le Christ devait être inconnu.[67] »

---

[67] « L'Évangile tel qu'il m'a été révélé » Maria Valtorta – Tome 2, Ch 103, pages 621-623

2.3.3 Présentation au temple

Circoncision et nom - Marie Mère de Dieu

Nous sommes le **jeudi 19 décembre an -5** à Bethléem.

La circoncision est le signe de l'alliance donnée à Abraham par Dieu. Gn 17, 11 : « **Vous vous circoncirez dans votre chair, et ce sera le signe de l'alliance entre moi et vous.** »

La circoncision se fait selon la loi huit jours après la naissance donc à la fin de la fête d'Hanoucca. C'est une cérémonie à caractère familial qui se fait au domicile.

Lc 2, 21 : « ^{21}**Les huit jours étant accomplis pour sa circoncision, il fut appelé du nom de Jésus, nom que l'ange avait donné avant qu'il eût été conçu dans le sein maternel.** »

Jésus est Juif. Il fait parti du peuple élu, du peuple de l'alliance de Dieu avec les hommes. Mais il est bien plus que cela car il est l'alliance de Dieu avec l'homme en étant pleinement Dieu et pleinement homme, une personne en deux natures.

Le nom de l'enfant est donné le jour de la circoncision. Le nom porte la signification de la mission. Isaïe a annoncé prophétiquement son nom : « Emmanuel » ou « Dieu avec nous » (Is 7, 14). Comment Dieu peut-il être davantage avec nous qu'en se faisant homme, mystère de l'Incarnation ? L'ange Gabriel annonce à Marie la venue d'un fils qu'elle appellera : « Jésus » (Lc 1, 31), c'est-à-dire « Dieu sauve ». Comment Dieu peut-il être davantage sauveur qu'en donnant sa vie pour nous, mystère de la Rédemption ?

Purification de la Mère au Temple

Jérusalem, le lundi 20 janvier an -4

La purification de la mère se fait quarante jours après la naissance d'un garçon. La mort est impure car elle est contraire à Dieu qui est vie. Les prescriptions sur la pureté dans la loi d'Israël, la Torah, indiquent que toute perte de force vitale est traité comme impur et a besoin d'être revitalisé par Dieu. Le sang est considéré comme symbole de vie. La mère, après les pertes de sang de l'enfantement, doit offrir un sacrifice au Temple, et recevoir une revitalisation par Dieu.

La cérémonie doit donc avoir lieu au temple de Jérusalem pour le sacrifice. La distance à couvrir depuis Bethléem est d'une petite dizaine de kilomètres.

La naissance de Jésus a respecté la virginité de Marie. La mère de Jésus, n'ayant pas eu de perte de sang, elle n'a pas besoin de la purification au temple.

Présentation de Jésus au Temple
Jérusalem, le lundi 20 janvier an -4

Quarante jours après la naissance, Marie et Joseph sont au Temple de Jérusalem pour y présenter leur fils premier né. La loi prescrit de consacrer à Dieu tout premier-né homme ou animal (Ex 13, 2 et 13, 12). Le prophète Samuel a été offert ainsi au sanctuaire par sa mère.

Lc 2, 22-24 : « **^{22}Puis, lorsque les jours de leur purification furent accomplis, selon la loi de Moïse, ils le menèrent à Jérusalem pour le présenter au Seigneur, ^{23}selon qu'il est écrit dans la loi du Seigneur : « Tout mâle premier-né sera regardé comme consacré au Seigneur », ^{24}et pour offrir en sacrifice, ainsi qu'il est dit dans la loi du Seigneur, « une paire de tourterelles ou deux petites colombes ».**

Prophétie de Siméon

Le prophète Siméon, par l'Esprit-Saint, reconnaît en Jésus « le salut d'Israël » annoncé par les prophètes des temps anciens.

Lc 2, 25-35 : « **^{25}Or, il y avait à Jérusalem un homme nommé Siméon ; c'était un homme juste et pieux, qui attendait la consolation d'Israël, et l'Esprit-Saint était sur lui. ^{26}L'Esprit-Saint lui avait révélé qu'il ne mourrait point avant d'avoir vu le Christ du Seigneur. ^{27}Il vint donc dans le temple, poussé par l'Esprit. Et comme ses parents amenaient l'enfant Jésus pour observer les coutumes légales à son égard, ^{28}lui-même le reçut en ses bras, et il bénit Dieu en disant :**

« **^{29}Maintenant, ô Maître, vous congédiez votre serviteur en paix, selon votre parole ; ^{30}car mes yeux ont vu le salut, ^{31}que vous avez préparé à la face de tous les peuples, ^{32}lumière qui doit éclairer les nations et gloire d'Israël, votre peuple.**

33Et son père et sa mère étaient dans l'étonnement pour les choses que l'on disait de lui. **34**Et Siméon les bénit, et il dit à sa Marie, sa mère : « Voici qu'il est placé pour la chute et le relèvement d'un grand nombre en Israël, et pour être un signe en butte à la contradiction, **35**- vous-mêmes, un glaive transpercera votre âme, - afin que soient révélées les pensées d'un grand nombre de cœur. »

Siméon vient de l'hébreu « shim'ôn » qui signifie « qui écoute, qui a été entendu », « Dieu a entendu ma souffrance », « Yahvé a entendu » ou « qui est exaucé ». Siméon attendait la consolation d'Israël par la venue de son Messie. Siméon annonce la passion du Christ en disant à sa Mère : « Un glaive transpercera votre âme. »

En 2004 deux archéologues[68] identifient la sépulture de Siméon avec le monument funéraire dit d'Absalom dans la vallée de Joséphat. La tombe indique qu'il s'agit d'un personnage important.

Pour Marie d'Agreda[69] le vieillard Siméon serait le Grand-Prêtre Siméon ben Boéthos, nommé en -23 et destitué en -6, tuteur de la Vierge au Temple.

Prophétie d'Anne

Lc 2, 36-38 : « **36**Il y avait aussi une prophétesse, Anne, fille de Phanouel, de la tribu d'Aser ; elle était fort avancée en âge, ayant vécu, depuis sa virginité, sept ans avec son mari, **37**et veuve jusqu'à quatre-vingt-quatre ans. Elle ne quittait point le temple servant Dieu nuit et jour par des jeûnes et des prières. **38**Survenant à cette heure, elle se mit à louer Dieu et à parler de l'enfant à tous ceux qui attendaient la délivrance d'Israël. »

Le prénom Anne vient de l'hébreu Hannah qui veut dire « la grâce ». La prophétesse Anne parle de l'enfant à ceux qui attendaient la libération de Jérusalem.

---

[68] Émile Puech de l'École Biblique et d'Archéologie française et Joe Zias de Science Archaeology Group Hebrew University of Jérusalem
[69] « La cité mystique de Dieu » Maria d'Agreda, chap. X

2.4 Enfance de Jésus

2.4.1 Visite des mages

Prophéties

Annonce des rois mages

P 72, 10 : « **Les rois de Tharsis et des îles paieront des tribus ; les rois de Saba et de Méroé offriront des présents.** »

Is 60, 6 : « **Des multitudes de chameaux te couvriront, les dromadaires de Madian et d'Épha ; tous ceux de Saba viendront, ils apporteront de l'or et de l'encens, et publieront les louanges de YaHWeH.** »

Annonce d'un chef qui paîtra Israël

2 Sa 5, 2b : « **Et YaHWeH t'a dit : « C'est toi qui paîtras mon peuple d'Israël, et c'est toi qui seras prince sur Israël »**

Hérode

Mt 2, 1-12 : « ^{1}Jésus étant né à Bethléem de Judée, aux jours du roi Hérode, voici que des mages d'Orient arrivèrent à Jérusalem, ^{2}disant : « Où est le roi des Juifs qui vient de naître ? Car nous avons vu son étoile à l'orient, et nous sommes venus l'adorer. ^{3}Ce que le roi Hérode ayant appris, il fut troublé, et tout Jérusalem avec lui. ^{4}Il assembla tous les grands prêtres et les scribes du peuple, et il s'enquit auprès d'eux où devait naître le Christ. ^{5}Ils lui dirent : « À Bethléem de Judée; car ainsi a-t-il été écrit par le prophète : ^{6}*Et toi, Bethléem, terre de Juda, tu n'es pas la moindre parmi les principales villes de Juda, car de toi sortira un chef qui paîtra Israël, mon peuple.*

^{7}Alors Hérode, ayant fait venir secrètement les mages, s'enquit avec soin auprès d'eux du temps où l'étoile était apparue. ^{8}Et il les envoya à Bethléem, en disant : « Allez, informez-vous exactement au sujet de l'enfant, et lorsque vous l'aurez trouvé, faites-le-moi savoir, afin que moi aussi j'aille l'adorer. ^{9}Ayant entendu les paroles du roi, ils partirent.

Et voici que l'étoile qu'ils avaient vue à l'orient allait devant eux, jusqu'à ce que, venant au-dessus du lieu où était l'enfant, elle s'arrêta. ¹⁰A la vue de l'étoile, ils eurent une très grande joie. ¹¹Ils entrèrent dans la maison, trouvèrent l'enfant avec Marie, sa mère, et, se prosternant, ils l'adorèrent ; puis ouvrant leurs trésors, ils lui offrirent des présents : de l'or, de l'encens, et de la myrrhe. ¹²Et ayant été avertis en songe de ne point retourner vers Hérode, ils regagnèrent leur pays par un autre chemin. »

Au verset 6 Matthieu fait référence à Mi 5, 1 et à 2Sa 5, 2.

De tout temps il a été notoire que les paroles du prophète Michée concernent le Messie. Lorsqu'Hérode demanda aux princes des prêtres et aux scribes, où devait naître le Messie, ils répondirent sans hésiter : À Bethléem de Juda, conformément à ces paroles du prophète : « Et toi Bethléem d'Ephrata… »

Les mages amènent des présents. L'or convient à un roi, l'encens à un Dieu, et la myrrhe à un homme mortel. L'Épiphanie signifie « manifestation de gloire ». L'adoration des mages est le seul moment où Jésus est assis (sur sa mère) et où il reçoit l'hommage de ses sujets.

Jésus est reconnu par les sages païens venus d'Orient, tandis que le roi de son peuple le poursuit.

Valtorta - Visite des mages - Fontaine de En Roger

Jésus se dirige vers un grand bassin rectangulaire couvert et fermé de trois côtés. Il raconte :

« C'est à ce puits de la fontaine de Rogel que séjournèrent, incertains et déçus, les trois Sages d'Orient, car avait disparu ici l'Étoile qui les avait amenés de si loin. Tout autre homme aurait perdu confiance en Dieu et en lui-même. Eux prièrent jusqu'à l'aube près de leurs chameaux fatigués, seuls éveillés parmi leurs serviteurs endormis et puis, à l'aube, ils se levèrent pour se diriger vers les portes, défiant le danger d'être pris pour des fous et des fauteurs de troubles, défiant même le danger qui menaçait leur vie. C'était le règne du sanguinaire Hérode, souvenez-vous-en. Et il fallait beaucoup moins que la phrase qu'eux, les Sages, voulaient lui dire, pour qu'il décrétât leur mort. Mais eux me cherchaient. Ils ne cherchaient pas la gloire, la richesse, les honneurs.

Ils me cherchaient, Moi seulement. Un petit Enfant : leur Messie, leur Dieu. La recherche de Dieu, parce qu'elle est bonne, donne toujours tous les secours et toutes les hardiesses. Les peurs, les choses basses sont l'héritage de ceux qui rêvent des choses basses. Eux aspiraient à adorer Dieu. Ils étaient forts de cet amour qu'ils avaient et, quelques heures après, leur amour fut récompensé, parce qu'ici, pendant la nuit lunaire, l'Étoile réapparut à leurs yeux. Elle ne manque jamais l'étoile de Dieu à qui cherche Dieu avec justice et amour. Les trois Sages ! Ils pouvaient s'arrêter parmi les faux honneurs que leur donnait Hérode après la réponse des princes des prêtres, des scribes et des docteurs. Ils étaient si las !... Mais ils ne s'arrêtèrent pas même pour une nuit, et avant que ne se ferment les portes, ils sortirent pour rester ici jusqu'à l'aube. Puis... non pas l'aube solaire, mais l'aube de Dieu réapparut pour rendre d'argent la route, l'Étoile les appela par sa clarté, et ils vinrent à la Lumière. Bienheureux ! Bienheureux eux et ceux qui savent les imiter ![70] »

Maria Valtorta donne des éléments dans « L'Évangile tel qu'il m'a été raconté ». Entre mi-septembre et mi-octobre, alors que Jésus a environ 9 mois, les trois mages viennent à Bethléem pour l'adorer.

Hérode est à Jérusalem lorsque les mages viennent s'informer. Ce n'est donc pas l'hiver, puisqu'à cette saison il résidait dans son palais de Jéricho.

Un ami du berger Isaac racontera plus tard :

« *Laissez-moi parler. Il est né à Bethléem parce qu'il est de la race de David, et c'était au temps de l'édit. Les bergers ont vu une lumière, la plus belle qui ait existé. Le plus jeune, parce qu'il était innocent, fut le premier à voir l'ange du Seigneur. Sa voix harmonieuse comme une harpe, disait : « Le Sauveur est né. Allez et adorez », et puis des anges, et encore des anges chantaient « Gloire à Dieu et paix aux hommes bons ». Et les bergers allèrent et virent un tout petit enfant dans une mangeoire entre un bœuf et un âne, la Mère et le père. Et ils l'adorèrent et puis ils l'amenèrent dans la maison d'une brave femme. Et l'Enfant grandissait, comme tous les enfants, beau, gentil, tout amour. Et*

---

[70] « L'Évangile tel qu'il m'a été révélé » Maria Valtorta – Tome 7, Ch 188, pages 215-216

puis il vint des Mages d'au delà de l'Euphrate et du Nil, parce qu'il avaient vu une étoile et reconnu en elle l'étoile de Balaam. Mais l'Enfant était déjà capable de marcher. Le roi Hérode ordonna l'extermination par jalousie à l'égard du futur roi. Mais l'ange du Seigneur avait annoncé le danger.[71] »

Lors de ses adieux à la Judée, **le jeudi 12 avril 29** à Engaddi, Jésus reçoit le témoignage d''un homme d'Engaddi qui se rappelle le passage des rois mages :

« Mon garçon me dit : « Père, regarde ! Une grande caravane, et des chevaux, et des chameaux, et des serviteurs et des seigneurs, en direction d'Engaddi. Ils viennent peut-être aux sources avant la tombée de la nuit... » Je levai les yeux des branches que je relevais et qui traînaient après la vendange abondante, et je vis... Les hommes venaient bien aux sources. Ils descendirent et me virent et ils me demandèrent s'ils pouvaient camper en cet endroit pour une nuit.

« Engaddi a des maisons hospitalières, et elle est toute proche » répondis-je.

« Non. Nous veillons pour être prêts à fuir, car Hérode nous recherche. D'ici, les sentinelles verront toute la route et il sera facile d'échapper à ceux qui nous recherchent ».

« Quel péché avez-vous commis ? » demandai-je étonné et prêt à leur indiquer les cavernes de nos montagnes, comme c'est pour nous une coutume sacrée à l'égard des persécutés. Et j'ajoutai : « Vous êtes étrangers et de lieux différents... Je ne sais pas comment vous avez pu pécher contre Hérode... »

« Nous avons adoré le Messie qui est né à Bethléem de Juda et vers lequel nous a guidé l'étoile du Seigneur. Hérode le cherche et donc il nous cherche pour que nous lui indiquions l'endroit où Il se trouve. Et il le cherche pour le tuer. Nous, peut-être, nous trouverons la mort dans les déserts, sur cette route longue et inconnue, mais nous ne dénoncerons pas le Saint descendu du Ciel ![72] »

---

[71] « L'Évangile tel qu'il m'a été révélé » Maria Valtorta - Tome 2, Ch 86, page 489
[72] Ibid - livre 6, chapitre 80 page 30

2.4.2 Séjour en Égypte

Annonces prophétiques

Isaïe nous parle de ce voyage sacré en disant :

Is 19, 1 : « **Voici que YaHWeH, porté sur une nuée légère, entre en Égypte ; les idoles de l'Égypte tremblent en sa présence, et le cœur de l'Égypte se fond au-dedans d'elle.** »

Is 19, 19 : « **En ce jour-là, il y aura un autel pour YaHWeH au milieu du pays d'Égypte, et près de la frontière une stèle pour YaHWeH.** »

Is 19, 21 : « **YaHWeH se fera connaître de l'Égypte, et l'Égypte connaîtra YaHWeH, en ce jour-là ; ils feront des sacrifices et des offrandes ; ils feront des vœux à YaHWeH et les accompliront.** »

Dans sa prophétie, le prophète Osée voit Jésus-Christ sortir de Bethléem où il n'avait pas de soutien pour aller se réfugier en Égypte et se faire une place dans le cœur des hommes.

Osée 11, 1 : « **Quand Israël était enfant, je l'aimai, et dès l'Égypte, j'ai adressé des appels à mon fils.** »

L'origine de ce nom Israël est dans le livre de la Genèse, quand le troisième des patriarches hébreux, Jacob, est renommé Israël après avoir combattu avec un ange de Dieu. Ce nom signifie « Celui qui lutte avec Dieu » ou « Dieu est fort, Dieu triomphe ».

Avertissement de Joseph

Jésus naît à Bethléem. La Sainte Famille demeure à Bethléem au début de la vie de Jésus. Les rois mages apportent à la Sainte Famille la myrrhe, l'or et l'encens. Joseph est averti en songe par un ange de Dieu qu'ils doivent quitter Bethléem pour l'Égypte car Hérode en veut à l'enfant (massacre des innocents). Avec l'or des mages, Joseph va subvenir aux besoins de la Sainte Famille pendant le voyage.

Mt 2, 13-15 : « **[13]Après leur départ (des rois mages), voici qu'un ange du Seigneur apparut en songe à Joseph et lui dit : « Lève-toi, prends l'enfant et sa mère, fuis en Égypte, et restes-y** jusqu'à ce que je t'avertisse ; car Hérode va rechercher l'enfant pour le faire périr. ¹⁴Et lui se leva, prit l'enfant et sa mère de nuit et se retira en Égypte. ¹⁵Et il y resta jusqu'à la mort d'Hérode, afin que s'accomplît ce qu'avait dit le Seigneur par le prophète : « **J'ai rappelé mon fils d'Égypte.** »

L'ange dit à Joseph : « prends l'enfant et sa mère » L'ange souligne ainsi la virginité de Marie et la chasteté de Joseph. Matthieu dit d'ailleurs non pas que Joseph prit l'enfant et sa femme, mais prit l'enfant et sa mère.

Dans les jours qui suivent la venue des mages, Joseph décide brusquement de fuir en Égypte pour échapper à la folie meurtrière d'Hérode.

L'Égypte est l'endroit le plus proche pour se protéger d'Hérode. Ce dernier est un ami de l'empereur Auguste grâce à sa fidélité et à ses qualités d'administrateur. Il est l'un des procurateurs pour l'ensemble de la province de Syrie. Entre Bethléem et l'Égypte il fallait une semaine de marche par la route impériale reliant l'Égypte à la Syrie. Cette route était jalonnée de points d'eau et de garnisons de protection.

Jésus n'était plus nouveau né, puisqu'Hérode va donner l'ordre de massacrer tous les enfants jusqu'à l'âge de 2 ans.

Départ en Égypte de Jésus et de ses parents

Joseph, Marie et Jésus sont obligés de fuir en Égypte.

Suivant l'injonction de l'Ange, Joseph quitte la Palestine, accompagné de la Vierge Marie montée sur un âne avec l'enfant Jésus dans ses bras. Le départ se situe entre **fin octobre et début novembre de l'an -4**.

Toutes les traditions orientales et occidentales ont été unanimes à dire que la Vierge Marie montait un âne et que Joseph marchait à son côté en tenant les rênes, comme il est de coutume en orient.

Il était de coutume que les voyageurs se regroupent en caravane pour se protéger des voleurs. Les caravanes prenaient, à l'époque du Christ, une des trois routes pour se rendre de Palestine en Égypte. Les romains assuraient un minimum de protection sur ces routes.

La Sainte Famille n'a suivi aucun de ces chemins connus. Elle a emprunté une route inconnue, conduite par Dieu, pour échapper à la menace du roi Hérode. Cette route est celle mentionnée par le synaxaire copte d'après la vision du pape Théophile, qu'il a rapportée dans son livre de mémoires.

La Vierge Marie portant l'Enfant Jésus, accompagnée de Joseph avance dans des régions désertiques, de plateaux en vallées, allant d'un lieu à un autre et affrontant de terribles dangers. Il y avait le risque de s'égarer dans le désert et les craintes de la Vierge Marie de voir l'enfant Jésus exposé au soleil brûlant, au froid de la nuit et aux intempéries, aux bêtes féroces, sans oublier la peur de manquer d'eau et de nourriture.

Massacre des innocents de Bethléem 4 av. J.-C.
Annonce prophétique de Jérémie

Jr 31, 15 : **« Ainsi parle YaHWeH : Une voix a été entendue à Rama, des lamentations et des pleurs amers : Rachel pleurant ses enfants ; elle refuse d'être consolée, sur ses enfants, parce qu'ils ne sont plus. »**

Rachel, mère de Joseph et Benjamin, était considérée comme l'ancêtre des principales tribus du royaume d'Israël.

Massacre des innocents

Le Roi Hérode apprend des rois mages la naissance du roi des Juifs. Il décide de tuer l'enfant et ordonne le massacre des enfants en bas âge du pays de Bethléem (massacre des saints innocents). Le massacre se situe **en novembre de l'an -4 à Bethléem.**

Le texte de Matthieu relate le massacre des enfants de Bethléem.

Mt 2, 16-18 : **« ¹⁶Alors Hérode, voyant que les mages s'étaient joué de lui, entra dans une grande colère, et il envoya tuer tous les enfants qui étaient à Bethléem et dans tout son territoire, depuis l'âge de deux ans et au-dessous, d'après le temps qu'il connaissait exactement par les mages. ¹⁷Alors fut accompli l'oracle du prophète Jérémie disant : ¹⁸*Une voix a été entendue dans Rama, des plaintes et des cris lamentables : Rachel pleure ses enfants; et elle n'a pas voulu être consolée, parce qu'ils ne sont plus.* »**

Marie d'Alphée raconte :

« *Puis vous êtes partis... Quelle angoisse de ne plus rien savoir de vous après le massacre ! Alphée se rendit jusqu'à Bethléem... « Partis » dirent-ils. Mais comment croire quand on vous hait à mort dans une ville encore rouge du sang innocent et où fumaient les ruines et où on vous accusait que c'était à cause de vous que ce sang avait été répandu ? Il alla à Hébron, et puis au Temple, car Zacharie était de service.[73]* »

Alphée se rendit à Bethléem après avoir appris le massacre des innocents, donc pendant **l'hiver -4/-3**.

Scandale de la souffrance et de la mort

Nous sommes avec Matthieu en face d'un triple scandale.

D'abord le scandale humain de la souffrance des enfants innocents semblant contradictoire avec un Dieu créateur et bon. Ensuite le scandale des hébreux confrontés à la mort de jeunes enfants tandis que Dieu sauve son fils par la fuite. Enfin le scandale d'Israël, peuple élu, qui semble abandonné de Dieu dans sa souffrance.

<u>Sources pour l'itinéraire et la durée du séjour</u>

L'itinéraire de la Sainte Famille en Égypte est connu par la Bible, des documents remontant au IIe siècle, des traditions orales ininterrompues, et par des apparitions mariales.

Livre des mémoires du Pape Théophile

Le Livre des mémoires du pape Théophile (23e pape d'Alexandrie 384-412) est la source copte la plus importante.

C'est un manuscrit en langue arabe, dont il n'existe que trois exemplaires : l'un au Vatican, le deuxième à la Bibliothèque nationale de Paris et le dernier à la Bibliothèque des manuscrits de Deir Al-Moharraq, en Égypte (près d'Assiout). L'histoire de ce manuscrit est très étrange : le pape Théophile a rassemblé et rédigé à la fin du IVe siècle l'histoire orale du séjour de la Sainte Famille en Égypte. Les Égyptiens se transmettaient cette histoire de génération en génération... Ce pape a prié longuement Marie. La Sainte vierge lui apparait, pendant la nuit du 6 du mois copte

---

[73] L'Évangile tel qu'il m'a été révélé » de Maria Valtorta Tome 8, chap. 38 page 340

Hatur, à Maadi en Moyenne Égypte. Elle lui raconte en détails son voyage avec Jésus, Saint Joseph et son accoucheuse Salomé de Palestine, à travers le désert jusqu'au Sinaï. Elle lui conte aussi comment elle s'est introduite dans la vallée du Nil pour s'installer dans le sud de l'Égypte pendant 6 mois et 11 jours. Ceci jusqu'à ce que l'Ange de Dieu apparaisse à Saint Joseph pour l'informer de la mort d'Hérode : il devait ramener l'enfant et sa mère en Palestine... Trois ans et onze mois s'étaient déjà écoulés depuis leur arrivée en Égypte. La Sainte Vierge demande au pape Théophile d'enregistrer ses dires, qui ont confirmé certains faits et corrigé d'autres...

Nous retrouvons mention de Salomé déjà évoqué dans le pro évangile de Jacques.

Papyrus de Fayoum

Le papyrus du Fayoum se trouve à la Bibliothèque de l'Université de Cologne, en Allemagne. Il est du IVe siècle. La longueur de ce papyrus est de 31,5 cm et sa largeur de 8,4 cm. Il est rédigé dans l'ancienne langue copte de Fayoum.

Le papyrus de Fayoum[74] date le voyage au 24 du mois copte de Bashons. Cette date correspond au mois de juin dans le calendrier grégorien. L'Église copte fête annuellement la mémoire du voyage de la Sainte Famille à cette date.

Connaissance par les églises et monastères

Les chrétiens d'Égypte vénèrent chaque étape du trajet de la Sainte Famille dans leur patrie. À chaque étape, une église ou un monastère furent fondés.

Itinéraire

L'itinéraire de la Sainte Famille est précisé dans « Jésus au fil des jours » du même auteur.

---

[74] Daté du IVe siècle en ancienne langue copte – Bibliothèque de l'université de Cologne

Date de la mort d'Hérode

La date de la mort d'Hérode peut être déterminée avec l'historien Flavius Josèphe le **26 janvier de l'an 1 avant J.-C.**

La mort d'Hérode n'est pas évoquée par Maria Valtorta, mais ses descriptions impliquent qu'il soit mort vers l'an 1 av. J.-C.

Durée du séjour en Égypte
Livre des mémoires du Pape Théophile

Les mémoires du pape copte Théophile[75] transcrivent la tradition orale du séjour de la Sainte Famille en Égypte. Le pape a bénéficié d'une apparition de la Sainte Vierge qui lui a raconté en détails son séjour en Égypte. Ce séjour a duré trois ans et onze mois.

Papyrus de Fayoum

Le papyrus de Fayoum[76] précise que le séjour de la Sainte Famille en Égypte a duré 3 ans et 11 mois.

Maria Valtorta

« *Ma Mère a poussé un cri de joie quand, après environ quatre ans, elle est retournée à Nazareth, quand elle est rentrée dans sa maison, quand elle a embrassé les murs où son « Oui » a ouvert son sein pour recevoir le Germe de Dieu.*[77] »

Retour d'Égypte à Nazareth
Départ de l'Égypte

La date de la mort d'Hérode est en l'an 1 avant J.-C. Elle conditionne le retour de la Sainte Famille à Nazareth. L'ange du Seigneur apparut à Joseph dans une vision et l'informe qu'il peut revenir en Israël.

Mt 2, 19-21 : « **[19]Hérode étant mort, voici qu'un ange du Seigneur apparut en songe à Joseph en Égypte, [20]et lui dit : « Lève-**

---

[75] 23ᵉ pape de l'Église copte (384-412)
[76] Daté du IVᵉ siècle en ancienne langue copte – Bibliothèque de l'université de Cologne
[77] L'Évangile tel qu'il m'a été révélé » de Maria Valtorta Tome 1, chap. 59, page 224

toi, prends l'enfant et sa mère, et va dans la terre d'Israël, car ceux qui en voulaient à la vie de l'enfant sont morts. » **²¹Et lui, s'étant levé, prit l'enfant et sa mère, et il vint dans la terre d'Israël.** »

Le verset 20 est pour Jésus, l'inverse du Verset Ex 4, 19 pour Moïse : « **YaHWeH dit à Moïse, en Madian : « Va, retourne en Égypte, car tous ceux qui en voulaient à ta vie sont morts.** »

L'ange dit à Joseph, comme en Mt 2, 13 : « **prends l'enfant et sa mère** » L'ange redit ainsi la virginité de Marie et la chasteté de Joseph. Matthieu redit au verset 21 que Joseph prit l'enfant et sa mère (et non sa femme).

Le voyage du retour fut vraiment pénible, l'enfant Jésus, sa mère la Vierge Marie, et Joseph l'ont enduré par amour pour nous.

Plus tard Jean interrogera Marie Mère de Jésus :

« Mère, as-tu jamais vu la mer ? »

« *Oh ! Je l'ai vue. Et alors elle était moins agitée, dans sa tempête, que mon cœur, et moins salée que mes larmes pendant que je fuyais le long de la côte de Gaza vers la Mer Rouge, avec mon Bébé dans mes bras et la peur d'Hérode qui me poursuivait. Et je l'ai vue au retour. Mais alors c'était le printemps sur la terre et dans mon cœur. Le printemps du retour dans la patrie. Et Jésus battait de ses petites mains, heureux de voir des choses nouvelles... Joseph et moi, nous étions heureux aussi, bien que la bonté du Seigneur nous eût rendu moins dur l'exil à Matarea, de mille manières.[78]* »

Établissement à Nazareth

Un ange est apparu en songe à Joseph pour l'informer de retourner en Israël.

Mt 2, 22-23 : « **²²Mais, apprenant qu'Archélaüs régnait sur la Judée à la place d'Hérode, son père, il eu peur d'y aller, et, ayant été averti en songe, il gagna la région de la Galilée ²³et vint habiter dans une ville nommer Nazareth, afin que s'accomplît ce qui avaient dit les prophètes :** *Il sera appelé Nazaréen.* »

Joseph ne peut pas s'installer à Bethléem car le fils d'Hérode, Archélaüs règne sur le Judée. Il emmène donc Marie et Jésus à Nazareth,

---

[78] « L'Évangile tel qu'il m'a été révélé » Maria Valtorta – Tome 4, Ch 110, page 141

où Marie et lui ont une maison, et où il trouvera du travail sur les chantiers.

Marie et Joseph ont quitté Nazareth à la fin de l'automne 5 av. J.-C. Ils y retournent plus de quatre ans plus tard, après un séjour de moins d'un an à Bethléem, et de plus de trois années en Égypte. Jésus est parti en Égypte avant d'avoir un an. Il vient à Nazareth avant ses 5 ans.

2.4.3 Enfance de Jésus

Enfance de Jésus

Lc 2, 39-40 : « **³⁹Lorsqu'ils eurent accompli tout ce qui était dans la loi du Seigneur, ils retournèrent en Galilée, à Nazareth, leur ville. ⁴⁰L'enfant croissait et se fortifiait, étant rempli de sagesse, et la grâce de Dieu était sur lui.** »

Marie se charge elle-même de l'éducation de son fils. Les douze années passées au Temple ont fait d'elle une experte en Écritures. L'oncle Alphée accepte que ses deux plus jeunes fils, Jacques et Jude, profitent eux aussi quotidiennement de cet enseignement.

Majorité religieuse de Jésus an 9 ap. J.-C.

Lc 2, 41-51 : « **⁴¹Or ses parents se rendaient chaque année à Jérusalem, pour la fête de la Pâque. ⁴²Quand il eût douze ans, comme ils étaient montés selon la coutume de la fête, ⁴³et qu'ils s'en retournaient, le temps étant passé, l'enfant Jésus resta à Jérusalem et ses parents ne le surent pas. ⁴⁴Pensant qu'il était avec la caravane, ils marchèrent tout un jour, puis ils le cherchèrent parmi leurs parents et leurs connaissances. ⁴⁵Ne l'ayant point trouvé, ils s'en retournèrent à Jérusalem en le recherchant. ⁴⁶Or, au bout de trois jours, ils le trouvèrent dans le temple, assis au milieu des docteurs, les écoutant et les interrogeant ; ⁴⁷et tous ceux qui l'entendaient étaient ravis de son intelligence et de ses réponses. ⁴⁸En le voyant, ils furent stupéfaits, et sa mère lui dit : « Mon enfant, pourquoi nous avez-vous fait cela ? » Voyez, votre père et moi, nous vous cherchions tout affligés. » ⁴⁹Et il leur répondit : « Pourquoi me**

cherchiez-vous ? Ne saviez-vous pas qu'il me faut être dans les choses de mon Père ? » ⁵⁰**Mais ils ne comprirent pas la parole qu'il leur dit.** ⁵¹**Et il descendit avec eux, et il vint à Nazareth, et il leur était soumis. Et sa mère conservait touts ces choses en son cœur. »**

Fin de l'an 8, Jésus a atteint l'âge de sa majorité légale de 12 ans. Quelques jours avant la Pâque de l'an -9, Joseph présente son fils aux docteurs de la loi au Temple de Jérusalem, pour sa bar mitsva, en disant : *« Depuis trois lunes et douze jours il est arrivé à l'âge que la Loi indique pour la majorité.[79] »*.

Année embolismique

Jésus a 12 ans le 12/13 Teveth de l'an 8. La circoncision a eu lieu le 20 Tébeth. Jésus atteint sa majorité légale le 20 Tébeth. Trois lunes (Shébat, Adar I, Adar II) et 12 jours plus tard mènent donc au 4 Nisan, c'est-à-dire onze jours avant la Pâque du 15 Nisan. Cette date tardive impose que l'année a été une année embolismique.

De Pâques de l'an 8 à Pâques de l'an 9 c'est l'année 11 de treize mois dans le calendrier hébraïque (1-2-**3**-4-5-**6**-7-**8**-9-10-**11**-12-13-**14**-15-16-**17**-18-**19**).

Le rabbi Gamaliel confirme l'année embolismique lorsqu'il rencontre Jésus adulte, chez Joseph d'Arimathie, durant l'automne de l'an 27.

« Gamaliel ne répond pas à Joseph. Il se tourne vers Jésus : « Une fois... ne te déplaise, Jésus, si je suis tenace dans mes idées... Une fois, quand vivait encore le grand et sage Hillel, j'ai cru, et lui comme moi, que le Messie était en Israël. Grand éclair du soleil divin en cette froide journée d'un hiver qui ne voulait pas finir ! C'était la Pâque... Les gens tremblaient à cause des moissons gelées... Moi, je dis, après avoir entendu ces paroles : « Israël est sauvé ! A partir d'aujourd'hui, abondance dans les champs et bénédiction dans les cœurs ! L'Attendu s'est manifesté par son premier éclair. Et je ne me suis pas trompé. Vous pouvez tous vous rappeler quelle récolte il y eut en cette année de treize mois, comme celle-ci et ça continue... »

« Quelles paroles as-tu entendues ? Qui les prononçait ? »

« C'était quelqu'un qui sortait de l'enfance... Mais Dieu

---

[79] « L'Évangile tel qu'il m'a été révélé » Maria Valtorta – Tome 1 Ch 67 page 252

resplendissait sur son visage innocent et charmant... Il y a dix-neuf ans que j'y pense et que je garde ce souvenir...[80] »

Nous sommes en l'an 27. C'est une année de 13 mois comme l'an 9. En l'an 27, Gamaliel donne l'indication qu'il y a dix neuf ans que l'examen de majorité a eu lieu. Selon le calendrier juif, cela est exact : 3788 - 3769 = 19. En effet il y a 18 ans et demi depuis la Pâque de l'an 9. Mais après le 1er Tishri, c'est bien la dix-neuvième année depuis l'admission de Jésus au Temple, à la façon juive de compter les années.

Discussion avec les docteurs de la loi

Jésus discute avec les docteurs au Temple (Lc 2, 41-50). Hillel, son petit fils Gamaliel et Shammaï sont présents. Hillel est mort en 10 ap. J.-C. après avoir enseigné 40 ans. Cette information est compatible avec Maria Valtorta, et elle implique que Jésus soit né avant 4 av. J.-C.

Retrouvailles avec ses parents

Lors des retrouvailles avec ses parents, trois jours plus tard, Jésus déclare à propos de sa Mère

« Beaucoup de jours ensoleillés ou nuageux passeront sous le ciel, pendant ces vingt et une années où je serai encore sur la terre. Beaucoup de joies et beaucoup de peines et de pleurs passeront, les uns après les autres, en son cœur pendant les vingt et une autres années qui suivront, mais elle ne demandera plus : « Pourquoi, mon Fils, nous as-tu fait cela ?[81] »

Jésus à 12 ans dans 21 ans il aura 33 ans et donnera sa vie lors de la Pâque de l'an 30. L'Assomption de Marie Aura lieu 21 ans après soit en l'an 51.

Cette indication est conforme avec ce que nous en dit Marie d'Agreda, (La Cité mystique de Dieu chap. 19) : *« Cette glorieuse fin arriva un vendredi, à trois heures du soir, le treize août et à la soixante-dixième année de son âge, moins les vingt-six jours qu'il y a du treize août au huit septembre, jour anniversaire de sa naissance. Elle avait survécu à son divin Fils vingt et un an, quatre mois et dix-neuf jours ».*

---

[80] « L'Évangile tel qu'il m'a été révélé » Maria Valtorta – Tome 2, Ch 81, page 458
[81] « L'Évangile tel qu'il m'a été révélé » Maria Valtorta – Tome 1, Ch 69, page 266

Vie ordinaire

Lc 2, 52 : « **Et Jésus croissait en sagesse, en taille et en grâce, auprès de Dieu et des hommes.** »

Dès lors Jésus va vivre une vie ordinaire au milieu des siens, vie d'étude et vie de charpentier avec Joseph. Jésus vit alors une vie ordinaire, mais transcendée par l'extraordinaire de l'amour.

Départ de Joseph

Joseph a accepté de prendre pour épouse une femme qu'il n'a pas connu. Il accepte d'élever l'enfant qu'il n'a pas eu. Enfin il s'efface avant que Jésus ne commence sa vie publique. Joseph est la grandeur d'âme caché dans l'humilité d'un petit.

« Marie aimait intensément son Joseph. Elle lui avait consacré trente ans d'une vie fidèle.[82] *»*

Joseph est choisi comme époux pour Marie en l'an -7. Ceci situe la mort de Joseph vers **l'an 24 à Nazareth.** Marie a 43 ans, et Joseph a 60 ans.

« saint Joseph mourut à l'âge de soixante ans. Il avait vécu vingt-sept ans avec la sainte Vierge...[83] *»*

Maria Valtorta rapporte les paroles de Jésus lorsqu'en septembre 27 le berger Jonas vient de mourir dans la maison de Nazareth : *« Il est mort. Nous le mettrons dans notre pauvre tombeau. Il mérite d'attendre la résurrection des morts près du juste, mon père.*[84] *»*

Vie cachée

Jésus raconte à ses apôtres :

« Quand, de retour dans la patrie, nous nous dirigeâmes vers Nazareth, avec la même prudence qui désormais guidait Zacharie, nous évitâmes Hébron et Bethléem, et c'est en côtoyant la mer que nous revînmes en Galilée (Zacharie était encore vivant). Même le jour de ma majorité, il ne fut pas possible de voir Zacharie venu pour la même

---

[82] « L'Évangile tel qu'il m'a été révélé » Maria Valtorta - Tome 1, Ch 71, page 272
[83] « La Vie Divine de la Très Sainte Vierge Marie » Marie d'Agreda, chap. XVIII
[84] « L'évangile tel qu'il m'a été révéle » Maria Valtorta – Tome 2, Ch 76, page 431

cérémonie et parti la veille avec son fils.

Dieu veillait, Dieu éprouvait, Dieu pourvoyait, Dieu perfectionnait. Avoir Dieu, c'est encore avoir l'effort, non seulement avoir la joie. Et mon père affectueux eut l'effort et aussi ma Mère, et de mon âme et de ma chair. Même ce qui était permis, on l'évita pour que le mystère couvrît d'ombre le Messie Enfant. Et que ceci explique à beaucoup de gens qui ne comprennent pas la double raison de l'anxiété quand je fus égaré pendant trois jours : Amour maternel, amour paternel pour l'Enfant égaré ; crainte de gardiens pour le Messie qui pouvait être découvert avant le temps ; terreur d'avoir mal protégé le Salut du monde et le grand don de Dieu. C'est le motif du cri insolite : « Fils, pourquoi nous as-tu fait cela ? Ton père et moi, angoissés, nous te cherchions ! » Ton père, ta mère... Le voile jeté sur l'éclat du Verbe Incarné. Et la rassurante réponse : « Pourquoi me cherchiez-vous ? Ne saviez-vous pas que je dois être occupé aux affaires de mon Père ? » Réponse recueillie et comprise par la Pleine de Grâce pour ce qu'elle veut dire. C'est à dire : « N'ayez pas de crainte. Je suis petit, un enfant. Mais si, selon l'humanité je crois en taille, en sagesse et en grâce aux yeux des hommes, je suis le Parfait, en tant que Fils du Père et je sais donc me conduire parfaitement, servant le Père pour faire resplendir sa lumière, servant Dieu en Lui conservant le Sauveur » Et c'est ainsi que j'ai agi jusqu'à il y a maintenant un an.[85] »

---

[85] « L'Évangile tel qui'il m'a été révéle » Maria Valtorta - Tome 2, Ch 103, page 623

3 Marie, vie publique de Jésus

3.1 Ministère public de Jésus

3.1.1 Début ministère

Marie Vierge

Lc 3, 23 : « **²³Jésus avait environ trente ans lorsqu'il commença son ministère, étant, comme on le croyait, fils de Joseph, fils d'Héli,** ». Marie seule est l'origine humaine de Jésus

Discrétion de Marie dans la vie publique de Jésus

Les évangiles parlent très peu de Marie, la mère de Jésus, durant le ministère public de son fils Jésus.

Marie intervient au début du ministère public de Jésus lors des noces de Cana. Marie prévient Jésus qu'ils n'ont plus de vin. « **Jésus lui dit : « Femme, qu'avons-nous affaire ensemble ? »** Jn 2, 4.

Puis lors de l'épisode de la vraie parenté de Jésus, on prévient Jésus que sa mère et ses frères sont dehors. « **⁴⁹Et étendant la main vers ses disciples, il dit : « Voici ma mère et mes frères »** Mt 12, 49.

Enfin nous retrouvons Marie à la fin du ministère public de Jésus, au moment de la crucifixion. Un glaive transperce le cœur de Marie lorsqu'elle voit son fils vivre sa passion et agoniser sur la croix. Jn 19, 25- 27 : « **²⁵Près de la croix de Jésus se tenaient sa mère, et la sœur de sa mère, Marie la (femme) de Clopas, et Marie de Magdala.** »

Enfin Jésus dit à Marie que son fils, c'est dorénavant Jean.

Jn 19, 26- 27 : « **²⁶Jésus voyant sa mère et, auprès d'elle, le disciple qu'il aimait, dit à sa mère : « <u>Femme, voilà votre fils.</u> » ²⁷Ensuite il dit au disciple : « <u>Voilà votre mère.</u> » Et depuis cette heure-là, le disciple la pris chez lui.** »

L'évangile tel qu'il m'a été révélé » de Maria Valtorta permet cependant d'en savoir plus (Voir : « Jésus au fil des jours » du même auteur). En s'en tenant à l'évangile la première intervention de Marie est lors des noces de Cana.

3.1.2 Noces de Cana
Noces de Cana - Premier signe

Jude, cousin de Jésus, le rejoint chez Pierre à l'heure du dîner. Avec Jésus et Pierre, il y a Jean, Jacques, André et la femme de Pierre. Jude est venu le prévenir du mariage de Suzanne à Cana.

L'époux de Cana serait parent du côté d'Anne, la mère de la Vierge Marie[86].

Joseph, Simon et leur père sont opposés au ministère de Jésus. Jude s'inquiète pour Jésus comme Jacques son frère. Jésus répond à Jude :

« Jude, il n'y a qu'Elle qui aurait le droit de me rappeler à mes devoirs de fils, selon les lumières terrestres : c'est-à-dire à mon devoir de travailler, pour Elle pour subvenir à ses besoins matériels, à mon devoir d'assistance et de réconfort, en restant auprès d'Elle. Et Elle ne me demande rien de tout cela. Depuis le moment où Elle m'a eu, Elle sait qu'Elle devait me perdre, pour me retrouver dans une dimension plus large que celle du milieu familial et dès ce moment elle s'y est préparée.[87] »

« Ce n'est pas une nouveauté, dans son sang, cette volonté absolue de donation à Dieu. Sa mère l'a offerte au Temple avant qu'Elle ne sourît à la lumière. Elle m'a parlé une quantité innombrable de fois, quand Elle me serrait sur son cœur dans les longues soirées d'hiver ou dans les claires nuits d'été où fourmillent les étoiles, de son enfance sainte. Elle s'est donnée à Dieu dès les premières lueurs de l'aube de sa venue au monde. Et plus encore Elle s'est donnée quand Elle m'eut, pour être où Je suis, sur le chemin de la mission qui me vient de Dieu. Il y aura une heure où tous m'abandonneront. Ce sera pour peu de minutes, mais la lâcheté sera maîtresse de tous et vous penserez qu'il aurait mieux valu, pour votre sécurité, ne m'avoir jamais connu. Mais Elle, qui a compris et qui sait, sera toujours avec Moi. Et vous, vous redeviendrez à

---

[86] « La Cité mystique de Dieu » Marie d'Agréda – Livre 6, Chapitre 1, § 1033, page 336 et « Vie de Marie » de Anne-Catherine Emmerich - pages 394 et 395

[87] « L'Évangile tel qu'il m'a été révélé » Maria Valtorta – Tome 2, chap. 13 pages 59

Moi par Elle. Avec la force de sa foi assurée et aimante, Elle vous attirera en Elle, et ainsi vous ramènera en Moi, parce que Je suis en ma Mère et Elle en Moi, et Nous en Dieu.

Cela, je voudrais que vous le compreniez, vous tous, parents, selon le monde, amis et fils au point de vue surnaturel. Toi, et avec toi les autres, vous ne savez pas qui est ma Mère. Si vous le saviez, vous ne la critiqueriez pas en votre cœur de ne pas m'avoir tenu assujetti à Elle, mais vous la vénéreriez comme l'Amie la plus intime de Dieu, la Puissante qui peut tout sur le cœur du Père éternel et sur le Fils de son cœur. Je viendrai certainement à Cana. Je veux Lui faire plaisir. Vous comprendrez mieux après cette heure-là. » Jésus est imposant et persuasif.[88] »

Jésus part en barque avec Jean et Jude pour Tibériade. Il donne rendez-vous à Simon Pierre, Jacques et André le soir du sabbat à Capharnaüm où il sera avec sa mère.

Après deux ou trois heures de marche, ils arrivent à Cana de Galilée pour la noce du **mardi 16 mars 27.**

Jn 2, 1-12 ; « **[1]Et le troisième jour, il se fit des noces à Cana de Galilée, et la mère de Jésus y était. [2]Jésus aussi fut invité aux noces, ainsi que ses disciples. [3]Le vin étant venu à manquer, la mère de Jésus lui dit : « Ils n'ont pas de vin. » [4]Jésus lui dit : « Femme, qu'avons-nous affaire ensemble ? Mon heure n'est pas encore venue. » [5]Sa mère dit aux servants : « Ce qu'il vous dira, faites-le. » [6]Or il y avait six urnes de pierre, installées pour les ablutions des Juifs, contenant chacune deux ou trois mesures. [7]Jésus leur dit : « Remplissez d'eau les urnes. » Et ils les remplirent jusqu'en haut. [8]Et il leur dit : « Maintenant puisez et portez au maître d'hôtel ; et ils en portèrent. [9]Quand le maître d'hôtel eut goûté l'eau changée en vin, - et il ne savait pas d'où il venait, mais les servants qui avaient puisé l'eau, le savaient, - le maître d'hôtel appela l'époux, [10]et il lui dit : « Tout le monde sert d'abord le bon vin, et, et quand les gens sont ivres, le moins bon ; toi, tu as gardé le bon vin jusqu'à ce moment. [11]Ce fut là, à Cana de Galilée, le premier des miracles que fit Jésus, et ainsi il manifesta sa gloire et ses disciples crurent en**

---

[88] « L'Évangile tel qu'il m'a été révélé » Maria Valtorta – Tome 2, chap. 13 pages 60

lui.
¹²Après cela, il descendit à Capharnaüm avec sa mère, ses frères et ses disciples, et ils n'y restèrent que peu de jours. »

Le premier miracle arrive par Marie.

Marie enfante Jésus une première fois à sa naissance pour l'incarnation du Verbe.

Marie enfante une seconde fois Jésus et le donne au monde comme Messie, envoyé pour annoncer le royaume. Jésus appartenait à Marie, désormais il appartient au Père et donc à sa mission d'envoyé.

Marie enfantera mystiquement son fils une troisième fois au Golgotha en le donnant pour la rédemption du monde.

Marie Immaculée

Au verset 4, Jésus répond à la question de Marie : »Ils n'ont plus de vin. » par **« Femme, qu'avons-nous affaire ensemble ? »**. Cette réponse est traduite dans les Bibles TOB et Jérusalem par **« Que me veux-tu, femme ? »**. Jésus dit : « qui a-t-il de comparable entre toi et moi » car il est pleinement Dieu et sa mère est pleinement humaine. Mais sa mère est aussi à l'image de Dieu car elle est sans péché, comme l'était l'homme avant le péché originel.

Jésus se doit aux affaires de son Père. Mais Marie, bien que de la terre, est tournée vers le ciel. L'unité est complète entre le Fils et Marie, car ils sont tous les deux complètement soumis à la volonté du Père. Elle dira aux servants de faire ce que Jésus leur dira, se montrant ainsi tournée vers les affaires de son Fils.

Au verset 4 de Jn 2, Jésus appelle sa mère : « femme », comme si il ne la connaissait pas. C'est en fait un signe de respect. Adam nomme sa compagne « Ishah » (femme, tirée de l'homme « Ish ») avant la chute et Ève (la vivante) après la chute. Jésus appelle sa Mère « femme » nous montrant que Marie est sans le péché originel. Elle est unie à Dieu et ne peut pas être limitée à un nom. Jésus l'appellera de nouveau ainsi à la croix (Jn 19, 26).

Désormais

Au verset 4, le « **Qu'avons-nous à faire ensemble ?** » peut aussi se dire « **Qu'y a-t-il désormais entre toi et moi ?** »

Jésus a été un fils soumis à ses parents. Lors de son baptême par Jean, le Père intervient le désignant comme son Fils. Sa mission commence donc, mission pour laquelle il a été envoyé par le Père. Jésus n'est plus dès lors soumis à sa mère, mais devient le serviteur de Dieu, soumis à son Père.

Jésus a déjà préparé sa mère lorsqu'il a douze ans au Temple : « **Ne saviez-vous pas qu'il me faut être dans les choses de mon Père ?** » (Lc 2, 49b).

Temps hâté

Jésus fait que ce qu'il voit faire au Père. Il répond à la question de sa Mère : « ils n'ont plus de vin » par : « **Mon heure n'est pas encore venue.** ». Tout de suite après, Marie dit au verset 5 aux servants : « **Ce qu'il vous dira, faites-le.** ». Et immédiatement après Jésus change l'eau en vin.

Que s'est-il passé ? Marie n'a-t-elle pas entendu son fils ? Alors ?

Marie est unie à Dieu. Elle a foi dans le cœur de Dieu. Et Dieu répond à son attente, les temps sont hâtés.

Proches de Jésus

Au verset 12, Jésus descend avec sa mère, ses frères, et ses disciples. Ceci nous confirme la mort de Joseph avant le début du ministère public.

Plusieurs fois dans les évangiles les frères de Jésus sont mentionnés (Jn 2, 12 ; Mt 12, 46-48 ; Mt 13, 55 ; Lc 8, 19-21…). « Frères du Seigneur » est la traduction grecque d'une expression araméenne. En araméen, comme en hébreu, le mot frère signifie, non seulement frère au sens propre, mais aussi proche parent, cousin germain, neveu. Abraham dit à Lot qui est son neveu « car nous sommes frères » Genèse 13 fin du verset 8. L'hébreu et l'araméen ne possède pas de mot pour dire cousin.

Gn 13, 8 : « **Abram (futur Abraham) dit à Lot : « Qu'il n'y ait** pas, je te prie, de débat entre toi et moi, ni entre mes bergers et tes bergers ; car nous sommes des frères. » Lot et appelé frère alors qu'il est le neveu d'Abraham.

Pour parler des véritables frères et sœurs, l'hébreu utilise une expression : le frère, le fils de ton père (Dt 13, 7) ; la sœur, la fille de son père (Dt 27, 22) ; mes frères, fils de ma mère (Ju 8, 19).

3.1.3 Vraie parenté de Jésus
Vraie parenté de Jésus

Nous sommes le vendredi 18 août 28.

Mt 12, 46-50 : « ^{46}Comme il parlait encore aux foules, voici que sa mère et ses frères se tenaient dehors, cherchant à lui parler. ^{47}Quelqu'un lui dit : « Voici votre mère et vos frères qui se tiennent dehors, et ils cherchent à vous parler. » ^{48}Il répondit à l'homme qui lui disait cela : « Qui est ma mère et qui sont mes frères ? » ^{49}Et étendant la main vers ses disciples, il dit : « Voici ma mère et mes frères. ^{50}Car quiconque fait la volonté de mon Père qui est dans les cieux, celui-là est pour moi frère, sœur, et mère. »

Voir aussi Mc 3, 31-35 et Lc 8, 19-21.

« Voici ma mère et voici mes frères. Ceux qui font la volonté de Dieu sont mes frères et mes sœurs, ils sont ma mère. Je n'en ai pas d'autres. Et les miens seront tels si les premiers et avec une plus grande perfection que tous les autres ils feront la volonté de Dieu jusqu'au sacrifice total de toute autre volonté ou voix du sang et des affections...

Je n'ai rien à pardonner à ma Mère ni à me faire pardonner par elle parce qu'Elle juge avec justice. Que le monde fasse ce qu'il veut. Moi, je fais ce que Dieu veut et, avec la bénédiction du Père et de ma Mère, je suis heureux plus que si le monde entier m'acclamait roi selon le monde. Viens, Mère, ne pleure pas. Eux ne savent pas ce qu'ils font. Pardonne-leur. »

« Oh ! mon Fils ! Je sais. Tu sais. Il n'y a rien d'autre à dire... »

« Il n'y a rien d'autre à dire aux gens que ceci : « Allez en

paix.[89] *»*

La Mère de Jésus et ses cousins Joseph et Simon d'Alphée cherchent à approcher Jésus à travers la foule.

Jésus parle alors à la foule pour mettre en premier le devoir avant l'affection et le sang.

3.2 Passion et Mort de Jésus
3.2.1 Signe du Temple

<u>Jésus, mort et ressuscité</u>

Jésus est mort ? Cette belle histoire est-elle finie ?

Certes non car Jésus a prophétisé à de nombreuses reprises sa Résurrection. Il a annoncé qu'il reviendrait trois jours après sa mort, vivant à nouveau sur la terre, mais dans un corps tranfiguré…

<u>Datation de cette Pâque et annonce de sa Résurrection</u>

Le samedi 20 mars de l'an 27, Jésus retrouve ses six disciples à Capharnaüm. Le **dimanche 21 mars**, après le repos du shabbat, Jésus et ses six apôtres se mettent en route pour Jérusalem. La Pâque des Juifs est le **dimanche 11 avril** (15 Nissan).

Jn 2, 18-22 : « [18]Alors les Juifs, prenant la parole, lui dirent : « Quel miracle nous montrez-vous, pour agir de la sorte ? » [19]Jésus leur répondit : « Détruisez ce sanctuaire et je le relèverai en trois jours. [20]Les Juifs dirent : « C'est en quarante-six ans que ce sanctuaire a été bâti, et vous, en trois jours vous le relèverez ! » [21]Mais lui parlait du sanctuaire de son corps. [22]Lors donc qu'il fut ressuscité d'entre les morts, ses disciples se souvinrent qu'il avait dit cela, et ils crurent à l'Écriture et à la parole que Jésus avait dite.

---

[89] « L'Évangile tel qu'il m'a été révélé » Maria Valtorta – Tome 4, Ch 132, page 311

La rénovation du mont du Temple et les extensions du second temple de Jérusalem sont réalisés par Hérode Ier le Grand. Ce projet a commencé en l'an 19 av. J-C. Si on ajoute les 46 ans dont parle Jean nous arrivons à l'an 27 (en tenant compte que l'an 0 n'existe pas).

Jésus annonce sa Résurrection car son corps est le Temple de Dieu.

A l'approche de sa Passion Jésus reviendra sur cette prophétie annonçant sa Résurrection : « *En vérité il pourra être détruit le Temple vivant et être reconstruit en trois jours et pour l'éternité. Mais le Temple mort, qui sera seulement secoué et croira avoir vaincu, périra pour ne plus se relever*[90]. »

Le Temple vivant, Jésus, mourra en l'an 30 mais trois jours après il ressuscitera des morts.

Le Temple mort, Temple de Jérusalem, sera secoué au moment de la mort de Jésus sur la croix par un tremblement de terre en l'an 30. Il sera complètement détruit par les romains en l'an 70 et jamais reconstruit.

Jésus dira au soir du mercredi Saint : « *Que les ennemis détruisent donc le vrai Temple. En trois jours je le ferai surgir à nouveau, et il ne connaîtra plus d'embûches en s'élevant là où l'homme ne peut lui nuire.*[91] »

Le vrai Temple c'est Jésus, car Jésus est saint. Quand il surgira à nouveau, Jésus, l'homme ne pourra plus lui nuire car il sera revêtu, parmi les quatre dons, du don d'impassibilité.

3.2.2 Signe de Jonas

Signe de Jonas

Ils arrivent à Césarée de Philippe. Jésus retrouve des disciples et des habitants de Cédès venus l'interroger. Parmi les disciples il y a Benjamin, Daniel, Abel, Philippe, Hermastée et Isaac.

---

[90] « L'Évangile tel qu'il m'a été révélé » Maria Valtorta – Tome 8, chap. 40 pages 352
[91] Ibid – Tome 9, chap. 15 pages 122

Jésus explique le signe de Jonas et annonce sa passion à Césarée de Philippe vers le 10-12 février 29.

Mt 12, 38-42 : « [38]Alors quelques-uns des scribes et des Pharisiens prirent la parole et dirent : « Maître, nous voudrions voir un signe de vous. » [39]Il leur répondit : « Une génération mauvaise et adultère réclame un signe : il ne lui sera pas donné d'autre signe que le signe du prophète Jonas. [40]Car de même que Jonas *fut trois jours et trois nuits dans le ventre du poisson*, ainsi le Fils de l'homme sera dans le sein de la terre trois jours et trois nuits. [41]Les hommes de Ninive se dresseront, au jour du jugement, avec cette génération et la feront condamner, car ils ont fait pénitence à la prédication de Jonas, et il y a ici plus que Jonas. [42]La reine du Midi se lèvera, au jour du jugement, avec cette génération et la fera condamner, car elle est venue des extrémités de la terre pour entendre la sagesse de Salomon, et il y a ici plus que Salomon. »

Lc 11, 29-32 : [29]Comme les foules s'amassaient, il se mit à dire : « Cette génération est une génération mauvaise ; elle demande un signe, et il ne lui sera pas donné d'autres signes que le signe du prophète Jonas. [30]Car, de même que Jonas a été un signe pour les Ninivites, ainsi le Fils de l'homme en sera aussi un pour cette génération. [31]La reine du Midi se lèvera, au jour du jugement, avec les hommes de cette génération, et les fera condamner, car elle est venue des extrémités de la terre pour entendre la sagesse de Salomon, et il y a ici plus que Salomon. [32]Les hommes de Ninive se dresseront, au jour du jugement, avec cette génération et la feront condamner, car 'ils ont fait pénitence à la prédication de Jonas; et il y a ici plus que Jonas. »

Maria Valtorta rapporte les paroles de Jésus :

« Je donnerai donc le signe de Jonas à qui demande un signe sans équivoque possible. C'est un signe que je donnerai à ceux qui ne veulent pas courber leur front arrogant devant les preuves déjà données de vies qui reviennent grâce à ma volonté. Je donnerai tous les signes. Et celui d'un corps décomposé qui redevient vivant et intact, et celui d'un Corps qui par Lui-même se ressuscite parce qu'à son Esprit est donné

tout pouvoir. Mais ce ne seront pas des grâces. Elles ne rendront pas moins accablante la situation, ni ici, ni dans les livres éternels. Ce qui est écrit est écrit Et comme des pierres pour une prochaine lapidation, les preuves s'accumuleront. Contre Moi, pour me nuire sans y réussir. Contre eux, afin de les faire passer pour l'éternité sous la condamnation de Dieu, réservée aux incrédules pervers.[92] »

Matthieu rapporte au verset 41 en parlant de Jonas qu'il y a ici bien plus que Jonas. Il y a en effet Jésus qui est l'Oint du Saint-Esprit.

Matthieu dit au verset 42 en parlant de Salomon qu'il y a ici plus que Salomon. Il y a en effet Jésus qui est la Sagesse même.

Lorsque les scribes et les pharisiens demandent à Jésus un signe, Jésus va donner tous les signes.

Jésus donnera le signe d'un corps décomposé qui redevient vivant et intact. Ce sera la résurrection de Lazare qui était mort, vraisemblablement de la gangrène, depuis plus de quatre jours. Lazare reviendra à la vie mais dans un corps mortel soumis, comme tout homme, aux lois physiques et biologiques.

Jésus donnera le signe de sa résurrection. La résurrection de Jésus est donc le signe donnée authentifiant sa parole. Le signe d'un Corps qui par Lui-même se ressuscite parce qu'à son Esprit est donné tout pouvoir. Ce sera sa propre Résurrection le dimanche matin alors qu'il était mort le vendredi. Jésus reviendra à la vie dans un corps immortel qui est libéré des lois physiques et biologiques.

Pour authentifier sa mission et sa parole, Jésus fait des prodiges. Il guérit les malades, chasse les démons, et soumet les éléments. Mais lorsque les scribes et les pharisiens lui demandent un signe, il donne comme signe sa résurrection après être resté trois jours dans la terre.

Le signe de Jonas, c'est le Signe. La résurrection de Jésus est donc le signe donné authentifiant sa parole. Jésus est le Fils de Dieu, l'envoyé du Père, l'Oint du Saint-Esprit, le Messie attendu par Israël.

Paul dira d'ailleurs que le point central de la foi, c'est la résurrection du Christ.

---

[92] « L'Évangile tel qu'il m'a été révélé » Maria Valtorta – Tome 5, Ch 32, page 215

1 Co 15, 14 ; « **Et si le Christ n'est pas ressuscité, notre prédication est donc vaine, vaine aussi est votre foi.** »

Hébreu[93]

Le livre de Jonas est un livre prophétique. L'histoire est passée mais annonce des événements futurs.

Dieu demande à son serviteur d'aller à Ninive, l'ennemi du peuple hébreu, pour annoncer la parole. Dieu pardonne à Ninive qui se repend de ses fautes.

C'est une préfiguration de l'annonce aux nations païennes qui ne se réalisera qu'après la mise à mort du diacre Étienne en 36 avec la dispersion des disciples hors d'Israël.

Le verset 40 de Mt 12 rapporte la parole de Jésus sans commentaire, sans expliquer que ce signe s'accomplit avec sa mort et sa résurrection.

Saint Pierre Chrysologue surnommé « parole d'or »

« Mais voici que surgit et accourt un monstre des profondeurs, qui doit pleinement accomplir et engendrer le mystère ; un monstre est là, image terrifiante et cruelle de l'enfer. La gueule avide, il se jette sur le prophète, et alors il goûte et ressent la vigueur de son créateur, car en l'engloutissant il court au jeûne : tout tremblant, il adapte la demeure de ses entrailles et assure un séjour à l'hôte d'en haut ; si bien que ce qui avait été la cause même du malheur devient l'incroyable embarcation pour la nécessaire traversée, gardant son passager et le rejetant après trois jours sur le rivage ; ainsi était donné aux païens ce qui était arraché aux Juifs. Et lorsque ceux-ci demandèrent un signe, le Seigneur jugea que leur serait donné ce seul signe, par lequel ils comprendraient que la gloire qu'ils avaient espéré recevoir du Christ devait être toute entière conférée aux païens.

Ce serait donc justice que les gens de Ninive se lèvent au jour du jugement pour condamner cette génération, car ils se sont convertis, eux, à la proclamation d'un seul prophète naufragé, étranger, inconnu. Les

---

[93] D'après « Le Christ Hébreu » Claude Tresmontant, éditions O.E.I.L.

Ninives préfiguraient les nations qui devaient adhérer à la foi, et la reine du Midi, l'Église.

Heureux sommes-nous, mes frères, car ce qui est arrivé d'abord symboliquement, ce qui était promis en figure, il nous est donné de le vénérer, de le voir et de le posséder dans sa pleine réalité. »

3.2.3 Les trois annonces de la Passion
Première annonce

La Pâque a lieu dans un mois aussi Jésus ne s'attarde pas à Césarée. Jésus quitte Césarée de Philippe à l'aube.

Le mardi 13 février 29, Jésus fait la première annonce de sa Passion).

Mt 16, 21-23 : « ²¹Jésus commença depuis lors à déclarer à ses disciples qu'il fallait qu'il allât à Jérusalem, qu'il souffrît beaucoup de la part des anciens, des grands prêtres et des scribes, qu'il fût mis à mort et qu'il ressuscitât le troisième jour. ²²Pierre, le prenant à part, se mit à le reprendre, disant : « À Dieu ne plaise, Seigneur ! Cela ne vous arrivera pas. » ²³Mais lui, se tournant, dit à Pierre : « Va-t'en ! Arrière de moi, Satan ! tu m'es scandale ; car tu n'as pas le sens des choses de Dieu, mais celui des choses de l'homme. »

Mc 8, 31-33 : « ³¹Et il commença à leur enseigner qu'il fallait que le Fils de l'homme souffrît beaucoup, qu'il fût rejeté par les anciens, par les grands prêtres et les scribes, qu'il fût mis à mort et qu'il ressuscitât trois jours après. ³²Et c'est ouvertement qu'il donnait cet enseignement. Pierre, le prenant à part, se mit à le reprendre. ³³Mais lui, se retournant et voyant ses disciples, reprit Pierre, en disant : « Va-t'en ! Arrière de moi, Satan! car tu n'as pas le sens des choses de Dieu, mais celui des choses des hommes. »

Lc 9, 22 : « **Il faut, ajouta-t-il, que le Fils de l'homme souffre beaucoup, qu'il soit rejeté par les anciens, par les grands prêtres et

par les scribes, qu'il soit mis à mort et qu'il ressuscite le troisième jour. »

Maria Valtorta rapporte les paroles du berger Isaac et de Jésus :
« Personne, s'il n'est pas le Fils de Dieu, ne peut par lui-même se ressusciter, de même que personne, s'il n'est pas le Fils de Dieu, ne peut être né comme il est né. Moi, je le dis. Moi qui ai vu la gloire de sa naissance » dit Isaac sûr de lui dans son témoignage.

Jésus, les bras croisés, les a écoutés parler en les regardant à tour de rôle. Maintenant il fait signe qu'il va parler et il dit : « Le Fils de l'homme sera livré aux mains des hommes parce qu'il est le Fils de Dieu, mais parce qu'il est aussi le Rédempteur de l'homme. Et il n'y a pas de rédemption sans souffrance. Ma souffrance atteindra le corps, la chair et le sang, pour réparer les péchés de la chair et du sang. Elle sera morale pour réparer les péchés de l'âme et des passions. Elle sera spirituelle pour réparer les fautes de l'esprit. Elle sera complète. Aussi, à l'heure fixée, je serai pris dans Jérusalem, et après avoir beaucoup souffert, de la part des Anciens et des Grands Prêtres, des scribes et des pharisiens, je serai condamné à une mort infamante. Et Dieu laissera faire parce qu'il doit en être ainsi, car je suis l'Agneau qui expie pour les péchés du monde entier. Et dans une mer d'angoisse, que partageront ma Mère et quelques autres personnes, je mourrai sur le gibet. Trois jours après, par ma seule volonté divine, je ressusciterai pour une vie éternelle et glorieuse comme Homme et je serai de nouveau Dieu au Ciel avec le Père et l'Esprit. Mais auparavant je devrai souffrir toutes sortes d'opprobres et avoir le cœur transpercé par le Mensonge et la Haine.[94] »

Pierre vient de reconnaître que Jésus est le Fils de Dieu. Il a donc un Père au Ciel qui est Dieu. Lors de la première annonce de la passion, Pierre montre son incompréhension. Comment un Dieu d'amour peut-il laisser son Fils souffrir ?

La réponse de Jésus est cinglante : « Va temps ! Arrière de moi, Satan ! ». Elle rappelle la réponse de Jésus lors de la tentation au désert.

Jésus ne traite pas Pierre lui-même de satanique. Il dit que les pensées de Pierre sont des pensées humaines, et non de Dieu. Satan se

---

[94] « L'Évangile tel qu'il m'a été révélé » Maria Valtorta – Tome 5, Ch 34, page 227

sert des pensées humaines de Pierre pour tenter Jésus, comme il l'a tenté au désert. Satan utilise une parole trompeuse, des mots qui invoquent le bien mais apportent le mal. Il s'efforce d'évacuer le triomphe de la croix, en prétendant brûler d'un grand amour.

La formule « arrière de moi » est une autre formulation du « Suis-moi » de l'appel de l'apôtre. Le rappel à l'ordre est de suivre Jésus et non de vouloir le diriger. C'est Dieu par son Esprit-Saint qui guide le Seigneur pour faire la volonté du Père.

Seconde annonce de la Passion

Le **samedi 24 février 29**, Jésus annonce une seconde fois sa future Passion et sa Résurrection.

Les dispositions sont prises pour le départ du pèlerinage de la Pâque. Jésus et les apôtres passeront par la rive droite du Jourdain. Les disciples iront à Jérusalem par la route directe.

Mt 17, 22-23 : « **²²Comme ils étaient groupés en Galilée, Jésus leur dit : « Le Fils de l'homme doit être livré entre les mains des hommes, ²³et ils le mettront à mort, et il ressuscitera le troisième jour. » Et ils furent vivement attristés.** »

Mc 9, 30-32 : « **³⁰Étant partis de là, ils cheminèrent à travers la Galilée, et il ne voulait pas qu'on le sût, ³¹car il donnait cet enseignement à ses disciples : « Le Fils de l'homme va être livré entre les mains des hommes; ils le mettront à mort, et mis à mort, il ressuscitera après trois jours. » ³²Mais ils ne comprenaient point cette parole, et ils craignaient de l'interroger.** »

Lc 9, 43b-45 : « **⁴³ᵇComme tous étaient dans l'admiration pour tout ce qu'il faisait, il dit à ses disciples : « ⁴⁴Vous, mettez bien ces mots dans vos oreilles, car le Fils de l'homme doit être livré entre les mains des hommes. » ⁴⁵Mais ils ne comprenaient point cette parole, et elle leur était voilée pour qu'ils n'en eussent pas l'intelligence, et ils craignaient de l'interroger sur cette parole.** »

Troisième annonce de la Passion

Le **mardi 26 mars 30**, ils quittent Doco à l'aube. Le groupe s'approche de Jéricho.

Mt 20, 17-19 : « ¹⁷**Comme Jésus allait monter à Jérusalem, il prit à part les douze et leur dit en chemin : « ¹⁸Voici que nous montons à Jérusalem, et le Fils de l'homme sera livré aux grands prêtres et aux scribes, et ils le condamneront à mort, ¹⁹et ils le livreront aux Gentils pour être bafoué, flagellé et crucifié ; et il ressuscitera le troisième jour. »**

Mc 10, 32-34 « ³²**Or, ils étaient en chemin pour monter à Jérusalem, et Jésus marchait devant eux, et ils étaient saisis de stupeur, et ceux qui le suivaient avaient peur. Et prenant de nouveau les Douze auprès de lui, il se mit à leur dire ce qui devait lui arriver : « ³³Voici que nous montons à Jérusalem, et le Fils de l'homme sera livré aux grands prêtres et aux scribes, et ils le condamneront à mort, et ils le livreront aux Gentils ; ³⁴on le bafouera, on crachera sur lui, on le flagellera et on le fera mourir, et trois jours après, il ressuscitera. »**

Lc 18, 31-34 : « ³¹**Prenant auprès de lui les Douze, il leur dit : « Voici que nous montons à Jérusalem et que va s'accomplir pour le Fils de l'homme tout ce qui a été écrit par les prophètes. ³²En effet il sera livré aux Gentils ; sera bafoué, sera outragé et sera couvert de crachats ; ³³et, après l'avoir flagellé, on le fera mourir, et il ressuscitera le troisième jour. » ³⁴Et eux ne comprirent rien à cela ; c'était pour eux un langage caché et ils ne savaient pas ce qui leur était dit. »**

Maria Valtorta rapporte les paroles de Jésus à ses apôtres :
« Il y a des choses que tous ne peuvent pas supporter. Moi, le Maître, je sais ce qui est bien pour mes disciples et ce qu'ils peuvent ou ne peuvent pas supporter.
Même vous, vous n'avez pas la force de supporter l'épreuve et ce serait une grâce pour vous d'en être exclus. Mais vous devez me continuer, et vous devez savoir combien vous êtes faibles pour être

ensuite miséricordieux avec les faibles. Vous ne pouvez donc pas être exclus de cette épreuve redoutable qui vous donnera la mesure de ce que vous êtes, de ce que vous êtes restés après trois ans passés avec Moi, et de ce que vous êtes devenus après trois ans passés avec Moi. Vous êtes douze.[95] »

« *C'est de cela que j'ai voulu vous parler. Parce qu'aussi bien ces paroles que je vais vous dire que les autres sont une chose unique qui a sa racine dans une unique chose. Nous, voilà, nous allons monter à Jérusalem pour la Pâque et là s'accompliront toutes les choses dites par les prophètes qui concernent le Fils de l'homme. En vérité, comme l'ont vu les prophètes, comme déjà il est dit dans l'ordre donné aux hébreux d'Égypte, comme il fut ordonné à Moïse dans le désert, l'Agneau de Dieu va être immolé et son sang va laver les huisseries des cœurs, et l'ange de Dieu passera sans frapper ceux qui auront sur eux, et avec amour, le Sang de l'Agneau immolé, qui va être élevé comme le serpent de métal précieux sur la barre transversale, pour être un signe à ceux qui sont blessés par le serpent infernal, pour être le salut à ceux qui le regarderont avec amour. Le Fils de l'homme, votre Maître Jésus, va être livré aux mains des princes des prêtres, des scribes et des anciens qui le condamneront à mort et le livreront aux gentils pour qu'il soit livré au mépris.[96] »*

« *Et on le giflera, on le frappera, on le couvrira de crachats, on le traînera sur les routes comme un chiffon immonde et puis les gentils, après l'avoir flagellé et couronné d'épines, le condamneront à la mort de la croix réservée aux malfaiteurs, suivant la volonté du peuple hébreu rassemblé à Jérusalem, exigeant sa mort à la place de celle d'un larron, et Lui sera ainsi mis à mort. Mais, comme il est dit dans les signes des prophéties, après trois jours, il ressuscitera. Voilà l'épreuve qui vous attend, celle qui montrera votre formation.*

En vérité je vous le dis, à vous tous qui vous croyez assez parfaits pour mépriser ceux qui n'appartiennent pas à Israël, et même pour mépriser beaucoup de notre propre peuple, en vérité je vous dis que vous, la partie élue de mon troupeau, une fois le Pasteur pris, serez saisis par la peur et vous vous débanderez en fuyant comme si les loups

---

[95] « L'Évangile tel qu'il m'a été révélé » Maria Valtorta – Tome 8, Chap. 38, page 335
[96] Ibid – Tome 8, Chap. 38, page 336

qui me saisiront de toutes parts se tournaient contre vous. Mais, je vous le dis : ne craignez pas. On ne touchera pas un cheveu de vos têtes. Moi, je suffirai pour rassasier les loups féroces...[97] »

3.2.4 Mort et ensevelissement de Jésus

Arrestation de Jésus

C'est la nuit **de jeudi 4 au vendredi 5 avril an 30** à Gethsémani.

La nuit est divisée en trois veilles. L'arrestation de Jésus a lieu vers deux heures du matin.

Jésus est arrêté, trahi par Juda un de ses apôtres pour trente pièces d'argent. Mais Jésus se livre librement. Jn 18, 6 : **« Lors donc qu'il (Jésus) leur eut dit : « C'est moi », ils reculèrent et tombèrent à terre. »**

Lors de son ministère public, Jésus annonce que personne ne peut lui enlever la vie mais que c'est lui qui la donne librement. Jésus donne sa vie par amour parce que c'est la volonté de son Père. Et le Père aime le Fils parce que celui-ci fait sa volonté.

Jérusalem, palais du grand-prêtre Hanne

Jésus comparaît devant Hanne.

Après son arrestation Jésus est conduit au palais du grand prêtre Hanne. Il n'est plus le Grand-Prêtre en titre mais en a gardé le prestige. Il est le beau-père de Caïphe, grand prêtre cette année là (Jn 18, 13-24).

Jean suit Jésus de son arrestation à sa crucifixion. Il est donc une référence.

Comparution autorités religieuses

Jésus est ensuite envoyé ligoté à Caïphe (Marc 14, 65 et Matthieu 26, 67-68). La décision est prise d'une convocation d'urgence du Sanhédrin. Elle est rendu possible par la présence de tous les membres à

---

[97] « L'Évangile tel qu'il m'a été révélé » Maria Valtorta – Tome 8, Chap. 38, page 337

Jérusalem. Le sanhédrin est rassemblé dans la nuit du **jeudi au vendredi 5 avril de l'an 30.**

Le grand prêtre abjure Jésus de lui dire s'il est le Christ (traduction en grec du mot hébreu Messie), le Fils de Dieu. Les rabbins juifs s'attendaient à un Messie, Fils de Dieu. Jésus ne se qualifie pas de Dieu, ni de Fils de Dieu, mais le plus souvent de Fils de l'homme.
Jésus indique que le Fils de l'homme s'assiéra à la droite de la Puissance (Dieu le Père). Jésus domine sur ses ennemis, y compris la mort, par sa résurrection.

Jésus en parlant du temple parle du sanctuaire de son corps. Pour les Juifs le saint des saints du Temple est le lieu de la présence de Dieu. Jésus est venu nous annoncer que nous sommes le Temple de Dieu, Dieu veut habiter en nous.
Le corps de Jésus après son incarnation est comme pour tout humain fait « de main d'homme ». Il est soumis aux lois physiques et biologiques, conséquence du péché originel. Le corps de Jésus ressuscité n'est pas fait « de main d'homme », mais de Dieu. Il est libéré des lois physiques et biologiques, et donc libéré des conséquences du péché.

Deuxième séance du Sanhédrin pour le verdict
La deuxième séance du Sanhédrin, pure formalité, se déroule tôt le **vendredi 5 avril 30.**
La première séance servait à établir les faits. La deuxième séance était pour annoncer le verdict. Elle devait se dérouler un autre jour en cas de condamnation à mort. Or ici les deux séances ont lieu le même jour…
L'inconcevable va se produire, la créature va tuer son créateur…

Comparution devant Pilate
Vendredi 5 avril an 30, Jésus est conduit à la résidence du gouverneur Pilate.
Après un bref interrogatoire, Pilate se rend compte qu'il n'a rien à reprocher à Jésus et qu'il n'est pas une menace pour Rome.
Pilate interroge brièvement Jésus et découvrant qu'il est Galiléen,

il le livre à Hérode pour s'en débarrasser.

Comparution devant Hérode
Après avoir interrogé Jésus, Hérode le renvoie à Pilate.

Comparution à nouveau de Jésus devant Pilate
Pilate se retrouve face à un dilemme, soit libérer Jésus avec les risques de troubles à l'ordre public, soit le condamner alors qu'il est innocent.

Pilate propose aux juifs de relâcher selon la coutume un prisonnier, Jésus ou Barabbas. Répondant à la demande de la foule Pilate relâche Barabbas et fait flageller Jésus.

Condamnation et Flagellation
Jésus est ramené à Pilate qui le présente à la foule (Jn 19, 5).

Nous sommes le **vendredi 5 avril de l'an 30 vers 10h30** du matin

Jésus comparaît ensuite à nouveau devant Pilate.

Jésus est flagellé par deux soldats romains. Il est couronné d'épines. Les soldats se moquent de Jésus en lui mettant un roseau dans la main droite et en lui couvrant les épaules d'un tissu rouge.

Il n'est pas mentionné dans l'histoire d'autres cas d'une couronne d'épines. Ceci permet d'identifier Jésus.

Pilate veut sauver Jésus, d'autant que sa femme l'a averti de son songe. Mais il n'arrive pas à sauver Jésus malgré la flagellation. Pilate s'en lave les mains et remet Jésus aux Juifs.

Chemin de croix
Les soldats retirent le manteau mis par Hérode pour la scène de dérision. Ils remettent ses vêtements dont la Tunique d'Argenteuil.

Jésus, portant sa croix, est emmené vers le lieu du Crâne (Golgotha en hébreu). Le centurion Longin, craignant que la faiblesse du condamné ne lui permette pas d'atteindre le Golgotha, abrège le parcours en ville au grand dam de la foule.

Après les trois chutes de Jésus, Longin réquisitionne Simon de Cyrène pour porter la croix.

Crucifiement

Il est crucifié entre deux brigands. Sur la croix Pilate fait écrire une inscription en hébreu, en latin et en grec : « **Jésus de Nazareth, le roi des Juifs** ».

Les soldats se partagèrent à quatre ses vêtements. Ils tirèrent au sort sa tunique sans couture afin que s'accomplisse les écritures.

Après son crucifiement entre deux malfaiteurs, Jésus demande à son Père de pardonner à ceux qui ont participé à sa condamnation et à son exécution. Nous sommes tous concernés par ce pardon car nous sommes tous pécheurs.

Jésus et sa mère

Jn 19, 25- 27 : **²⁵Près de la croix de Jésus se tenaient sa mère, et la sœur de sa mère, Marie la (femme) de Clopas, et Marie de Magdala. ²⁶Jésus voyant sa mère et, auprès d'elle, le disciple qu'il aimait, dit à sa mère : « <u>Femme, voilà votre fils.</u> » ²⁷Ensuite il dit au disciple : « <u>Voilà votre mère.</u> » Et depuis cette heure-là, le disciple la pris chez lui. »**

Jésus accomplit ainsi son devoir filial en confiant à sa mère, Jean, comme son fils. Jésus confie sa mère au disciple qu'il aimait. Sur le plan spirituel Marie devient la mère des croyants. Elle va pourvoir aider Jean à approfondir le mystère du Christ.

Marie Immaculée

Dans la Genèse, Adam nomme sa compagne « Ishah » (femme, tirée de l'homme « Ish ») avant la chute, et Ève (la vivante) après la chute. À la fin de son ministère public au verset 26 de Jn 19, Jésus appelle sa mère : « femme », comme si il ne la connaissait pas. Cela nous montre que Marie est sans le péché originel. Elle est unie à Dieu et ne peut pas être limitée à un nom. Jésus l'appelle déjà « femme » aux noces de Cana au début de son ministère public (Jn 2, 4).

Mort de Jésus
Près de Jérusalem, vendredi 5 avril 30 (7 avril Julien), 15 h

A l'instant dernier, Jésus vit l'ultime déréliction. Il a endossé notre humanité jusqu'à vivre la solitude de l'homme face à la mort.

En Jn 19, 30 la dernière parole de Jésus sur la croix, juste avant sa mort, est : « **C'est accompli** » ou « **Tout est achevé** » ou « **Tout est accompli** ». Jésus a réalisé sa mission. Les écritures et les prophéties du Messie d'Israël sont réalisées en Jésus.

A l'heure ultime Jésus s'abandonne complètement avec confiance à son Père.

Lorsque le supplicié demeure en vie trop longtemps, l'usage veut qu'on lui brise les jambes pour accélérer l'asphyxie. Pour le personnage du Linceul, cette mesure n'est pas nécessaire.

La mort du condamné est vérifiée par le centurion romain en lui enfonçant son pilum dans le côté droit selon l'habitude de l'escrime romaine.

L'homme du Linceul n'a eu aucun de ses os brisés comme le disent les écritures pour Jésus. Jésus n'a eu aucun os brisé malgré le cartilage du nez cassé, les clous enfoncés dans les poignets et les pieds. Il n'a pas eu les jambes brisées comme souvent pour les crucifiés.

Ensevelissement

Cinq linges confortent les écritures concernant la passion, la mort et la résurrection de Jésus. La **Tunique d'Argenteuil** ou robe du dessous couvrit le Seigneur après la flagellation sur le chemin de croix. Le **Suaire d'Oviedo** servit à essuyer le visage du Seigneur après sa mort sur la croix. Trois linges servirent à l'ensevelissement, la **Coiffe de Cahors** pour tenir le menton, le **Linceul de Turin** pour envelopper le corps, le **Voile de Manoppello** pour couvrir le visage. L'étude détaillée est dans le livre du même auteur : « **La Résurrection au risque de la Science.** »

Joseph et Nicodème, aidés de Jean, détachent Jésus de la Croix.

Ils le déposent sur les genoux de Marie assise au pied de la Croix. Puis ils l'emportent au tombeau de Joseph.

3.3 Résurrection de Jésus
3.3.1 Résurrection
Résurrection

L'histoire ne se termine pas par la mort de Jésus. Car le troisième jour après sa mort il ressuscite d'entre les morts comme il l'avait annoncé à de maintes reprises. Sa Résurrection n'est pas un simple retour à la vie comme Lazare. Sa Résurrection est une transfiguration dans un état libéré des contraintes physiques et biologiques. Sa Résurrection atteste qu'il est Fils de Dieu et donc Dieu Un

Anticipation de la Résurrection

« Jésus dit : « Les prières ardentes de Marie ont anticipé de quelque temps ma Résurrection.

J'avais dit: "Le Fils de l'homme va être tué mais il ressuscitera le troisième jour". J'étais mort à trois heures de l'après-midi du vendredi. Soit que vous Comptiez les jours par leurs noms, soit que vous comptiez les heures, ce n'était pas l'aube du dimanche qui devait me voir ressusciter. Comme heures, il y avait seulement trente-huit heures au lieu de soixante-douze que mon Corps était resté sans vie. Comme jours, je devais au moins arriver au soir de ce troisième jour pour dire que j'avais été trois jours dans la tombe.

Mais Marie a anticipé le miracle. De la même manière que, par sa prière, elle a ouvert les Cieux, quelques années avant l'époque fixée, pour donner au monde son Salut, ainsi maintenant elle obtient d'anticiper de quelques heures pour donner du réconfort à son cœur mourant.

Et Moi, au début de l'aube du troisième jour, je suis descendu comme le soleil et par ma splendeur j'ai brisé les sceaux des hommes, si

inutiles devant la puissance de Dieu. J'ai fait levier avec ma force pour renverser la pierre veillée inutilement, de mon apparition j'ai fait la foudre qui a terrassé les gardes trois fois inutiles mis pour la garde d'une mort qui était Vie, que nulle force humaine ne pouvait empêcher d'être telle.

Bien plus puissant que votre courant électrique, mon Esprit est entré comme une épée de Feu divin pour réchauffer la froide dépouille de mon Cadavre et au nouvel Adam l'Esprit de Dieu a insufflé la vie, en se disant à Lui-même: "Vis. Je le veux".

Moi qui avais ressuscité les morts quand je n'étais que le Fils de l'homme, la Victime désignée pour porter les fautes du monde, ne devais-je pas pouvoir me ressusciter Moi-même maintenant que j'étais le Fils de Dieu, le Premier et le Dernier, le Vivant éternel, Celui qui a dans ses mains les clefs de la Vie et de la Mort ? Et mon Cadavre a senti la Vie revenir en Lui.

Regarde : comme un homme qui s'éveille après le sommeil produit par une énorme fatigue, j'ai une respiration profonde et je n'ouvre pas encore les yeux. Le sang revient circuler dans les veines, peu rapide encore, il ramène la pensée à l'esprit. Mais je viens de si loin ! Regarde: comme un blessé qu'une puissance miraculeuse guérit, le sang revient dans les veines vides, remplit le cœur, réchauffe les membres, les blessures se cicatrisent, les bleus et les blessures disparaissent, la force revient. Mais j'étais tellement blessé ! Voilà : la Force agit. Je suis guéri. Je suis éveillé. Je suis revenu à la Vie. J'étais mort. Maintenant je vis ! Maintenant je ressuscite !

Je secoue les linges de mort, je jette l'enveloppe des onguents. Je n'ai pas besoin d'eux pour paraître la Beauté éternelle, l'éternelle Intégrité. Je me revêts d'un vêtement qui n'est pas de cette Terre, mais tissé par Celui qui est mon Père et qui a tissé la soie des lys virginaux. Je suis revêtu de splendeur. Je suis orné de mes plaies qui ne suintent plus du sang mais dégagent de la lumière. Cette lumière qui sera la joie de ma Mère et des bienheureux, et la vue insoutenable des maudits et des démons sur la Terre et au dernier jour.

L'ange de ma vie d'homme et l'ange de ma douleur sont prosternés devant Moi et adorent ma Gloire. Ils sont ici tous les deux mes anges. L'un pour jouir de la vue de Celui qu'il a gardé et qui maintenant n'a plus besoin de défense angélique. L'autre, qui a vu mes larmes pour voir mon sourire, qui a vu mon combat pour voir ma victoire, qui a vu ma douleur pour voir ma joie.

Et je sors dans le jardin plein de boutons de fleurs et de rosée. Et les pommiers ouvrent leurs corolles pour faire un arc fleuri au-dessus de ma tête de Roi, et les plantes font un tapis de gemmes et de corolles à mes pieds qui reviennent fouler la Terre rachetée après que j'ai été élevé sur elle pour la racheter. Et ils me saluent le premier soleil, et le doux vent d'avril, et la nuée légère qui passe, rose comme la joue d'un enfant, et les oiseaux dans les feuillages. Je suis leur Dieu. Ils m'adorent.

Je passe parmi les gardes évanouis, symbole des âmes en faute mortelle qui ne sentent pas le passage de Dieu.

C'est Pâques, Marie ! C'est bien le « Passage de l'Ange de Dieu » ! Son Passage de la mort à la vie. Son Passage pour donner la Vie à ceux qui croient en son Nom. C'est Pâques ! C'est la Paix qui passe dans le monde. La Paix qui n'est plus voilée par la condition d'homme mais qui est libre, complète dans l'efficience de Dieu qui lui est revenue.

Et je vais trouver la Mère. Il est bien juste que j'y aille. Cela l'a été pour mes anges. Ce doit l'être bien plus pour celle qui, en plus d'être ma gardienne et mon réconfort, a été celle qui m'a donné la vie. Avant encore de revenir au Père dans mon vêtement d'Homme glorifié, je vais voir ma Mère. J'y vais dans la splendeur de mon vêtement paradisiaque et de mes Gemmes vivantes. Elle peut me toucher, elle peut me baiser car elle est la Pure, la Belle, l'Aimée, la Bénie, la Sainte de Dieu.

Le nouvel Adam va à la nouvelle Ève. Le mal est entré dans le monde par la femme et c'est par la Femme qu'il a été vaincu. Le Fruit de la Femme a désintoxiqué les hommes de la bave de Lucifer. Maintenant s'ils veulent ils peuvent être sauvés. Elle a sauvé la femme restée si fragile après la blessure mortelle.[98] »

Résurrection de Jésus

« *Dans le ciel qui maintenant, à l'orient, a une étendue toute rosée qui s'agrandit de plus en plus dans le ciel serein, où par ailleurs il n'y a pas encore de rayon de soleil, se présente, venant de profondeurs*

---

[98] « L'Évangile tel qu'il m'a été révélé » Maria Valtorta - Tome 10 chap. 6 page 34-36

inconnues, un météore resplendissant qui descend, boulet de feu d'une splendeur insoutenable, suivi d'un sillage rutilant qui peut-être n'est que le souvenir de sa splendeur sur notre rétine. Il descend à toute vitesse vers la Terre, en répandant une lumière si intense, si fantasmagorique, si effrayante dans sa beauté, que la lumière rosée de l'aurore disparaît éclipsée par cette blancheur incandescente.

Les gardes lèvent la tête, étonnés, parce qu'aussi avec la lumière arrive un grondement puissant, harmonieux, solennel, qui remplit de lui-même toute la Création. Il vient de profondeurs paradisiaques. C'est l'alléluia, la gloire angélique qui suit l'Esprit du Christ revenant dans sa Chair glorieuse.

Le météore s'abat contre l'inutile fermeture du Tombeau, l'arrache, la jette par terre, foudroie de terreur et de bruit les gardes mis comme geôliers du Maître de l'Univers en produisant, avec son retour sur la Terre, un nouveau tremblement de terre comme il l'avait produit en fuyant la Terre cet Esprit du Seigneur. Il entre dans le sombre Tombeau qu'éclaire sa lumière indescriptible, et pendant qu'il reste suspendu dans l'air immobile, l'Esprit se réinfuse dans le Corps sans mouvement sous les bandes funèbres.

Tout cela non dans une minute, mais dans une fraction de minute, tant l'apparition, la descente, la pénétration et la disparition de la Lumière de Dieu a été rapide...

Le « Je veux » du divin Esprit à sa Chair froide n'a pas de son. Le son est dit par l'Essence à la Matière immobile. Aucune parole n'est entendue par l'oreille humaine.

La Chair reçoit le commandement et lui obéit en poussant un profond soupir...

Rien d'autre pendant quelques minutes.

Sous le Suaire et le Linceul, la Chair glorieuse se recompose en une beauté éternelle, se réveille du sommeil de la mort, revient du "rien" où elle était, vit après avoir été morte. Certainement le cœur se réveille et donne son premier battement, pousse dans les veines le sang gelé qui reste et en crée tout d'un coup la mesure totale dans les artères vides, dans les poumons immobiles, dans le cerveau obscur, et ramène la chaleur, la santé, la force, la pensée.

Un autre moment, et voilà un mouvement soudain sous le lourd Linceul. Le mouvement est soudain, depuis l'instant certainement où il remue ses mains croisées jusqu'au moment où il apparaît debout majestueux, splendide dans son vêtement de matière immatérielle, surnaturellement beau et imposant, avec une gravité qui le change et l'élève tout en le laissant Lui-même, l'œil a à peine le temps d'en suivre le développement.

Et maintenant, il l'admire : si différent de ce que la pensée lui rappelle, en forme, sans blessures ni sang, mais seulement éblouissant de la lumière qui jaillit à flots des cinq plaies et sort par tous les pores de son épiderme.

Il fait son premier pas : dans son mouvement les rayons qui jaillissent des mains et des pieds l'auréolent de lames de lumière; depuis la tête nimbée d'un diadème qui est fait des innombrables blessures de la couronne qui ne donnent plus de sang mais seulement de la splendeur, jusqu'au bord du vêtement quand, en ouvrant les bras qu'il a croisés sur sa poitrine, il découvre la zone de luminosité très vive qui filtre de son habit en lui donnant l'éclat d'un soleil à la hauteur du cœur. Alors c'est réellement la "Lumière" qui a pris corps, pas la pauvre lumière de la Terre, pas la pauvre lumière des astres, pas la pauvre lumière du soleil. Mais la Lumière de Dieu : toute la splendeur paradisiaque qui se rassemble en un seul Être et Lui donne ses azurs inconcevables pour pupilles, ses feux d'or pour cheveux, ses candeurs angéliques pour vêtement et coloris, et tout ce qui est, d'indescriptible pour la parole humaine, la suréminente ardeur de la Très Sainte Trinité, qui annule par son ardente puissance tout feu du Paradis, en absorbant en Elle-même pour l'engendrer à nouveau à chaque instant du Temps éternel, Cœur du Ciel qui attire et diffuse son sang, les innombrables gouttes de son sang incorporel : les bienheureux, les anges, tout ce qui est le Paradis : l'amour de Dieu, l'amour pour Dieu, tout ce qui est la Lumière qu'est, que forme, le Christ Ressuscité.[99] »

Apparition à la Vierge Marie

« *Marie maintenant est prosternée le visage contre terre. On dirait une pauvre chose abattue. On dirait cette fleur morte de soif dont elle a parlé.*

---

[99] « L'Évangile tel qu'il m'a été révélé » Maria Valtorta - Tome 10 chap. 3 page 19-20

La fenêtre close s'ouvre avec un impétueux battement de ses lourds volets et, avec le premier rayon de soleil, Jésus entre.

Marie, qui s'est secouée au bruit et qui lève la tête pour voir quel vent a ouvert les volets, voit son Fils rayonnant : beau, infiniment plus beau qu'il ne l'était avant d'avoir souffert, souriant, vivant, plus lumineux que le soleil, vêtu d'un blanc qui paraît de la lumière tissée, et qui s'avance vers elle. »

Elle se redresse sur ses genoux et, joignant en croix les mains sur sa poitrine, elle dit dans un sanglot qui est rire et pleur : "Seigneur, mon Dieu." Et elle reste ainsi ravie dans sa contemplation, le visage tout baigné de larmes, mais devenu serein, pacifié par le sourire et l'extase.

Mais Lui ne veut pas la voir, sa Maman, à genoux comme une servante. Et il l'appelle en lui tendant les mains, des blessures desquelles sortent des rayons qui rendent encore plus lumineuse sa Chair glorieuse : "Maman !"

Mais ce n'est pas la parole affligée des colloques et des adieux d'avant la Passion, ni la lamentation déchirée de la rencontre sur le Calvaire et de l'agonie. C'est un cri de triomphe, de joie, de libération, de fête, d'amour, de gratitude.

Et il se penche sur sa Mère qui n'ose pas le toucher et lui met les mains sous ses coudes pliés, la lève, la serre sur son Cœur et l'embrasse.

Oh ! alors Marie comprend que ce n'est pas une vision, que c'est son Fils réellement ressuscité, que c'est son Jésus, le Fils qui l'aime encore en Fils. Et avec un cri elle se jette à son cou, l'embrasse et le baise, en riant dans ses pleurs. Elle baise son front où il n'y a plus de blessures, sa tête qui n'est plus dépeignée ni couverte de sang, ses yeux éblouissants, ses joues guéries, sa bouche qui n'est plus enflée. Et puis elle Lui prend les mains et en baise le dessus et la paume, sur les blessures rayonnantes, et tout à coup se baisse à ses pieds, les découvre de dessous son vêtement de splendeur et les baise. Puis elle se lève, le regarde, n'ose pas.

Mais Lui sourit et comprend. Il entrouvre son vêtement sur la poitrine et il dit : "Et celle-là, Maman, tu ne la baise pas, celle qui t'a fait si mal et que toi seule es digne de baiser ? Embrasse-moi sur le Cœur, Maman. Ton baiser m'enlèvera le dernier souvenir de tout ce qui est douleur et me donnera cette joie qui manque encore à ma Joie de Ressuscité." Il prend dans ses mains le visage de sa Mère et en pose les lèvres sur la lèvre de la blessure du Côté, d'où sortent des flots de lumière très vive.

Le visage de Marie est auréolé par cette lumière, plongé comme il l'est dans ses rayons. Elle le baise, le baise pendant que Jésus la caresse. Elle ne se lasse pas de le baiser. On dirait un assoiffé qui ait attaché sa bouche à la source et en boit la vie qui lui échappait.

Maintenant Jésus parle.

"Tout est fini, Maman. Maintenant tu ne dois plus pleurer pour ton Fils. L'épreuve est accomplie. La Rédemption est arrivée. Maman, merci de m'avoir conçu, élevé, aidé dans la vie et dans la mort.

J'ai senti venir à Moi tes prières. Elles ont été ma force dans la douleur, mes compagnes dans mon voyage sur la Terre et au delà de la Terre. Elles sont venues avec Moi sur la Croix et dans les Limbes. Elles étaient l'encens qui précédait le Pontife qui allait appeler ses serviteurs pour les amener dans le temple qui ne meurt pas : dans mon Ciel. Elles sont venues avec Moi dans le Paradis, précédant comme une voix angélique le cortège des rachetés guidés par le Rédempteur pour que les anges fussent prêts pour saluer le Vainqueur qui revenait dans son Royaume. Elles ont été entendues et vues par le Père et par l'Esprit qui en ont souri comme de la fleur la plus belle et du chant le plus doux nés dans le Paradis. Elles ont été connues par les Patriarches et les nouveaux Saints, par les nouveaux, les premiers habitants de ma Jérusalem, et Moi je t'apporte leurs remerciements, Maman, en même temps que le baiser des parents et que leur bénédiction et celle de Joseph, ton époux d'âme.

Le Ciel tout entier chante son hosanna à toi, ma Mère, Maman Sainte ! Un hosanna qui ne meurt pas, qui n'est pas menteur comme celui qui m'a été donné il y a quelques jours.

Maintenant je vais trouver le Père avec mon vêtement humain. Le Paradis doit voir le Vainqueur dans son vêtement d'Homme avec lequel il a vaincu le Péché de l'Homme. Mais ensuite je viendrai encore. Je dois confirmer dans la Foi ceux qui ne croient pas encore et ont besoin de croire pour amener les autres à la foi, je dois fortifier ceux qui sont chétifs et qui auront besoin de tant de force pour résister au monde.

Puis je monterai au Ciel, mais je ne te laisserai pas seule, Maman. Tu vois ce voile ? Dans mon anéantissement, j'ai dégagé encore une puissance de miracle pour Toi, pour te donner ce réconfort. Mais *j'accomplis pour toi un autre miracle. Tu me posséderas dans le Sacrement, réel comme je l'étais quand tu me portais. Tu ne seras jamais seule. En ces jours tu l'as été.*

Mais pour ma Rédemption il fallait aussi cette douleur que tu as éprouvée. Beaucoup sera continuellement ajouté à la Rédemption car il sera continuellement créé beaucoup de Péché. J'appellerai tous mes serviteurs à cette coparticipation rédemptrice. Tu es celle qui à elle seule fera plus que tous les autres saints ensemble. C'est pour cela aussi qu'il fallait ce long abandon. Maintenant il est fini.

Je ne suis plus séparé du Père. Tu ne seras plus séparée du Fils. Et ayant le Fils, tu as notre Trinité. Ciel vivant, tu porteras sur la Terre la Trinité parmi les hommes et tu sanctifieras l'Église, toi, Reine du Sacerdoce et Mère des Chrétiens. Puis je viendrai te prendre. Et ce ne sera plus Moi en toi, mais toi en Moi, dans mon Royaume, pour rendre plus beau le Paradis.

Maintenant je m'en vais, Maman. Je vais rendre heureuse l'autre Marie. Puis je monte vers le Père. C'est de là que je viendrai à ceux qui ne croient pas.

Maman, ton baiser pour bénédiction, et ma Paix à toi pour compagne. Adieu."

Et Jésus disparaît dans le soleil qui descend à flots du ciel serein du matin.[100] »

Apparition aux femmes
Témoignage de Marie-Madeleine le dimanche de la Résurrection

Mc 16, 9-11
Jn 20, 11-18

C'est Marie de Magdala, la femme rachetée, qui est la messagère de la Résurrection. Le matin de la résurrection le premier jour de la semaine, Jésus apparaît à Marie de Magdala dont il avait chassé sept démons nous dit Marc en 16, 9. Pourquoi Jésus a t-il choisi une femme, de surcroit ancienne démoniaque comme premier témoin ?

La crédibilité du témoin exige, surtout à l'époque, de choisir un homme. En plus la témoin est sujet à caution parce qu'ancienne

---

[100] « L'Évangile tel qu'il m'a été révélé » Maria Valtorta - Tome 10 chap. 4 page 22-24

démoniaque, donc assimilable à une déséquilibrée pour le commun des mortels.

Pureté de Jésus

Jésus dit à Marie-Madeleine : « Ne me touchez plus ».

La Vierge Marie dit à Maria Valtorta dans la dictée du 8 décembre 1943 : « *Il n'y eut pas pour sa Mère la même interdiction que pour Marie Magdala. Je pouvais le toucher. Je n'aurais pas contaminé de mon humanité sa perfection qui montait aux Cieux, parce que ce minimum d'humanité que j'avais, dan ma condition d'Immaculée Conception, s'était consumé, comme une fleur jetée dans un incendie, sur le bûcher expiatoire du Golgotha. Marie la femme était morte avec son Fils. Il restait maintenant Marie l'âme, brûlant de monter au Ciel avec son Fils. Et mon étreinte révérentielle ne pouvait troubler la Divinité triomphante.* »

« *Et après qu'à la Pure, à laquelle par droit de Sainteté et de Maternité il est juste qu'aille son Fils-Dieu, je me présente à la femme rachetée, à celle qui est le chef de file, à celle qui représente toutes les créatures féminines que je suis venu délivrer de la morsure de la luxure, pour qu'elle dise à celles qui vont vers Moi pour guérir, qu'elles aient foi en Moi, qu'elles croient en ma Miséricorde qui comprend et pardonne, que pour vaincre Satan qui fouille leurs chairs, elles regardent ma Chair ornée des cinq plaies.*

Je ne me fais pas toucher par elle. Elle n'est pas la Pure qui peut toucher sans le contaminer le Fils qui revient au Père. Elle a encore beaucoup à purifier par la pénitence, mais son amour mérite cette récompense. Elle a su ressusciter par sa volonté du tombeau de ses vices, étrangler Satan qui la possédait, défier le monde par amour pour son Sauveur, elle a su se dépouiller de tout ce qui n'est pas amour, elle a su n'être plus que l'amour qui se consume pour son Dieu. »

Et Dieu l'appelle : « Marie ». Entends-la répondre : « Rabboni ! ». Il y a son cœur dans ce cri. C'est à elle, qui l'a mérité, que je donne la charge d'être la messagère de la Résurrection. Et encore une fois elle sera méprisée comme si elle avait déliré. Mais rien ne lui importe à Marie de Magdala, à Marie de Jésus, du jugement des hommes. Elle m'a vu ressuscité et cela lui donne une joie qui apaise tout autre sentiment.

Tu vois comme j'aime même celui qui a été coupable, mais a voulu sortir de la faute? Ce n'est même pas à Jean que je me montre d'abord, mais à la Magdeleine. Jean avait déjà eu de Moi la qualité de fils. Il le pouvait avoir car il était pur et il pouvait être le fils non seulement spirituel, mais aussi donnant et recevant ces besoins et ces soins qui concernent la chair, à la Pure et de la Pure de Dieu.[101] »

3.3.2 Explication de la Résurrection

Réalité de la Résurrection

La réalité de la Résurrection peut être étudiée scientifiquement à partir du récit des témoins contenu dans les Évangiles, et à l'aide des linges portant traces de la passion, de la mort et de la Résurrection.

Cette étude historique et scientifique est relatée dans le livre :

« *La Résurrection au risque de la Science* » de Pierre Milliez

Création d'origine et rupture du péché

Genèse 1, 26a : « **Puis Dieu dit : « Faisons l'homme à notre image, selon notre ressemblance… »** et Genèse 1, 27 « **Et Dieu créa l'homme à son image ; il le créa à l'image de Dieu : il les créa mâle et femelle.** »

Dieu crée les deux premiers humains au jardin d'Éden. L'homme est alors uni à Dieu.

L'homme et la femme désobéissent à Dieu en mangeant du fruit de l'arbre de la connaissance du bien et du mal. Désormais la rupture est consommée entre Dieu et l'homme. En désobéissant à Dieu, ils deviennent indépendants de Dieu.

Le connu est dans le sujet connaissant. Dieu ne peut donc connaître le mal. A partir du moment où l'homme connaît le mal, il s'exclut de la présence de Dieu.

---

[101] « L'Évangile tel qu'il m'a été révélé » Maria Valtorta - Tome 10 chap. 6 page 36

Adam a un corps avec les quatre dons préternaturels avant la chute. Après la chute il revêt un corps biologique mortel.

Adam et Ève ont péché contre Dieu. Ils perdent le don de clarté ou de gloire.

Dieu revêtit Adam et Ève de tuniques de peau (Genèse 2, 21). Le corps de l'homme devient pesant (masse). Il faudra de l'énergie pour le déplacer. Le corps massif limite l'homme. L'homme perd le don d'agilité ou de force.

Dieu rend l'homme indépendant. L'homme ne peut pu faire un avec un autre corps matériel. L'homme perd le don de subtilité ou de corps spirituel. Chaque corps est restreint à un espace indépendant des autres corps.

Dieu empêche Adam et Ève d'accéder à l'arbre de vie (Genèse 2, 22). Ils deviennent mortels. Ils perdent le don d'impassibilité ou d'incorruptibilité. Leur mauvais choix n'est pas définitif. Ils vont pouvoir changer par leur choix au fil de leur connaissance avec le temps et la causalité.

Dieu fait sortir Adam et Ève du jardin d'Éden pour l'univers matériel que nous connaissons.

Notre univers est caractérisé par la matière qui localise les corps et les êtres, l'énergie qui meut et transforme, l'espace qui permet la disjonction et la distance entre les corps matériels, le temps et la causalité qui mesure l'évolution globale et le changement individuel.

Dans cet univers, Dieu donne l'être en mettant la présence dans les corps biologiques « créés » par nos parents. Genèse 2, 7 : **« YaHWeH ; Dieu forma l'homme de la poussière du sol, et il souffla dans ses narines un souffle de vie, et l'homme devint un être vivant. »**

Nos péchés nous privent du jardin d'Éden et des quatre dons préternaturels.

Incarnation du Verbe

Dieu se donne au monde sous forme impassible pour la création, puis après la chute sous forme passible pour rejoindre notre condition et pour la recréation. Le Verbe s'est abaissé prenant condition humaine, pour élever l'homme à la condition divine. Le Verbe nous accompagne dans les conséquences de notre chute. Le Verbe va s'anéantir lui-même, prenant condition humaine mortelle, par son incarnation en Jésus. Les quatre dons sont suspendus pendant la vie terrestre du Verbe incarné en Jésus pour nous rejoindre dans notre humanité déchue. Son corps devait être passible pour nous mériter notre salut.

Accomplissement des Écritures

Lors de son ministère public, Jésus annonce que personne ne peut lui enlever la vie mais que c'est lui qui la donne de lui-même, librement. Jésus donne sa vie parce que c'est la volonté de son Père.

Jn 10, 17-18 : « **^{17}C'est pour cela que le Père m'aime : parce que je donne ma vie pour la recouvrer. ^{18}Personne ne me l'enlève, mais c'est moi qui la donne de moi-même ; j'ai le pouvoir de la donner et j'ai le pouvoir de la recouvrer : voilà le commandement que j'ai reçu de mon Père.** »

En Jean 19, 30 la dernière parole de Jésus sur la croix, juste avant sa mort, est : « **C'est accompli** » ou « **Tout est achevé** » ou « **Tout est accompli** ». Jésus a réalisé sa mission. Les Écritures et les prophéties du Messie d'Israël sont réalisées en Jésus.

Accomplissement des fêtes juives Pessah et Kippour

La fête de Pessah est la fête juive de l'agneau sans défaut, dont on ne brise aucun os, qui est immolé. Son sang est mis sur le linteau et les montants des portes pour que l'ange de la mort passe son chemin et ne frappe pas les premiers nés d'Israël lors de la dernière plaie d'Égypte. Après cette dernière plaie, pharaon libère les hébreux.

Jésus est l'agneau immolé sans défaut, dont on ne brisera aucun os. Il donne sa vie pour les pécheurs. Il accomplit sur lui la justice de Dieu.

La fête de Kippour est la fête de la repentance. Le grand prêtre tire au sort entre deux boucs. Le premier bouc est immolé pour l'Éternel. Son sang est versé par le grand prêtre, qui rentre seul dans le Saint des Saints, sur le couvercle de l'arche de l'alliance. Ainsi Dieu ne voit plus les péchés commis volontairement. Le second bouc est chargé des péchés d'Israël. Le bouc « émissaire » porte les péchés d'Israël. Il est envoyé au désert, la demeure de d'Azazel (Satan). Le péché est renvoyé à l'envoyeur.

Jésus se charge de nos « fautes » pour en subir les conséquences « La mort ». Il est le bouc émissaire. Jésus représente aussi le bouc offert en sacrifice. Il est immolé et son sang nous lave de nos péchés.

Rédemption

Le jeudi saint, lors de la dernière Cène, Jésus institue le sacerdoce ministériel de ses apôtres. Cette eucharistie est l'offrande parfaite, parce que sainte, que le Verbe fait en son humanité à Dieu son Père.

Le Christ est mort avec son corps biologique. Mais il est ressuscité le troisième jour dans un corps libéré. Son corps n'est plus passible soumis aux lois biologiques (impassibilité). Son corps n'est plus soumis aux lois physiques de la matière (gravitation, principe d'exclusion de Pauli…). Son corps est glorieux.

Par sa mort et sa résurrection, Jésus participe à la transformation, à l'évolution du monde. Il est le premier ressuscité et nous montre le chemin. Le Christ pas sa résurrection devient le centre total en qui tout se rassemble pour ne faire qu'un.

Le Christ veut unifier dans son corps la totalité du genre humain. La prière sacerdotale de Jésus (Jn 17, 1-26) c'est l'unité de l'humanité en son corps, dont il est la tête et dont nous sommes les membres.

La vie toute entière de Jésus est une eucharistie, la manifestation de l'amour de Dieu pour l'homme. Le Fils est en agonie du début de l'histoire des hommes jusqu'à la fin des temps. Sa passion historique en est le signe sensible.

La vie de Jésus s'est achevée sur la croix avec ce cri : « **Tout est accompli** ». De même l'histoire du monde s'achèvera quand tout sera accompli. La messe sur le monde sera alors terminée, tout sera accompli. La messe sera dite.

Le Verbe s'abaisse encore, prenant sur lui le poids de nos péchés en portant sa croix et en mourant sur le bois de la croix. Il a pris sur lui la dette que nous avions envers Dieu à cause de nos errements. Jésus est l'agneau immolé offert en holocauste pour la rémission des péchés. Il fait mourir dans sa mort « l'habit de peau » que nous ont valu le péché originel et tous nos péchés.

Mais Jésus ressuscite le troisième jour revêtant un habit de lumière, libéré des lois physiques et biologiques. Il est le premier ressuscité, et nous montre le chemin pour nous libérer du péché et de ses conséquences, et pour qu'un jour nous soyons aussi ressuscités.

La Résurrection de Jésus inaugure le monde nouveau d'où le mal a enfin disparu et avec lui la souffrance et la mort. Elle inaugure l'homme nouveau libéré du péché et de ses conséquences. Jésus nous appelle à le suivre dans la résurrection où nous revêtirons comme lui un corps spirituel, libéré des contingences du monde matériel par les quatre propriétés de clarté ou gloire, d'agilité ou de force, de subtilité ou de corps spirituel, et d'impassibilité ou d'incorruptibilité.

Voile du Temple et Chair du Christ
Hébreux 10, 19 : « **Ainsi donc, frères, puisque nous avons, par le sang de Jésus un libre accès dans le sanctuaire, par la voie nouvelle et vivante, qu'il a inaugurée pour nous à travers le voile, c'est-à-dire sa chair … »**

Le voile du Temple s'est déchiré (Matthieu 27, 51). Le Saint des Saints du Temple est devenu accessible à tous. Dieu veut faire sa demeure en chacun de nous. Nous sommes appelés à être le Temple de sa présence.

La chair du Christ a été offerte en sacrifice parfait car Jésus est le Saint de Dieu, sans péché et sans tache. Comme le voile du Temple, sa chair s'est déchirée pour nos péchés et à travers ce sacrifice nous avons accès au Saint des Saints, à Dieu le Père. Il a payé le prix pour nous et nous offre de renouveler l'alliance de l'homme avec Dieu le Père, à travers son sacrifice, la mort du Fils de l'homme pour que renaisse le fils de Dieu que nous sommes.

Résurrection de Jésus-Christ et libération des conséquences du péché
Le Verbe s'incarne prenant notre condition humaine déchue par le péché. Il accepte, bien que sans péché, la suspension de ses quatre dons et les limites de la matière. Il meurt pour nos péchés et ressuscite le

troisième jour revêtu des quatre dons préternaturels.

Résurrection de l'homme à la suite du Christ

Sagesse 2, 23 : « **Car Dieu a créé l'homme pour l'immortalité, et il l'a fait à l'image de sa propre nature.** »

Après avoir guéri un paralytique à la piscine de Bethesda le jour du sabbat, Jésus déclare aux Juifs.

Jean 5, 28-29 : « **[28]Ne vous en étonnez pas, parce que vient l'heure où tous ceux qui sont dans les sépulcres entendront sa voix, [29]et ils (en) sortiront : ceux qui auront fait le bien ressuscitant pour la vie, ceux qui auront fait le mal ressuscitant pour la condamnation.** »

Christ a assumé notre condition humaine, soumise aux lois physiques et biologiques. Mais par sa résurrection il a montré le chemin pour qu'à sa suite nous soyons transformés en étant libérés du péché et des conséquences du péché (lois physiques et biologiques). Nous devons tous mourir dans notre corps biologique pour revêtir à la suite du Christ un corps transfiguré. À la suite du Christ, lors de la résurrection des morts nous serons revêtus des quatre dons préternaturels.

1 Co 15, 51-54 : « **[51]Voici un mystère que je vous révèle : Nous ne nous endormirons pas tous, mais tous nous serons changés, [52]en un instant, en un clin d'œil, au son de la dernière trompette, car la trompette retentira et les morts ressusciteront incorruptibles, et nous, nous serons changés. [53]Car il faut que ce corps corruptible revête l'incorruptibilité, et que ce corps mortel revête l'immortalité.** «

[54]Lorsque ce corps corruptible aura revêtu l'incorruptibilité, et que ce corps mortel aura revêtu l'immortalité, alors s'accomplira la parole qui est écrite : « La mort a été engloutie pour la victoire. »

Ressuscités à l'image du Christ ressuscité nous serons complètement libres.

Nous serons libérés :
- De la matière et de l'énergie (poids de la matière et besoin d'énergie) devenant pleins de force par le don d'agilité,

- de l'espace (possibilité de pénétrer d'autres corps sans rencontrer aucune résistance) devenant corps spirituels par le don de subtilité,
- du temps et de la causalité (poids de la corruption et de la mort) devenant immuables et immortels par le don d'impassibilité,
- du péché (corruptibilité et ignominie) devenant glorieux par le don de clarté.

Les quatre dons du ressuscité

Dans la première épître aux Corinthiens (15, 42-44) Saint Paul nous parle des propriétés du corps ressuscité : « **[42]Ainsi en est-il pour la résurrection des morts. Semé dans la corruption, le corps ressuscite, incorruptible ; [43]semé dans l'ignominie, il ressuscite glorieux ; semé dans la faiblesse, il ressuscite plein de force ; [44]semé corps animal, il ressuscite corps spirituel.** »

Brigitte de Suède (1302-1373) rapporte ses visions :

« *Comme l'âme est devenue immortelle et immuable en moi, ainsi le corps, par l'union avec elle, deviendra immortel ; il perdra sa pesanteur, il sera subtil et léger. Le corps glorifié passera à travers tous les obstacles et ne craindra ni l'eau ni le feu.[102]* ».

Marie d'Agreda (1602-1665) nous dit dans ses écrits sur la résurrection :

« *et dans le même instant l'âme du Seigneur se réunit à son corps, et lui donna la vie et la gloire immortelle. En quittant le Linceul et les parfums, il fut revêtu des quatre dons de gloire, de la clarté, de l'impassibilité, de l'agilité et la subtilité, qui avaient été suspendus dans le temps de sa Conception, afin de le laisser passible, et de lui donner de mériter notre gloire, en suspendant la sienne. Ces dons lui furent rendus dans le degré et la proportion qui répondait à la gloire de son âme, et à l'union qu'elle avait avec la Divinité. La clarté qu'il eut surpassait celle des autres corps glorieux, comme la splendeur du Soleil, celle d'une Étoile. L'impassibilité rendit son corps inaltérable. La subtilité le rendit*

---

[102] « Dialogue » de Brigitte de Suède, ch. XLI, extraits du paragraphe 53

si pur, qu'il pénétrait les autres corps sans aucune résistance, comme s'il eût été un pur Esprit : c'est ainsi qu'il pénétra la pierre du sépulcre, sans la remuer et sans la rompre, en la manière qu'il était sorti du Sein Virginal de sa très-Sainte Mère. L'agilité le rendit si spiritualisé, qu'il surpassait l'activité des Anges : il pouvait par lui-même se transporter d'un lieu à un autre avec plus de vitesse qu'eux, comme il le fit quand il apparut aux Apôtres, et en d'autres occasions.[103] »

« *La subtilité le rendit si pur, qu'il pénétrait les autres corps sans aucune résistance, comme s'il eût été un pur Esprit : c'est ainsi qu'il pénétra la pierre du sépulcre, sans la remuer et sans la rompre, en la manière qu'il était sorti du Sein Virginal de sa très-Sainte Mère.*[104] ».

Maria Valtorta (1897-1961) nous relate les paroles de Jésus à Jacques :

« *Je te promets que je viendrai te guider par mon Esprit, lorsque la glorieuse Résurrection m'aura délivré des limites de la matière.*[105] ».

Maria Valtorta nous relate la conversation de Jésus à Judas :

« *…je suis Un avec le Père et avec l'Amour, Un ici comme au Ciel — si en Moi existent les deux natures, et le Christ, par la nature humaine et tant que sa victoire ne l'aura pas libéré des limites humaines, est à Éphraïm et ne peut être autre part en cet instant; comme Dieu : Verbe de Dieu, je suis au Ciel comme sur la Terre, ma Divinité étant toujours omniprésente et toute puissante…*[106] »

Maria Valtorta nous relate les paroles de Jésus à ses disciples après sa Résurrection :

« *Mais pour Moi n'existe plus l'esclavage des distances. Et ces apparitions simultanées vous ont désorienté vous aussi. Vous vous êtes dit : « Ces gens-là ont vu des fantômes. » Vous avez donc oublié une partie de mes paroles, c'est-à-dire que je serai dorénavant à l'orient et à l'occident, au septentrion et au midi, où je trouverai juste d'être, sans que rien ne me l'empêche, et rapidement comme la foudre qui sillonne le*

---

[103] Maria d'Agreda « La cité mystique de Dieu » Tome second P 119-120 chez Seguin Ainé 1819
[104] Ibid Tome second P 119 chez Seguin Ainé 1819
[105] L'Évangile tel qu'il m'a été révélé » de Maria Valtorta, Tome 4, chap. 121, page 220
[106] Ibid - Tome 8, Ch 28, page 261

ciel. Je suis un Homme véritable. Voici mes membres et mon Corps, solide, chaud, capable de se mouvoir, de respirer, de parler comme le vôtre. Mais je suis le vrai Dieu. Et si pendant trente-trois ans la Divinité a été, pour une fin suprême, cachée dans l'Humanité, maintenant la Divinité, bien qu'unie à l'Humanité, a pris le dessus et l'Humanité jouit de la liberté parfaite des corps glorifiés. Reine avec la Divinité, elle n'est plus sujette à tout ce qui est limitation pour l'Humanité.[107] »

Il ressuscite plein de force ou l'agilité c'est le don d'être affranchi du poids de la matière. Il ressuscite corps spirituel ou la subtilité c'est le don de pénétrer les autres corps sans rencontrer aucune résistance. Il ressuscité glorieux ou la clarté c'est le don qui fait resplendir les corps glorieux. Le corps ressuscite incorruptible ou impassible, c'est le don d'immortalité du corps.

Les dons avaient été suspendus pendant la vie terrestre de Jésus. Son corps devait rester passible pour nous mériter notre salut.

Thomas d'Aquin, grand lecteur d'Hugues de Saint Victor, rapporte ses propos lorsqu'il aborde le sacrement de l'Eucharistie :

« *Hugues de Saint-Victor a prétendu que le Christ, avant la passion, assuma à des époques diverses les quatre dons d'un corps glorifié : la subtilité lors de sa naissance, quand il sortit du sein intact de la Vierge ; l'agilité, lorsqu'il marcha à pied sec sur la mer ; la clarté, dans la transfiguration ; l'impassibilité à la Cène, lorsqu'il donna à ses disciples son corps à manger. Et selon cette thèse, il donna à ses disciples un corps impassible et immortel.[108]* »

Le pape Benoît XVI nous dit :

« *... Mais, précisément, la résurrection du Christ est bien plus, il s'agit d'une réalité différente. Elle est – si nous pouvons pour une fois utiliser le langage de la théorie de l'évolution – la plus grande « mutation », le saut absolument le plus décisif dans une dimension totalement nouvelle qui ne soit jamais advenue dans la longue histoire de la vie et de ses développements: un saut d'un ordre complètement nouveau, qui nous concerne et qui concerne toute l'histoire...*

---

[107] « L'Évangile tel qu'il m'a été révélé » de Maria Valtorta Tome 10 page 174
[108] Thomas d'Aquin « Somme théologique » Partie 3 Question 81 Réponse

La résurrection fut comme une explosion de lumière, une explosion de l'amour, qui a délié le lien jusqu'alors indissoluble du « meurs et deviens ». Elle a inauguré une nouvelle dimension de l'être, de la vie, dans laquelle la matière a aussi été intégrée, d'une manière transformée, et à travers laquelle surgit un monde nouveau.[109] »

3.3.3 Quatre dons de la Résurrection

<u>Don de Gloire</u>
Don temporaire de gloire avant la mort de Jésus

Lc 9, 28-36 : **[28]Il se passa environ huit jours après qu'il eut dit ces paroles, et, prenant avec lui Pierre, Jean et Jacques, il monta sur la montagne pour prier. [29]Pendant qu'il priait, l'aspect de son visage devint autre, et son vêtement d'un blanc éblouissant. [30]Et voilà que deux hommes conversaient avec lui : c'étaient Moïse et Élie, [31]qui, apparaissant en gloire, parlaient de sa mort qu'il devait accomplir à Jérusalem. [32]Pierre et ses compagnons étaient accablés de sommeil ; mais, s'étant réveillés, ils virent sa gloire et les deux hommes qui se tenaient avec lui. [33]Or, comme ils se séparaient de lui, Pierre dit à Jésus : « Maître, il nous est bon d'être ici ; faisons trois tentes : une pour vous, une pour Moïse et une pour Élie, » ne sachant pas ce qu'il disait. [34]Comme il disait cela, il se fit une nuée qui les couvrit de son ombre ; et ils furent saisis de frayeur tandis qu'ils entraient dans la nuée. [35]Et de la nuée se fit entendre une voix qui disait : « Celui-ci est mon Fils élu : écoutez-le. » [36]Pendant que la voix parlait, Jésus se trouva seul. Et ils gardèrent le silence, et ils ne racontèrent rien à personne, en ce temps-là, de ce qu'ils avaient vu. »**

Au moment de la transfiguration, Luc nous dit, que l'aspect du visage de Jésus devint autre. Le ressuscité avec le don de clarté est à la fois le même et tout autre, au point que les disciples ne le reconnaîtront pas tout de suite.

A la transfiguration Jésus se montre en ressuscité avec le don de clarté pour préparer Pierre, Jacques et Jean à vivre sa résurrection.

---

[109] Homélie du Pape Benoît XVI le Samedi Saint 15 avril 2006 à la Basilique Vaticane.

Don de gloire du ressuscité - Corps glorieux

Saint Paul nous dit du corps ressuscité en **1 Cor 15, 43a** : « semé dans l'ignominie, il ressuscite glorieux »

Maria d'Agreda nous dit : « La clarté c'est le don qui fait resplendir les corps glorieux. »

Avant la résurrection, lors de la transfiguration, Jésus se montre dans un corps glorieux, son visage resplendit comme le soleil et ses vêtements devinrent blancs comme la lumière (Matthieu 17, 2). C'est comme si Jésus anticipait la résurrection pour préparer les disciples à sa mort et à sa résurrection.

Après la résurrection, lors de la conversion de Saul qui deviendra saint Paul, une lumière venue du ciel enveloppa Saul de sa clarté (Jean 9, 3-6) manifestant la gloire de Jésus ressuscité.

Si la clarté fait resplendir les corps glorieux, le corps de Jésus devrait resplendir après la résurrection. Or ce n'est pas le cas d'une façon visible. Pour quelles raisons ne resplendit-il pas ?

Dans les évangiles Marie de Magdala est la première à voir Jésus ressuscité.

En Jean 20, 17 : **« Jésus lui dit : « Ne me touchez plus ! car je ne suis pas encore remonté vers le Père ; mais allez vers mes frères, et dites-leur : je vais remonter vers mon Père et votre Père, vers mon Dieu et votre Dieu. »**

L'apôtre Thomas est incrédule et Jésus lui dit en Jn 20, 27 : **« Puis il dit à Thomas : « Porte ton doigt ici et vois mes mains, porte ta main et mets-là dans mon côté, et ne soit plus incrédule, mais croyant. »**

Jésus dit à Marie-Madeleine : « ne me touche pas », alors qu'il va dire à Thomas « porte ta main et mets-là dans mon côté ». Pourquoi cette différence d'attitude ?

Le Ressuscité se présente à Marie-Madeleine sans sa gloire. Le chrétien est en chemin vers le Père. Le chrétien est un « petit Christ » en route vers la gloire qu'il partagera avec Dieu. Jésus ressuscité se montre pleinement homme, même si son corps a changé de caractéristiques. Il n'est pas écrasant dans sa gloire, mais proche de ses disciples, proche de chaque homme. Il se met à notre portée.

A la résurrection le Christ ne peut se montrer dans toute sa gloire. Pourtant il est bien ce Jésus que les disciples ont connu, le Fils de l'homme. Les disciples auront déjà bien du mal à le reconnaître et à accepter sa résurrection.

Les disciples sont appelés à faire un pas de foi ce qui les rend plus proches de nous.

Cependant trois apôtres ont vu le Christ en gloire lors de la transfiguration.

En Matthieu 17, 1-2 : « **¹Six jours après, Jésus prend avec lui Pierre, Jacques et Jean son frère, et il les emmène à l'écart sur une haute montagne. ²Et il se transfigura devant eux : son visage resplendit comme le soleil, et ses vêtements devinrent blancs comme la lumière.** »

Don de gloire - Jésus identique et différent

Après la résurrection, Jésus est le même et est tout autre. Jésus est difficile à reconnaître pour ses disciples.

Les deux visages du Linceul de Turin et du Voile de Manoppello bien que superposables ne sont pas identiques. C'est le témoignage des disciples qui ont connu le Maître et qui l'ont vu ressuscité.

Marie de Magdala voit Jésus sans le reconnaître. Elle croit qu'elle a affaire au gardien du jardin. Elle ne le reconnaît que lorsque Jésus l'appelle par son prénom : « **Marie** ».

Jésus appelle Marie par son prénom, avec tout son cœur. Cet appel est l'appel de l'amour, de ce Jésus qui est Dieu. Il s'est fait homme pour nous rencontrer chacun personnellement...

En Jean 20, 14-16 : « **¹⁴Ce disant, elle se retourna et vit Jésus qui était là ; et elle ne savait pas que c'était Jésus. ¹⁵Jésus lui dit : « Femme, pourquoi pleurez-vous ? Qui cherchez-vous ? » Elle, pensant que c'était le jardinier, lui dit : « Seigneur, si c'est vous qui l'avez emporté, dites-moi où vous l'avez mis, et j'irai l'enlever. » ¹⁶Jésus lui dit : « Mariam ! » Elle, se retournant, lui dit en hébreu : « Rabbouni ! » c'est-à-dire : « Maître ».**

En Marc 16, 12 : « **Ensuite il se montra sous une autre forme à deux d'entre eux qui cheminaient, se rendant à la campagne.** »

Jésus ressuscité apparaît aux disciples d'Emmaüs. Ils ne le reconnurent pas, bien que cheminant avec lui. Ils ne le reconnurent qu'à la halte lorsque Jésus bénit et rompt le pain. **Luc 24, 32 : « Et ils se dirent l'un à l'autre : « Est-ce que notre cœur n'était pas brûlant en nous, lorsqu'il nous parlait sur le chemin, tandis qu'il nous dévoilait les Écritures ? »**

En Jean 21, 4 : **« Le matin déjà venait : Jésus se tenait sur le rivage, mais les disciples ne savaient pas que c'était Jésus. »**

Les disciples n'ont rien pris pendant toute la nuit. Jésus leur dit de jeter le filet du côté droit de la barque. Ils prennent beaucoup de poisson et c'est à ce moment que se remémorant un évènement similaire Jean s'écrie : « C'est le Seigneur ! ».

En Jean 21, 12 : **« Jésus leur dit : « Venez déjeuner.» Aucun des disciples n'osait lui demander : « Qui êtes-vous ? », sachant que c'était le Seigneur. »**

Don de force
Don temporaire de force avant la mort de Jésus

Mt 14, 22-33 : **« ²²Aussitôt il obligea les disciples à monter dans la barque et à passer avant lui sur l'autre rive pendant qu'il renverrait les foules. ²³Quand il eut renvoyé les foules, il monta dans la montagne pour prier à l'écart ; et, le soir venu, il était là seul. ²⁴Or, la barque était déjà à plusieurs stades de la terre, battue par les vagues, car le vent était contraire. ²⁵À la quatrième veille de la nuit, il vint vers eux en marchant sur la mer. ²⁶Les disciples, le voyant marcher sur la mer, furent troublés et dirent : « C'est un fantôme ! » et ils poussèrent des cris de frayeur. ²⁷Aussitôt Jésus parla, leur disant : « Prenez confiance, c'est moi, ne craignez point. » ²⁸Pierre prenant la parole : « Seigneur, dit-il, si c'est vous, ordonnez que j'aille à vous sur les eaux. ²⁹Il lui dit : « Viens ! » et Pierre, étant sorti de la barque, marcha sur les eaux pour aller à Jésus. ³⁰Mais, voyant la violence du vent, il eut peur, et comme il commençait à enfoncer, il s'écria : « Seigneur, sauvez-moi ! » ³¹Aussitôt Jésus étendit la main, le saisit et lui dit : « Homme de peu de foi, pourquoi as-tu douté ? » ³²Et lorsqu'ils furent montés dans la barque, le vent cessa. ³³Alors ceux qui étaient dans la barque se prosternèrent devant lui, disant : « Vous êtes vraiment le Fils de Dieu. »**

Jésus en marchant sur l'eau manifeste temporairement le don

d'agilité.

Maria Valtorta nous relate cet épisode :

« Il (Jésus) parvient à la rive fouettée par les vagues qui font sur la grève une bordure bruyante et écumeuse. Il poursuit rapidement son chemin comme s'il ne marchait pas sur l'élément liquide tout agité, mais sur un plancher lisse et solide. Maintenant Lui devient lumière.[110] »

Don de force du ressuscité

Saint Paul nous dit du corps ressuscité en **1 Cor 15, 43b : « semé dans la faiblesse, il ressuscite plein de force ».**

Maria d'Agreda nous dit : « L'agilité c'est le don d'être affranchi du poids de la matière. »

Après la résurrection, Jésus n'est plus soumis dans son corps aux lois physiques. Il est affranchi de l'enfermement de la matière. Jésus a la connaissance et arrive au bon moment dans les lieux où se trouvent ses disciples. Il se déplace instantanément. Il apparaît ou disparaît instantanément.

En Luc 24, 31 : **« Alors leurs yeux s'ouvrirent et ils le reconnurent ; et il disparut de leur vue. »**

En Luc 24, 36 : **« Comme ils discouraient ainsi lui se trouva au milieu d'eux et leur dit : « Paix à vous ! »**

Don du corps spirituel
Don temporaire du corps spirituel avant la mort de Jésus
Prophète Isaïe

Isaïe annonce le signe de Dieu : une vierge va concevoir. Marie est vierge de tout péché y compris du péché originel. Comment une vierge pourrait concevoir si ce n'est par action divine ?

Is 7, 14 : **« C'est pourquoi le Seigneur lui-même vous donnera un signe : Voici que la vierge a conçu, et elle enfante un fils, et elle lui donne le nom d'Emmanuel. »**

Isaïe en 66, 7 annonce une naissance sans travail et sans douleur. Marie est vierge de tout péché y compris du péché originel elle n'a donc pas à souffrir les douleurs de l'enfantement (Gn 3, 16). Comment une

---

[110] « L'Évangile tel qu'il m'a été révélé » Maria Valtorta – Tome 4, Ch 137, page 334

vierge pourrait enfanter tout en restant vierge si ce n'est par action divine ?

Is 66, 7-8 : « [7]Avant d'être en travail, elle a enfanté ; avant que les douleurs lui vinssent, elle a mis au monde un enfant mâle. [8]Qui a jamais entendu chose pareille, qui n'a jamais rien vu de semblable ? Un pays naît-il en un jour, une nation est-elle enfantée d'un seul coup, que Sion, à peine en travail ait mis au monde ses fils ? »

Protévangile de Jacques 18 :
« Et il (Joseph) trouva là une grotte, l'y introduisit, mit près d'elle ses fils et sortit chercher une sage-femme juive dans la région de Bethléem. »

Protévangile de Jacques 19 :
« Et elle (sage-femme) partit avec lui (Joseph), et ils s'arrêtèrent à l'endroit de la grotte. Et une nuée obscure couvrait la grotte. Et la sage-femme dit : « Mon âme a été exaltée aujourd'hui, car mes yeux ont vu des choses merveilleuses aujourd'hui : que le salut est né pour Israël. » Et aussitôt la nuée commença à se retirer de la grotte et une grande lumière apparut dans la grotte, de sorte que les yeux ne pouvaient la supporter. Et peu à peu cette lumière se mit à se retirer jusqu'à ce qu'apparût un petit enfant ; et il vint prendre le sein de sa mère Marie. Et la sage-femme poussa un cri et dit : « Comme il est grand pour moi, le jour d'aujourd'hui : c'est que j'ai vu cette merveille inouïe. » Et la sage-femme sortit de la grotte, et Salomé la rencontra. Et elle lui dit : « Salomé, Salomé, j'ai à te raconter une merveille inouïe : une vierge a mis au monde, ce dont sa nature n'est pas capable. » Et Salomé dit : « Aussi vrai que vit le Seigneur mon Dieu, si je n'y mets mon doigt et si je n'examine sa nature, je ne croirai jamais qu'une vierge ait enfanté. »

Maria Valtorta nous rapporte les paroles reçues de Marie.

« Moi seule, sans tache et sans union humaine, ait été exempte de la douleur de l'enfantement. La tristesse et la douleur sont les fruits de la faute. Moi qui étais la « Sans faute », je devais connaître pourtant la douleur et la tristesse parce que j'étais la Corédemptrice. Mais je ne

connus pas le déchirement de l'enfantement. Non. Je n'ai pas connu cette souffrance.[111] »

« *Et la lumière croît de plus en plus. L'œil ne peut la supporter. En elle, comme absorbée par un voile de lumière incandescente, disparaît la Vierge... et en émerge la Mère.[112]* »

La naissance de Jésus se produit de façon miraculeuse. Le nouveau-né Jésus passe au travers du corps de Marie par la propriété de la subtilité.

Après la naissance de Jésus, Marie est donc toujours vierge.

Marie n'est pas souillée par le péché originel. Elle n'a pas à subir les conséquences du péché originel de Genèse 3, 16 : « **À la femme il dit : « Je multiplierai te souffrances, et spécialement celles de ta grossesse ; tu enfanteras des fils dans la douleur ; ton désir te portera vers ton mari, et il dominera sur toi.** »

Le dogme de la virginité perpétuelle de Marie signifie la virginité à la conception de Jésus, et la virginité à la naissance de Jésus.

Au Concile du Latran, en 649, le Pape Martin Ier, a proclamé la Virginité perpétuelle de Marie. Marie fut toujours vierge, aussi bien avant la naissance de son divin fils qu'après.

Don du corps spirituel du ressuscité

Saint Paul nous dit du corps ressuscité en **1 Cor 15, 44 : « semé corps animal, il ressuscite corps spirituel »**

Maria d'Agreda nous dit : « La subtilité c'est le don de pénétrer les autres corps sans rencontrer aucune résistance. »

Après la résurrection, Jésus traverse les obstacles. C'est ce que nous voyons dans les versets suivants de Jean.

En Jean 20, 19 : « **Le soir venu, ce même jour, le premier de la semaine, les portes de la maison où étaient les disciples étant fermées par peur des Juifs, Jésus vint et, debout au milieu d'eux, il leur dit : « Paix à vous ! »**

Jean 20, 26 : « **Et, huit jours après, ses disciples étaient de nouveau dans la maison, et Thomas avec eux. Jésus vint, les portes**

---

[111] « L'Évangile tel qu'il m'a été révélé » Maria Valtorta - T1 page 142
[112] Ibid - T1 page 171

étant fermées, et debout au milieu d'eux, il dit : « Paix à vous ! »

« *Jésus est apparu d'une manière très curieuse. Le mur derrière les convives, tout d'une pièce sauf le coin de la porte, s'est illuminé en son milieu, à une hauteur d'environ un mètre du sol, d'une lumière faible et phosphorescente comme est celle que produisent certaines gravures qui ne sont lumineuses que dans l'obscurité de la nuit. La lumière, haute d'environ deux mètres, a une forme ovale comme une niche. Dans la clarté, comme si elle avançait de derrière les voiles d'un brouillard lumineux, se dégage avec une netteté grandissante Jésus.*

Je ne sais pas si j'arrive à bien m'expliquer. Il semble que son Corps coule à travers l'épaisseur du mur. Il ne s'ouvre pas, il reste compact, mais le Corps passe tout de même. La lumière paraît la première émanation de son Corps, l'annonce de son approche. Le Corps, tout d'abord est formé de légères lignes de lumière, comme je vois au Ciel le Père et les anges saints : immatériel. Puis il se matérialise de plus en plus en prenant en tout l'aspect d'un corps réel, celle de son Divin Corps glorifié.

J'ai mis longtemps pour décrire, mais la chose est arrivée en quelques secondes.[113] »

Don d'incorruptibilité
Don temporaire d'incorruptibilité de Jésus avant sa mort

Jésus est venu pour accomplir la volonté du Père par sa mort. Le don d'impassibilité est donc suspendu pendant sa vie terrestre. Jésus devait par sa mort et sa résurrection nous mériter le salut.

Comment expliquer que le corps de Jésus n'ait pas été retrouvé ?

Le fait de ne pas retrouver le corps mort de Jésus s'explique par la quatrième propriété du corps ressuscité, **l'impassibilité**. L'impassibilité, c'est le don d'immortalité du corps.

Le corps ressuscité n'est plus soumis à la mort. Le corps ressuscité n'est plus soumis aux lois de la biologie. Le corps de Jésus n'a jamais été retrouvé. Il est monté au ciel avec son corps ressuscité, le jour

---

[113] « L'Évangile tel qu'il m'a été révélé » Maria Valtorta - Tome 10, Chap.15, page 81

de l'Ascension.

Don d'incorruptibilité du ressuscité

Paul nous dit du corps ressuscité en **1 Cor 15, 42b** : « **Semé dans la corruption, le corps ressuscite, incorruptible** »

Marie d'Agreda nous dit : « L'impassibilité, c'est le don d'immortalité du corps. » Après la résurrection, Jésus n'est plus mortel dans son humanité.

En Actes 1, 9 : « **Quand il eut dit cela, il fut élevé (de terre) sous leur regard, et un nuage le déroba à leurs yeux.** »

Corps en chair et en os

Mais le corps de Jésus est une réalité physique. Il a une consistance. Ce n'est pas un hologramme.

Jésus permet à Thomas de le toucher en Jean 20, 27 : « **Puis il dit à Thomas : « Porte ton doigt ici et vois mes mains, porte ta main et mets-la dans mon côté, et ne sois plus incrédule, mais croyant. »**

Jésus, pour montrer qu'il n'est pas qu'un esprit mais qu'il a un corps se laisse toucher par ses disciples et mange avec eux en Luc 24, 36-43 : « **^{36}Comme ils discouraient ainsi, lui se trouva au milieu d'eux et leur dit : « Paix à vous ! » ^{37}Saisis de stupeur et d'effroi, ils croyaient voir un esprit. ^{38}Et il leur dit : « Pourquoi êtes-vous troublés, et pourquoi des pensées s'élèvent-elles dans vos cœurs ? ^{39}Voyez mes mains et mes pieds ; c'est bien moi. Touchez-moi et constatez, car un esprit n'a ni chair ni os, comme vous voyez que j'en ai. » ^{40}Et ce disant, il leur montra ses mains et ses pieds. ^{41}Comme ils ne croyaient pas encore à cause de leur joie et qu'ils étaient dans l'étonnement, il leur dit : « Avez-vous ici quelque chose à manger ? ^{42}Ils lui donnèrent un morceau de poisson grillé. ^{43}Il le prit et en mangea devant eux.** »

3.4 Ascension, pentecôte, Assomption

3.4.1 Ascension

Glorification

Is 11, 10 : « **Et il arrivera en ce jour-là : La racine de Jessé, élevée comme un étendard pour les peuples, sera recherchée par les nations, et son séjour sera glorieux.** »

Jésus, la racine de Jessé, est crucifié. La croix devient un étendard pour les peuples. Le messie est attendu par Israël et recherché par les peuples. Le séjour du messie sur terre, le temps de son incarnation, est devenu glorieux. Il a vaincu. Il est ressuscité. Il est revenu se montrer à ses disciples dans un corps glorieux.

Ps 16/15, 10 : « **Car tu ne livreras pas mon âme au schéol, tu ne permettras pas que ton pieu serviteur voie la fosse.** »

Osée 6, 3a : « **Après deux jours, il nous fera revivre ; le troisième jour, il nous relèvera, et nous vivrons devant lui.** »

Rédemption

Les juifs identifient le serviteur souffrant avec Israël qui a souffert pour expier les péchés des nations. Mais comme le sacrifice d'expiation doit être parfait, sans défaut (voir le choix de l'agneau sans défaut pour le sacrifice), ce qui n'est pas le cas pour Israël tel que nous le décrit Isaïe dans le chapitre 1. Les juifs attendaient un Messie triomphant qui les délivreraient de tous leurs ennemis au plan humain. Isaïe annonce un Messie doux, humble, silencieux même lorsqu'il sera mené comme un agneau à l'abattoir. Le serviteur porte les caractéristiques d'un individu qui est torturé et humilié, comme Jésus l'a été.

Is 53, 10 : « **Il a plu à YaHWeH de le briser par la souffrance ; mais quand son âme aura offert le sacrifice expiatoire, il verra une postérité, il prolongera ses jours, et le dessein de YaHWeH prospérera dans ses mains.** »

Jésus a offert le sacrifice expiatoire pour nos péchés. Il prolonge ses jours après sa mort, par sa résurrection. Il verra une postérité car bien que dispersés et désemparés après sa mort, ses disciples se regroupent après sa résurrection. Sa postérité viendra avec la pentecôte qui inaugure l'église. Celle-ci est constituée des petits christs, les chrétiens.

Annonce de l'ascension

L'Ascension du Seigneur (dix jours après la petite Pâque 24ème jour second mois)

Is 53, 11 : « **À cause des souffrances de son âme, il verra et se rassasieras. Par sa connaissance le juste, mon Serviteur, justifiera beaucoup d'hommes, et lui-même se chargera de leurs iniquités.** »

Jésus a pris sur lui nos iniquités et nous justifie devant la Père. Nous sommes blanchis par le sang de l'agneau sans tache immolé pour nous.

Is 53, 12 : « **C'est pourquoi je lui donnerai sa part parmi les grands ; il partagera le butin avec les forts. Parce qu'il a livré son âme à la mort et qu'il a été compté parmi les malfaiteurs ; et lui-même a porté la faute de beaucoup, et il intercédera pour les pécheurs.** »

Jésus a livré son âme à la mort, traité comme un malfaiteur. Jésus a porté notre faute et ses conséquences. Il intercède pour nous auprès du Père.

Ps 68/67, 19 : « **Tu montes sur la hauteur, emmenant la foule des captifs ; tu reçois en présent des hommes, même ceux qui s'opposaient au séjour de Yah notre Dieu !** ».

Ps 110/109, 1-2 : « **[1]Oracle de YaHWeH à mon Seigneur : « Assieds-toi à ma droite, jusqu'à ce que je fasse de tes ennemis l'escabeau de tes pieds. » [2]YaHWeH étendra de Sion le sceptre de sa puissance : domine au milieu de tes ennemis !** »

Dans le Psaume Dieu parle au Seigneur. C'est le dialogue de Dieu avec son Messie.

Le psalmiste indique que le Serviteur ne verra pas la fosse et que le Seigneur siègera à la droite de la Puissance (Dieu le Père). Jésus domine sur ses ennemis y compris la mort par sa résurrection.

Za 12, 10a : « **Et je répandrai sur la maison de David et sur l'habitant de Jérusalem un esprit de grâce et de supplication, et ils tourneront les yeux vers moi qu'ils ont transpercé.** »

Ascension, montagne des Oliviers, jeudi 18 mai an 30

Za 14, 4a : « **Ses pieds (YaHWeH) se poseront en ce jour-là sur la montagne des Oliviers…** »

Jésus est monté sur la hauteur du Golgotha pour être crucifié, emmenant la foule des captifs du péché. Par sa mort et sa résurrection, il nous libère du péché. Il a payé nos dettes, désormais nous sommes à lui.

Jn 6, 62 : « **Et si vous voyiez le Fils de l'homme remonter là où il était auparavant ?** ».

Jésus ne vient pas de ce monde. Il annonce son ascension à ses disciples.

Jn 8, 28 : « **Jésus donc leur dit : « Lorsque vous aurez élevé le Fils de l'homme, alors vous connaîtrez que je suis (d'en haut) et que je ne fais rien de moi-même, mais que selon ce que le Père m'a enseigné, ainsi je parle. ».**

Jésus est élevé sur la croix à cause de nos péchés. Le troisième jour il ressuscite permettant aux disciples de comprendre qu'il est « Je Suis », c'est-à-dire Dieu. Il sera élevé par son ascension au ciel avec son corps ressuscité nous permettant de comprendre qu'il est Dieu.

Jn 14, 2 : « **Il y a des demeures nombreuses dans la maison de mon Père ; autrement, je vous l'aurais dit, car je m'en vais vous préparer une place.** »

Jésus annonce qu'il va nous préparer une place dans la maison de son Père. Cette place nous sera préparée par le passage par la croix.

Mc 16, 19-20 : « **[19]Après leur avoir ainsi parlé, le Seigneur Jésus fut enlevé au ciel et s'assit à la droite de Dieu. [20]Et eux s'en allèrent prêcher partout, le Seigneur travaillant avec eux et confirmant leur parole par les miracles qui l'accompagnaient.** »

Lc 24, 50-53 : « **[50]Et il les emmena jusque vers Béthanie, et, levant les mains, il les bénit. [51]Et tandis qu'il les bénissait, il s'éloigna d'eux, et il était enlevé vers le ciel. [52]Et eux, après l'avoir adoré, retournèrent à Jérusalem avec grande joie. [53]Et ils étaient continuellement dans le temple, louant et bénissant Dieu.** »

Luc nous informe dans les actes des apôtres en 1, 3 que Jésus s'est présenté vivant après sa passion et que les apôtres en ont plus d'une preuve. Pendant quarante jours, il leur apparaît et les entretient du Règne de Dieu.

Luc nous raconte dans les actes 1, 9 que Jésus s'éleva dans le ciel et qu'une nuée vint le soustraire aux regards des disciples. C'est l'ascension de Jésus avec son corps de ressuscité.

Ac 1, 9 : **« Quand il (Jésus) eut dit cela, il fut élevé (de terre) sous leur regard, et un nuage le déroba à ses yeux. »**

Après l'ascension du Seigneur, deux anges apparaissent aux apôtres et leur parlent.

Ac 1, 11-12a : **« [11]Hommes de Galilée, pourquoi restez-vous à regarder vers le ciel ? Ce Jésus qui, d'auprès de vous, a été enlevé au ciel, ainsi viendra de la même manière que vous l'avez vu s'en aller au ciel.**
[12a]Ils retournèrent alors à Jérusalem de la montagne appelée des Oliviers... »

Jésus ressuscité est parti rejoindre son Père dans le royaume de Dieu. Il est désormais assis à la droite du Père en attendant que tout lui soit soumis.

Réalisation des prophéties sur le Messie par Jésus-Christ

Jésus est la réponse à l'attente messianique du peuple élu. Il accomplit pleinement la prophétie messianique.

Par son ascension au ciel, il montre le but de l'existence. Et pour atteindre le but, il donne le Saint-Esprit et fonde l'Église sur Pierre.

Jésus dit lui-même en Lc 24, 44 : **« Il leur dit : « C'est bien là ce que je vous ai dit quand j'étais encore avec vous : qu'il fallait que tout ce qui est écrit de moi dans la loi de Moïse, les Prophètes et les Paumes s'accomplit. »**

Les auteurs du Nouveau Testament citent constamment l'Ancien Testament pour montrer que Jésus est l'accomplissement des promesses de Dieu à Israël, qu'il est le Messie d'Israël.

Juste avant son départ, le jour de l'ascension, Jésus leur dit qu'il ne laisserait pas ses disciples orphelins, mais qu'il enverra l'Esprit-Saint

Lc 24, 49 : « **Et voici que je vais envoyer sur vous ce qui a été promis par mon Père. Quant à vous, demeurez dans la ville jusqu'à ce que vous soyez d'en haut revêtus de force.** »

Conclusion

Jn 21, 24-25 : « **²⁴C'est ce disciple qui rend témoignage de ces choses et qui les a écrites, et nous savons que son témoignage est vrai.**

²⁵Il y a beaucoup d'autres choses encore que Jésus a faites. Si on les écrivait en détail, je ne crois pas que le monde même pourrait contenir les livres qui seraient écrits. »

Précisions de Maria Valtorta

Et dix jours plus tard, le **jeudi 16 mai**, après une ultime recommandation aux apôtres « *Allez ! Allez en mon Nom pour évangéliser les gens jusqu'aux extrémités de la Terre* », Jésus s'élève dans les cieux dans sa glorieuse Ascension.

« *Sois toujours reconnaissante à ton Seigneur de t'avoir fait connaître quelques-unes des mille sept cent trente-sept semaines qu'il vécut dans le monde* » (Maria Valtorta, Le livre d'Azarias, dimanche des rameaux) Le séjour terrestre de Jésus a duré 1737 semaines, (soit 12159 jours). C'est à une semaine près exactement ce qui ressort de la datation établie par J. Aulagnier (entre le mercredi 11 décembre -5, jour présumé de la naissance du Sauveur, et le vendredi 5 avril 30, jour de sa Passion.

3.4.2 Pentecôte

Élection de Matthias

Les apôtres sont réunis au Cénacle. Pierre décide de procéder au remplacement de Judas comme témoin de la Résurrection.

Isaac est mort dans la nuit qui suivit l'Ascension du Seigneur.

Ac 1, 23-26 : « **²³Ils en présentèrent deux : Joseph appelé**

Barsabas, qui était surnommé Justus, et Matthias. ²⁴Et ils firent cette prière : « Vous, Seigneur, qui connaissez le cœur de tous, indiquez lequel de ces deux vous avez choisi pour occuper, ²⁵dans ce ministère de l'apostolat, la place dont Judas s'est retiré pour s'en aller en son lieu. » ²⁶Puis ils leur donnèrent des sorts, et le sort tomba sur Matthias, qui fut élu pour être avec les onze apôtres. »

Tobie-Matthias est le fils d'un des douze bergers de la nativité. Il reprend le nom de son père Matthias, tué lors du massacre des innocents. Il est devenu disciple de Jean-Baptiste avant de se tourner vers Jésus. Il est témoin de la Résurrection.

Joseph, surnommé le Juste, est le fils orphelin de Joseph un des bergers de la nativité. Son père est mort lors du massacre des innocents pour sauver sa femme et son fils. C'est un disciple de Jean-Baptiste. Il est témoin de la Nativité, de la Crucifixion, de la Résurrection.

Descente du Saint-Esprit

Nous sommes le **dimanche 26 mai de l'an 30**, cinquante jours après Pâque.

Marie et les douze apôtres sont réunis dans salle de la Cène de la maison du Cénacle. Marie a à sa droite Pierre et à sa gauche Jean.

Ac 2, 1- : « **¹Comme le jour de la Pentecôte était arrivé, ils étaient tous ensemble au même lieu. ²Tout à coup il vint du ciel un bruit comme celui d'un violent coup de vent, qui remplit toute la maison où ils étaient assis. ³Et ils virent paraître de langues séparées, comme de feu, et il s'en posa une sur chacun d'eux. ⁴Et tous furent remplis d'Esprit-Saint, et ils se mirent à parler en d'autres langues, selon ce que l'Esprit leur donné de proférer** ».

« Un grondement très puissant et harmonieux, qui rappelle le vent et la harpe, et aussi le chant d'un homme et le son d'un orgue parfait, résonne à l'improviste dans le silence du matin. Il se rapproche, toujours plus harmonieux et plus puissant, et emplit la Terre de ses vibrations, il les propage et il les imprime à la maison, aux murs, au mobilier. La flamme du lampadaire, jusqu'alors immobile dans la paix de la pièce close, palpite comme investie par un vent, et les chaînettes de

la lampe tintent en vibrant sous l'onde de son surnaturel qui les investit.

Les apôtres lèvent la tête effrayés. Ce bruit puissant et très beau, qui possède toutes les notes les plus belles que Dieu ait données au Ciel et à la Terre, se fait de plus en plus proche, alors certains se lèvent, prêts à s'enfuir, d'autres se pelotonnent sur le sol en se couvrant la tête avec leurs mains et leurs manteaux, ou en se frappant la poitrine pour demander pardon au Seigneur. D'autres encore se serrent contre Marie, trop effrayés pour conserver envers la Toute Pure cette retenue qu'ils ont toujours eue. Seul Jean ne s'effraie pas car il voit la paix lumineuse de joie qui s'accentue sur le visage de Marie qui lève la tête en souriant à une chose connue d'elle seule, et qui ensuite glisse à genoux en ouvrant les bras, et les deux ailes bleues de son manteau ainsi ouvert s'étendent sur Pierre et Jean qui l'ont imitée en s'agenouillant. Mais tout ce que j'ai gardé en détail pour le décrire s'est passé en moins d'une minute.

Et puis voilà la Lumière, le Feu, l'Esprit-Saint, qui entre avec un dernier bruit mélodieux sous la forme d'un globe très brillant et ardent dans la pièce close, sans remuer les portes et les fenêtres, et qui plane un instant au-dessus de la tête de Marie à environ trois palmes (21 cm) de sa tête qui est maintenant découverte, car Marie, voyant le Feu Paraclet, a levé les bras comme pour l'invoquer et a rejeté la tête en arrière avec un cri de joie, avec un sourire d'amour sans bornes. Et après cet instant où tout le Feu de l'Esprit-Saint, tout l'Amour est rassemblé au-dessus de son Épouse, le Globe très Saint se partage en treize flammes mélodieuses et très brillantes, d'une lumière qu'aucune comparaison terrestre ne peut décrire et descend pour baiser le front de chaque apôtre.

Mais la flamme qui descend sur Marie n'est pas une flamme dressée sur son front qu'elle baise, mais une couronne qui entoure et ceint, comme un diadème, sa tête virginale, en couronnant comme Reine la Fille, la Mère, l'Épouse de Dieu, la Vierge incorruptible, la toute Belle, l'éternelle Aimée et l'éternelle Enfant, que rien ne peut avilir, et en rien, Celle que la douleur avait vieillie, mais qui est ressuscitée dans la joie de la résurrection, partageant avec son Fils un accroissement de beauté et de fraîcheur de la chair, du regard, de la vitalité, ayant déjà une anticipation de la beauté de son Corps glorieux monté au Ciel pour être la fleur du Paradis.

L'Esprit-Saint fait briller ses flammes autour de la tête de l'Aimée. Quelles paroles peut-Il lui dire ? Mystère ! Son visage béni est transfiguré par une joie surnaturelle, et rit du sourire des Séraphins pendant que des larmes bienheureuses semblent des diamants qui descendent le long des joues de la Bénie, frappées comme elles le sont par la Lumière de l'Esprit-Saint.

Le Feu reste ainsi quelque temps... Et puis il se dissipe... De sa descente il reste comme souvenir un parfum qu'aucune fleur terrestre ne peut dégager... Le Parfum du Paradis...

Mes apôtres reviennent à eux...

Marie reste extasiée. Elle croise seulement les bras sur sa poitrine, ferme les yeux, baisse la tête... Elle continue son colloque avec Dieu... insensible à tout...

Personne n'ose la troubler.

Jean dit en la désignant : « C'est l'autel. Et c'est sur sa gloire que s'est posée la Gloire du Seigneur... »

« Oui. Ne troublons pas sa joie. Mais allons prêcher le Seigneur et que soient connues ses œuvres et ses paroles parmi les peuples » dit Pierre avec une surnaturelle impulsivité.

« Allons ! Allons ! L'Esprit de Dieu brûle en moi » dit Jacques d'Alphée.

« Et il nous pousse à agir. Tous. Allons évangéliser les gens. »

Ils sortent comme s'ils étaient poussés ou attirés par un vent ou par une force irrésistible.[114] »

Célébration de l'eucharistie par Pierre et Linceul

Les douze apôtres avec Mathias et de nombreux disciples sont dans la pièce de la Cène de la maison du Cénacle.

Parmi les femmes se trouvent Marie la Mère, Marthe et Marie de Lazare, Nique, Élise, Marie d'Alphée, Salomé, Jeanne de Chouza.

Parmi les hommes se trouvent Nicodème, Lazare, Joseph d'Arimathie, Étienne, Hermas, les bergers, Longin.

Pierre parle de la dernière Cène avec Jésus. Jacques et Jude

---

[114] « L'Évangile tel qu'il m'a été révélé » Maria Valtorta - Tome 10 chap. 25 page 225-227

d'Alphée étendent une nappe blanche sur la table. Jean récupère la clef pendue au cou de Marie et ouvre le coffre sur la table.

« *À l'intérieur du coffre il y a une séparation horizontale qui le divise en deux compartiments. Dans le compartiment inférieur il y a un calice et un plat de métal. Dans le compartiment le plus élevé, au milieu, le **calice** qui a servi à Jésus à la Dernière Cène et pour la première Eucharistie, les restes du pain partagé par Lui, déposés sur un petit plat précieux comme le calice. À côté du calice et du petit plat qui est posé dessus, il y a d'un côté la **couronne d'épines, les clous et l'éponge**. De l'autre côté **un des Linceuls enroulé, le voile avec lequel Nique avait essuyé le visage de Jésus, et celui que Marie avait donné à son Fils pour qu'il s'enveloppe les reins.*** [115] »

La mention d'un des Linceuls indique le fait d'au moins deux Linceuls. Ici le Linceul mentionné est celui qui a enveloppé directement le corps de Jésus après sa mort (voir « La Résurrection au risque de la Science » du même auteur).

Pierre consacre le pain et le vin et le distribue en commençant par Marie.

Lazare et Joseph d'Arimathie chez Marie

Lazare donne le Cénacle qui devient le premier lieu de réunion où Pierre célèbre l'Eucharistie. Lazare propose la maison de Jonas et Marie au Gethsémani pour Marie et Jean.

Marie partira ensuite avec Jean pour habiter près d'Éphèse.

Marie et Jean au lieu de la passion

« *Puis elle se dresse pour dire : « Mais moi je ne suis pas Ève. Je suis la Femme de l'Ave. J'ai retourné les choses. Ève a jeté dans la boue horrible ce qui était chose du Ciel. Moi, j'ai tout accepté : incompréhensions, critiques, soupçons, douleurs — que de douleurs et de toutes sortes, avant la suprême douleur — pour relever de la fange souillée ce que Ève et Adam y avaient jeté, et le relever vers le Ciel. À moi le démon n'a pu parler bien qu'il l'ait essayé, comme il l'a essayé*

---

[115] « L'Évangile tel qu'il m'a été révélé » Maria Valtorta - Tome 10 chap. 26 page 231

avec mon Fils, pour détruire définitivement le dessein rédempteur. Avec moi il n'a pu parler car j'ai fermé mes oreilles et mes yeux à sa vue et à sa voix, et surtout j'ai fermé mon cœur et mon esprit contre tout assaut de ce qui n'est pas saint et pur. Mon moi limpide, mais que comme un pur diamant on ne peut rayer, ne s'est ouvert qu'à l'Ange annonciateur. Mes oreilles n'ont écouté que cette voix spirituelle, et ainsi j'ai réparé, réédifié ce que Ève avait lézardé et détruit. Je suis la Femme de l'Ave et du Fiat. J'ai rétabli l'ordre bouleversé par Ève. Et maintenant je puis enlever et laver par mon baiser et mes pleurs l'empreinte de ce baiser maudit et de cette contamination, la plus grande de toutes car elle n'a pas été faite par une créature à une créature, mais par une créature à son Maître et Ami, à son Créateur et Dieu.[116] »

Linceul pour Marie

Joseph d'Arimathie, Nicodème et Lazare arrivent à la maison de Gethsémani où se trouvent Marie et Jean.

Pierre célèbre l'eucharistie chaque lendemain du sabbat au Cénacle. C'est le jour du Seigneur, le jour de sa Résurrection où il est apparu à de nombreux disciples.

Lazare remet à Marie le Linceul propre.

« *C'est le Linceul propre dans lequel fut enveloppé le très Pur après la torture et — bien que rapide et relative — et la purification de ses membres souillés par ses ennemis, et l'embaumement sommaire. Joseph, quand Lui ressuscita, les retira tous les deux du Tombeau et les porta chez nous, à Béthanie, pour empêcher qu'ils ne soient soumis à des profanations sacrilèges. Dans la maison de Lazare, les ennemis de Jésus n'osent pas beaucoup se hasarder, et moins que jamais depuis qu'ils savent comment Rome a blâmé la conduite de Ponce Pilate. Puis, après un premier temps, le plus dangereux, nous t'avons donné le premier Linceul et Nicodème a pris l'autre et l'a porté dans sa maison de campagne.[117] »*

Le Linceul propre est le deuxième Linceul (voir « La Résurrection au risque de la Science »).

---

[116] « L'Évangile tel qu'il m'a été révélé » Maria Valtorta n- Tome 10 chap. 28 page 240
[117] « L'Évangile tel qu'il m'a été révélé » Maria Valtorta - Tome 10 chap. 29 page 246

Pierre est le premier pontife. Jacques d'Alphée est le chef de l'Église de Jérusalem.

An 32, lapidation du diacre Étienne

Le diacre Étienne est condamné à la mort par lapidation par le Sanhédrin. Saul est présent est obtient de persécuter les chrétiens.

Saul obtient du Grand-Prêtre un parchemin avec le sceau du Temple l'autorisant à persécuter les chrétiens.

Dans la nuit Pierre, Jacques d'Alphée, Jean, Simon le Zélote, Lazare, Nicodème et Marie viennent récupérer le corps du martyr. Les apôtres accompagnent Marie au Gethsémani. Lazare et Nicodème emmènent le corps d'Etienne loin de Jérusalem.

Après le martyr d'Étienne, Nicodème, membre du Sanhédrin, prévient les chrétiens qu'ils vont être persécutés.

Dispersion des apôtres

Suite au martyr d'Étienne les apôtres vont commencer à s'éloigner de Jérusalem. Cependant Jean reste avec Marie à Gethsémani. Jacques d'Alphée reste à Jérusalem comme responsable de cette Église. Pierre reste à Jérusalem comme responsable de l'Église universelle.

Philippe évangélise la Samarie (Ac 8, 5-40).

Saül se convertit vers Damas devenant Paul. (Ac 9, 1-19).

An 33

Pierre se rend à Lydda et à Joppé (Ac 9, 32-43). Il demeure assez longtemps à Joppé où il habite chez Simon le corroyeur. Suite à la descente du Saint-Esprit sur les païens.

An 34

L'ange du Seigneur demande à Pierre de se rendre chez le centurion Corneille à Césarée (Ac 10, 1-48). Revenu à Jérusalem, Pierre s'explique devant les chrétiens issus du judaïsme (Ac 11, 1-18).

An 35 Retour de Paul à Jérusalem

En l'an 35, Paul s'enfuit de Damas et revient à Jérusalem (Ac 9, 25-27). Le disciple Barnabas l'introduit auprès des apôtres Pierre et Jacques (Ga 1, 18-19). Gamaliel devient chrétien grâce au signe du rideau du Temple qui s'est déchiré au moment de la mort de Jésus

An 36

An 36 le légat de Syrie, Vitellius, reproche à Ponce Pilate de ne pas arriver à rétablir le calme en Judée.

Suite à un massacre de Samaritains, le légat de Syrie obtient que Pilate soit relevé de ses fonctions par Tibère, et que Caïphe soit destitué de ses fonctions de grand prêtre.

An 36-41

Avec l'intervention du légat de Syrie, le climat religieux est apaisé entre 36-38.

En l'an 37, Caligula attribue à Hérode Agrippa I, petit-fils d'Hérode le Grand et frère d'Hérodiade, l'ancienne tétrarchie de Philippe, en Transjordanie du Nord.

En 39, Caligula dépouille Hérode Antipas (celui qui a fait exécuter Jean-Baptiste) de ses biens et l'exil en Gaule. Hérode Agrippa I obtient de Caligula de succéder en Galilée et en Pérée à son oncle Hérode Antipas. En 41 Claude, successeur de Caligula, nomme Hérode Agrippa I souverain de l'Idumée, de la Judée et de la Samarie. Il se retrouve ainsi roi de la grande Palestine de son grand père.

Année 41

Barnabas est délégué à Antioche auprès de Manaën. Il l'aide à établir l'église locale d'Antioche, la première après Jérusalem.

Paul aide Barnabas à Antioche pendant un an.

Année 42

Le roi déclenche une persécution contre les chrétiens.

Les apôtres se dispersent suite aux persécutions menées par Hérode Agrippa selon la plupart des historiens et douze ans après l'Ascension selon de nombreux hagiographes.

Pierre décide avec les apôtres et disciples de se disperser. André va en Scythie (Grèce et Asie Mineure). Jude et Simon le Zélote se dirige en Perse. Matthias évangélise en Égypte et en Éthiopie. Matthieu témoigne en Syrie et en Macédoine. Nathanaël, dit Barthélemy, va aux Indes et en Asie Mineure. Philippe se rend en Scythie et en Phrygie. Thomas va au Moyen-Orient, et jusqu'aux Indes.

La famille de Béthanie s'exile en Gaule, traces de Lazare à Marseille, de Marie de Magdala à la Sainte Baume, de Marthe, Maximin, Sara… Cette famille évangélise la Provence.

Paul, après sa conversion, parcourt les contrées décrites par les Actes des apôtres et ses épîtres.

Pierre est arrêté et libéré miraculeusement (Ac 12, 1-18).

Année 43

Paul et Barnabas font un voyage éclair à Jérusalem.

Pierre arrive à Rome au début de la troisième année de Claude, sous le consulat de Tiberius Claudius Caesar Augustus et de Lucius Vitellius. Les historiens retiennent la date du 18 janvier 43.

Pierre s'établit à Antioche de Syrie. Il devient le premier évêque de cette troisième ville de l'empire romain où il serait resté sept ans. Pierre partit ensuite à Rome où il subit le martyr.

An 44

Jacques le Majeur, frère de Jean, revient d'un voyage apostolique en Espagne.

En fin d'année 44, le roi Hérode Agrippa, à la demande du grand prêtre, fait tuer Jacques de Zébédée. Il est décapité sur ordre d'Hérode Agrippa (Ac. 12, 2) quelques jours avant la Pâque du 5 avril 44. C'est le seul apôtre dont le martyr soit mentionné dans l'Écriture Sainte.

3.4.3 Assomption
Bible

La Bible ne parle ni de la mort, ni de la dormition, ni de l'Assomption de la Vierge Marie.

Gn 5, 24 : « **Hénoch marcha avec Dieu, et on ne le vit plus, car Dieu l'avait pris.** »

Le fait qu'Hénoch marche avec Dieu semble avoir pour conséquence qu'il part corps, âme et esprit avec Dieu

D 34, 5-6 : « **⁵Moïse, le serviteur de YaHWeH, mourut là, dans le pays de Moab, selon l'ordre de YaHWeH. ⁶Et il l'enterra dans la vallée, au pays de Moab, vis-à-vis de Beth-Phogor. Aucun homme n'a connu son sépulcre jusqu'à ce jour.** »

C'est YaHWeH qui décide la mort de Moïse et c'est lui qui l'enterre. Aucun homme n'a connu son sépulcre. Est-ce à dire que Moïse est monté aux Cieux avec son corps ?

2R 2, 11 : « **Ils continuaient de marcher en s'entretenant, et voici qu'un char de feu et des chevaux de feu les séparèrent l'un de l'autre, Et Elie monta au ciel dans un tourbillon.** »

Élie est avec Élysée lorsqu'il est enlevé au ciel.

Lorsque Jésus est transfiguré, il apparaît à Pierre, Jacques et Jean avec Moïse et Élie. Est-ce que Moïse et Élie sont montés au ciel avec leur corps ?

Les apparitions mariales supposent que la Vierge Marie est vivante au ciel, corps et âme. Elles correspondent donc à la doctrine de l'Assomption et non pas simplement de la Dormition.

Dormition et assomption de la Vierge Marie Transitus Mariae
Présentation

Le « Transitus » signifie « Passage » (Pâque). Le corps de Marie Vierge, Mère du Seigneur, ne se décomposa pas, mais il suivit le sort de son Fils.

Le texte le plus ancien, partiellement conservé en grec et plus complètement en éthiopien, est attribué à un certain Leucio, disciple de Jean.

La composition dans la forme actuelle remonte au IV-V° siècle. Mais dans ce document sont conservés des informations et des formes littéraires Judéo-chrétiennes, plus évidentes dans le code Vatican grec 1892, qui autorisent l'hypothèse d'un archétype datant des II ou III° siècle.

Le spécialiste B. Bugatti qui a beaucoup approfondi ce document en lien aussi avec les découvertes archéologiques affirme que sa rédaction primitive doit être datée à une période très antérieure au IV° siècle.

Entre le Ve et le VIe siècle, le « Transitus » connaît une diffusion extraordinaire.

Ce qui frappe beaucoup dans ce document c'est la coïncidence surprenante avec les données offertes par les découvertes archéologiques. Les trois chambres sépulcrales mises au jour par les fouilles correspondent aux trois chambres décrites dans la version syrienne du document.

Ce document est méconnu auprès des Pères des quatre premiers siècles parce qu'il provient de l'église Judéo-chrétienne qui avait une activité séparée des chrétiens d'origine païenne.

Texte

L'assomption est relatée dans le **Transitus Mariae**[118] :

« *Marie, allait, selon son habitude, à l'intérieur du tombeau de notre Seigneur pour brûler de l'encens... Un vendredi, sainte Marie se rendit comme d'habitude auprès du tombeau. Pendant qu'elle priait, les cieux s'ouvrirent, et l'archange Gabriel descendit vers elle et lui dit : « Salut, ô toi qui as donné naissance au Christ, notre Dieu ! Ta prière, parvenue aux cieux auprès de celui qui est né de toi, a été exaucée. Dans peu de temps, selon ta demande, tu laisseras le monde, tu partiras vers les cieux, auprès de ton fils, pour la vie véritable et éternelle ». Ayant entendu ces paroles, elle retourna vers Bethléem,*

---

[118] Apocryphe daté du Vème siècle dont la source serait un courant judéo-chrétien du IIème siècle

accompagnée de trois jeunes filles, qui la servaient. Après s'être reposée peu de temps..., elle adressa une prière, disant : « Mon Seigneur Jésus Christ..., écoute ma voix et envoie-moi ton apôtre Jean, pour que sa vue me procure les prémices de la joie. Envoie-moi aussi tes autres apôtres... quel que soit l'endroit où ils se trouvent par ton saint commandement, afin que je puisse, en les voyant, bénir ton nom célébré par de nombreux hymnes. J'ai confiance, parce qu'en toute chose tu écoutes ta servante. » Pendant qu'elle priait, moi, Jean, j'arrivai, le Saint-Esprit m'ayant enlevé d'Éphèse sur une nuée et posé là où demeurait la mère de mon Seigneur... Et la sainte Mère de Dieu glorifia Dieu de ce que moi, Jean, j'étais venu auprès d'elle, se rappelant la parole du Seigneur qui déclarait : « Voici ta mère ! » et « Voici ton fils ! ». Moi, Jean, je lui dis : « Notre Seigneur Jésus-Christ et notre Dieu viendra, et tu le verras comme il te l'a promis. » À cela, la sainte Mère de Dieu me répondit, disant : « Les Juifs ont juré que, lorsque j'arriverai au terme de ma vie, ils brûleront mon corps. » Mais moi, je lui répondis : « Ton corps saint et précieux ne connaîtra pas la corruption. »... Une voix venant des cieux dit alors : « Amen ». Le Saint-Esprit me dit : « Jean, as-tu entendu cette voix qui parlait dans le ciel à la fin de ta prière ? » Je répondis en disant : « Oui, je l'ai entendue. » Et le Saint-Esprit me dit : « Cette voix, que tu as entendue, est le signal de l'arrivée imminente de tes frères, les apôtres, et de la sainte Puissance, car aujourd'hui ils viendront ici. »...

Et le Saint-Esprit dit aux apôtres : « Pierre de Rome, Paul des bords du Tibre, Thomas du centre de l'Inde, Jacques de Jérusalem, tous arrivés en même temps sur des nuées depuis les extrémités de la terre, soyez réunis dans la sainte Bethléem, à cause de la mère de notre Seigneur Jésus-Christ qui est profondément bouleversée. » André, le frère de Pierre, Philippe, Luc, Simon le Cananéen et Thaddée, qui étaient déjà endormis, furent réveillés de leurs tombeaux par le Saint-Esprit... Marc, qui était encore vivant, vint de même, lui aussi, d'Alexandrie, avec les autres, qui, ainsi qu'il a été dit, arrivaient de chaque région. Pierre, soulevé par une nuée, resta entre ciel et terre, soutenu par le Saint-Esprit, ensemble avec les autres apôtres, qui eux aussi avaient été enlevés sur des nuées, pour se retrouver avec Pierre. Et ainsi, par le Saint-Esprit, comme il a été dit, tous ensemble, ils arrivèrent. Pierre dit aux autres apôtres : « Que chacun raconte à la mère de notre Seigneur ce que le Saint-Esprit nous a annoncé et ordonné. »... Les apôtres dirent tout à la sainte Mère de Dieu, comment et de quelle manière ils étaient arrivés. Ensuite, elle étendit les mains vers le ciel et pria en disant : « J'adore, je loue et je glorifie ton célèbre nom, ô Seigneur, car tu as posé les yeux sur ton humble servante, et toi, le Puissant, tu as fait pour moi de grandes choses. Et voilà que toutes les générations m'appelleront Bienheureuse. »...

Et voici qu'il y eut une armée d'une multitude d'anges et de puissances, et on entendit une voix comme celle d'un Fils d'Homme. Et les séraphins entourèrent la maison où demeurait la sainte et irréprochable Mère de Dieu et Vierge. Et, ainsi, tous ceux qui étaient à Bethléem virent toutes les merveilles ; et ils allèrent à Jérusalem, et annoncèrent toutes les merveilles qui s'étaient produites... Une grande foule de gens, provenant de toutes les régions et se trouvant à Jérusalem pour la prière, entendit parler des Signes qui se produisaient à Bethléem par la mère du Seigneur. Ils se rendirent sur place, pour implorer la guérison de leurs diverses infirmités. Et ils l'obtinrent. Il y eut ce jour une joie ineffable : la multitude des guéris et des spectateurs glorifiaient le Christ, notre Dieu, et sa mère. De retour de Bethléem, tout Jérusalem était en fête aux chants des psaumes et des hymnes spirituels...

Après toutes ces merveilles arrivées par l'intermédiaire de la Mère de Dieu et toujours vierge Marie, la mère du Seigneur, alors que nous, les apôtres, étions avec elle à Jérusalem, le Saint-Esprit nous dit : « Vous savez que c'est un dimanche que la bonne nouvelle fut annoncée par l'archange Gabriel à la Vierge Marie ; un dimanche que le Seigneur est né à Bethléem ; un dimanche aussi que les enfants de Jérusalem sortirent à sa rencontre avec des branches de palme en disant : Hosanna, dans les hauteurs des cieux, béni celui qui vient au nom du Seigneur ; un dimanche encore qu'il ressuscita des morts ; un dimanche qu'il doit venir pour juger les vivants et les morts ; et un dimanche enfin qu'il doit venir du ciel pour glorifier et honorer le départ de la glorieuse vierge qui l'a enfanté ». Ce même dimanche, la mère du Seigneur dit aux apôtres : « Jetez de l'encens, car le Christ vient avec une armée d'anges. » Et voici, le Christ se présenta, assis sur le trône des chérubins. Et, pendant que nous étions tous en prière, apparurent une multitude innombrable d'anges et le Seigneur, arrivé au-dessus des chérubins avec une grande puissance. Et voici qu'un éclat de lumière se porta sur la Sainte Vierge par la venue de son Fils unique. Toutes les puissances célestes se prosternèrent et l'adorèrent. Le Seigneur appela sa mère et lui dit ; « Marie ! » Elle répondit : « Me voici, Seigneur ! » Et le Seigneur lui dit : « Ne t'afflige pas, mais que ton cœur se réjouisse et soit dans l'allégresse, car tu as obtenu la faveur de contempler la gloire qui me fut donnée par mon Père. » La sainte Mère de Dieu leva les yeux et vit en lui une gloire qu'une bouche humaine ne peut dire ni saisir. Le Seigneur, restant à côté d'elle, lui dit : « Voici que maintenant ton précieux corps sera transféré au paradis, pendant que ton âme sainte sera aux cieux dans les trésors de mon Père, dans une clarté supérieure, où sont la paix et la joie des anges saints et plus encore. »

Alors, le Seigneur se tournant vers Pierre lui dit : « Le moment est venu d'entonner l'hymne. » Quand Pierre entonna l'hymne, toutes les puissances des cieux répondirent par l'Alléluia. Alors, le visage de la mère du Seigneur brilla plus que la lumière. Et, se levant, elle bénit de sa propre main chacun des apôtres. Et tous glorifièrent Dieu. Le Seigneur, étendant ses mains pures, reçut son âme sainte et irréprochable. Et, pendant que sortait cette âme irréprochable, le lieu fut rempli d'un parfum et d'une lumière indicible. Voici qu'on entendait une voix céleste qui disait : « Bienheureuse es-tu parmi les femmes. »...

Les apôtres portèrent la bière et déposèrent le précieux et saint corps à Gethsémani, dans un tombeau neuf. Et voici qu'un parfum délicat se dégagea du saint tombeau de notre Maîtresse, la Mère de Dieu. Et, pendant trois jours, on entendit des voix d'anges invisibles qui glorifiaient le Christ, notre Dieu, né d'elle. Et, le troisième jour achevé, on n'entendit plus les voix. Dès lors, nous sûmes tous que son corps irréprochable et précieux avait été transféré au paradis. »

Dormition de Marie du pseudo-Jean (d'après livres-mystiques.com)
Pseudo Jean

En 1805, F.-X. Berger, dans un recueil d'histoire et de littérature chrétienne, publie en se fondant sur deux manuscrits alors connus, le texte grec de la Dormition de Marie du Pseudo-Jean.

En 1866, K. von Tischendorf consulte dix manuscrits. Il se fonde sur cinq manuscrits d'entre eux pour paraître une édition nouvelle de ce même texte grec.

Visite de Marie au tombeau de Jésus

« *1) La Mère de Dieu, toute glorieuse et toujours Vierge, Marie, allait, selon son habitude, à l'intérieur du saint tombeau de notre Seigneur pour brûler de l'encens. Et, ses saints genoux pliés, elle suppliait le Christ, qui était né d'elle, notre Dieu, pour qu'il revienne vers elle.*

2) Or, la voyant fréquenter la divine tombe, les Juifs allèrent trouver les grands prêtres pour leur dire que Marie se rendait tous les jours au tombeau. Les grands prêtres appelèrent les gardiens, qui étaient chargés de ne permettre à personne de prier à l'intérieur du saint tombeau ; ils leur demandèrent si c'était la vérité. Les gardiens répondirent n'avoir jamais rien observé de tel, car Dieu ne leur permettait pas de voir Marie quand elle était là. »

Apparition de l'archange Gabriel

« *3) Un jour, un vendredi, Marie se rendit comme d'habitude auprès du tombeau.*

Pendant qu'elle priait, les cieux s'ouvrirent, et l'archange Gabriel descendit vers elle et lui dit :

« *Salut, ô toi qui as donné naissance au Christ, notre Dieu ! Ta prière, parvenue aux cieux auprès de celui qui est né de toi, a été exaucée. Dans peu de temps, selon ta demande, tu laisseras le monde, tu partiras vers les cieux, auprès de ton fils, pour la vie véritable et éternelle.* »

4) Ayant entendu les paroles du saint archange, elle retourna vers la Bethléem, accompagnée de trois jeunes filles, qui la servaient. Après s'être reposée peu de temps, elle se leva et demanda aux jeunes filles : « *Apportez-moi un encensoir afin que je prie.* » *Celles-ci le lui apportèrent comme elle le leur avait ordonné.*

5) Et elle adressa une prière, disant :

« *Mon Seigneur Jésus-Christ, toi qui as daigné dans ta grande bonté être enfanté par moi, écoute ma voix et envoie-moi ton apôtre Jean, pour que sa vue me procure les prémices de la joie.*

Envoie-moi aussi tes autres apôtres, soit ceux qui sont déjà arrivés près de toi, soit ceux qui sont encore dans ce siècle, quel que soit l'endroit où ils se trouvent par ton saint commandement, afin que je puisse, en les voyant, bénir ton nom célébré par de nombreux hymnes. J'ai confiance, parce qu'en toute chose tu écoutes ta servante. »

Réunion des apôtres

« 6) Pendant qu'elle priait, moi, Jean, j'arrivai, le Saint-Esprit m'ayant enlevé d'Ephèse sur une nuée et posé là où demeurait la mère de mon Seigneur. Entrant, je glorifiai celui qui était né d'elle et je dis : « Salut, ô mère de mon Seigneur, toi qui as donné naissance au Christ, notre Dieu ! Réjouis-toi, car tu quittes cette vie en grande Gloire. »

7) Et la Mère de Dieu glorifia Dieu de ce que moi, Jean, j'étais venu auprès d'elle, se rappelant la parole du Seigneur qui déclarait : « Voici ta mère ! » et « Voici ton fils ! ». Les trois jeunes filles s'approchèrent et se prosternèrent.

8) La Mère de Dieu me dit : « Prie et jette de l'encens ! » Je priai ainsi : « Seigneur Jésus-Christ, qui as fait des merveilles, fais encore des merveilles aujourd'hui en présence de celle qui t'a donné naissance : que ta mère quitte cette vie et que soient frappés d'effroi ceux qui t'ont crucifié et qui n'ont pas cru en toi. »

9) La prière terminée, la Marie me dit : « Apporte-moi l'encensoir. » Elle y jeta de l'encens en disant : « Gloire à toi, mon Dieu et mon Seigneur, car s'est accompli pour moi tout ce que tu m'as promis avant de monter aux cieux : « Lorsque je quitterai ce monde, tu viendras vers moi plein de gloire avec la multitude de tes anges. »

10) Moi, Jean, je lui dis : « Notre Seigneur Jésus-Christ et notre Dieu viendra, et tu le verras comme il te l'a promis. » A cela, la Mère de Dieu me répondit, disant : « Les Juifs ont juré que, lorsque j'arriverai au terme de ma vie, ils brûleront mon corps. » Mais moi, je lui répondis : « Ton corps saint et précieux ne connaîtra pas la corruption. » Elle me répondit : « Prends l'encensoir, jette de l'encens et prie. » Une voix venant des cieux dit alors : « Amen. »

11) Moi, Jean, j'écoutai cette voix et le Saint-Esprit me dit : « Jean, as-tu entendu cette voix qui parlait dans le ciel à la fin de ta prière ? » Je répondis en disant : « Oui, je l'ai entendue. » Et le Saint-Esprit me dit : « Cette voix, que tu as entendue, est le signal de l'arrivée imminente de tes frères, les apôtres, et de la Puissance, car aujourd'hui ils viendront ici. »

12) Alors, moi, Jean, je priais pour eux. Et le Saint-Esprit dit aux apôtres : « Pierre de Rome, Paul des bords du Tibre, Thomas du centre de l'Inde, Jacques de Jérusalem, tous arrivés en même temps sur des nuées depuis les extrémités de la terre, soyez réunis dans la Bethléem, à cause de la mère de notre Seigneur Jésus-Christ qui est profondément bouleversée. »

13) André, le frère de Pierre, Philippe, Luc, Simon le Cananéen et Thaddée, qui étaient déjà endormis, furent réveillés de leurs tombeaux par le Saint-Esprit. Le Saint-Esprit leur dit : « Ne croyez pas que c'est maintenant la résurrection. Mais vous avez été ressuscités de votre tombeau pour aller saluer celle à qui honneur et signe merveilleux sont accordés, la mère de votre Seigneur et Sauveur Jésus-Christ, parce qu'est arrivé le jour de sa sortie et de son départ pour les cieux. »

14) Marc, qui était encore vivant, vint de même, lui aussi, d'Alexandrie, avec les autres, qui, ainsi qu'il a été dit, arrivaient de chaque région.

15) Pierre, soulevé par une nuée, resta entre ciel et terre, soutenu par le Saint-Esprit, ensemble avec les autres apôtres, qui eux aussi avaient été enlevés sur des nuées, pour se retrouver avec Pierre. Et ainsi, par le Saint-Esprit, comme il a été dit, tous ensemble, ils arrivèrent.

15a) Entrés auprès de la mère de notre Seigneur et Dieu, nous dîmes en nous prosternant : « Ne t'effraie pas et ne t'afflige pas. Le Seigneur Dieu, qui est né de toi, te fera sortir glorieusement de ce monde. » Et elle, se réjouissant en Dieu son Sauveur, se dressa sur son lit et dit aux apôtres : « Maintenant, je crois que notre Maître et Dieu vient des cieux, et je le contemple ; ainsi, puisque je vous ai vus arriver, je quitte cette vie. Pourtant, je veux que vous me disiez comment vous avez eu connaissance de mon départ et comment vous êtes arrivés auprès de moi, et de quelles régions et en combien de temps vous êtes venus, puisque vous vous êtes tant hâtés pour me rendre visite. En effet, il ne me l'a pas caché, celui qui est né de moi, notre Seigneur Jésus-Christ, le Dieu de toutes choses, car j'ai toujours cru, comme je crois encore, que c'est lui le Fils du Très-Haut. »

16) Pierre répondit en disant aux autres apôtres : « Que chacun raconte à la mère de notre Seigneur ce que le Saint-Esprit nous a annoncé et ordonné. »

17) Et moi, Jean, je répondis par ces mots : « J'étais en train d'approcher du saint autel, à Ephèse, pour servir le Seigneur, lorsque le Saint-Esprit me dit : « Le moment du départ de la mère de ton Seigneur est arrivé. Va à Bethléem pour la saluer. » Une nuée lumineuse m'enleva et me déposa à la porte de la maison où tu demeures. »

18) Et Pierre répondit : « Et moi, me trouvant à Rome, à l'aube, j'entendis une voix venant du Saint-Esprit me disant : « La mère de ton Seigneur doit partir. Le temps est proche. Va à Bethléem pour la saluer. « Et voici qu'une nuée lumineuse m'enleva, je vis les autres apôtres, qui venaient vers moi sur des nuées, et j'entendis une voix, qui me dit : « Partez tous à Bethléem. »

19) Et Paul, à son tour, dit en réponse : « Et moi, me trouvant dans une ville pas très éloignée de Rome, dans une région des bords du Tibre, j'entendis le Saint-Esprit me disant : « La mère de ton Seigneur est en train de laisser ce monde pour les cieux et de prendre le départ de sa course. Alors, pars, toi aussi, à Bethléem pour la saluer. » Et voici qu'une nuée lumineuse m'enleva et m'amena où vous êtes. »

20) Et Thomas, à son tour, répondit : « Et moi, alors que je parcourais la terre de l'Inde et que, par la grâce du Christ, la prédication s'affermissait - le fils de la sœur du roi nommé Labadens était sur le point de se faire marquer du sceau par moi, au palais -, tout à coup, le Saint-Esprit me dit : « Et toi, Thomas, rends-toi à Bethléem pour saluer la mère de ton Seigneur, parce qu'elle va être transférée aux cieux. » Une nuée lumineuse m'enleva et m'amena auprès de vous. »

21) Et Marc, répondant à son tour, déclara : « J'étais en train d'achever le rite de tierce dans la ville d'Alexandrie ; durant la prière, le Saint-Esprit m'enleva et me conduisit auprès de vous. »

22) Et Jacques, à son tour, répondit : « J'étais à Jérusalem, quand le Saint-Esprit m'ordonna : " Rends-toi à Bethléem, parce que la mère de ton Seigneur va partir. " Et voici qu'une nuée lumineuse m'enleva et m'amena auprès de vous. »

23) Et Matthieu, à son tour, répondit par ces mots : « Moi, j'ai glorifié et je glorifie Dieu, car alors que j'étais sur un bateau, battu par la tempête, et dans une mer furieuse soulevée par les vagues, tout à coup une nuée lumineuse couvrit d'ombre l'agitation de l'orage, ramena le calme de la mer, et moi, elle m'enleva et m'amena auprès de vous. »

24) Ceux qui étaient déjà morts répondirent à leur tour et racontèrent comment ils étaient arrivés. Et Barthélemy dit : « Moi, j'étais en Thébalde, prêchant la parole, lorsque le Saint-Esprit me dit : « La mère de ton Seigneur est en train de partir. Rends-toi donc à Bethléem pour la saluer. » Et, alors, une nuée de lumière m'enleva et m'amena auprès de vous. »

25) Les apôtres dirent tout à la Mère de Dieu, comment et de quelle manière ils étaient arrivés. Ensuite, elle étendit les mains vers le ciel et pria en disant : « J'adore, je loue et je glorifie ton célèbre nom, ô Seigneur, car tu as posé les yeux sur ton humble servante, et toi, le Puissant, tu as fait pour moi de grandes choses. Et voilà que toutes les générations m'appelleront Bienheureuse. »

Miracles de Marie

« 26) Et, après la prière, elle dit aux apôtres : « Jetez de l'encens et priez. » Et, pendant qu'ils priaient, un tonnerre vint du ciel et un bruit terrible résonna comme celui de chars. Et voici qu'il y eut une armée d'une multitude d'anges et de puissances, et on entendit une voix comme celle d'un Fils d'Homme. Et les séraphins entourèrent la maison où demeurait la et irréprochable Mère de Dieu et Vierge. Et, ainsi, tous ceux qui étaient à Bethléem virent toutes les merveilles ; et ils allèrent à Jérusalem, et annoncèrent toutes les merveilles qui s'étaient produites.

27) Après la manifestation de cette voix, il arriva que le soleil et la lune apparurent soudainement auprès de la maison et que l'assemblée des tout premiers saints arrivait devant la maison où demeurait la mère du Seigneur, pour l'honorer et la glorifier. Et je vis aussi beaucoup de signes : des aveugles qui voyaient, des sourds qui entendaient ; des boiteux qui marchaient, des lépreux qui étaient purifiés et des possédés d'esprits impurs qui étaient guéris. Et quiconque était affligé de maladies et d'infirmités touchait du dehors le mur de la maison où elle demeurait et criait : « Marie, qui a donné naissance au Christ, notre Dieu, aie pitié de nous. » Et, à l'instant même, ils étaient guéris.

28) Une grande foule de gens, provenant de toutes les régions et se trouvant à Jérusalem pour la prière, entendit parler des Signes qui se produisaient à Bethléem par la mère du Seigneur. Ils se rendirent sur place, pour implorer la guérison de leurs diverses infirmités. Et ils l'obtinrent. Il y eut ce jour une joie ineffable : la multitude des guéris et des spectateurs glorifiaient le Christ, notre Dieu, et sa mère. De retour de Bethléem, tout Jérusalem était en fête aux chants des psaumes et des hymnes spirituels. »

Haine des Juifs

« 29) Les prêtres des Juifs et avec eux leur peuple furent en fureur à cause de tout ce qui était arrivé. Envahis d'une très violente jalousie, et après avoir à nouveau tenu conseil dans une pensée insolente, ils décidèrent d'envoyer des gens contre la Mère de Dieu et les saints apôtres qui étaient à Bethléem. Lorsque la foule des Juifs, qui s'était mise en marche pour Bethléem, fut à la distance d'un mille environ, il arriva une épouvantable vision et leurs pieds furent entravés. Alors, ils firent demi-tour, retournèrent chez leurs compatriotes et racontèrent toute l'épouvantable vision aux grands prêtres.

30) Encore plus irrités dans leur colère, ils se rendirent chez le gouverneur en criant et disant : « La nation juive est détruite à cause de cette femme : chasse-la de Bethléem et de la province de Jérusalem. » Mais le gouverneur, étonné par les miracles, leur dit : « Moi, je ne la chasse ni de Bethléem ni d'aucun autre lieu. » Mais les Juifs insistèrent en criant et en le conjurant, au nom du salut de Tibère César, d'éloigner les apôtres de Bethléem : « Si tu ne fais pas cela, nous rapporterons l'affaire à César. » Ainsi forcé, le gouverneur envoya un chiliarque contre les apôtres à Bethléem.

31) Mais le Saint-Esprit dit aux apôtres et à la mère du Seigneur : « Voici que le gouverneur a envoyé un chiliarque (chef d'un unité de 1000 hommes) contre vous parce que les Juifs ont provoqué des troubles. Sortez donc de Bethléem et n'ayez pas peur, parce que je vous transporterai sur une nuée à Jérusalem. La puissance du Père, du Fils et du Saint-Esprit est avec vous. »

32) Les apôtres se levèrent tout de suite, Sortirent de la maison en portant la civière de la Maîtresse, Mère de Dieu, et se mirent en route pour Jérusalem. Mais soudainement, comme le Saint-Esprit le leur avait dit, ils furent enlevés sur un nuage et ils se retrouvèrent à Jérusalem dans la maison de la Maîtresse. Et debout, durant cinq jours, nous chantions des hymnes sans interruption.

33) Lorsque le chiliarque arriva à Bethléem et n'y trouva ni la mère du Seigneur, ni les apôtres, il arrêta les habitants de Bethléem et leur dit : « N'est-ce pas vous qui êtes venus dire au gouverneur et aux

prêtres tous les signes et les miracles qui se sont produits et comment les apôtres sont arrivés de toutes les régions ? Où sont-ils donc ? Allons, venez chez le gouverneur à Jérusalem. » En effet, le chiliarque ignorait que les apôtres et la mère du Seigneur s'étaient retirés à Jérusalem. Le chiliarque prit donc les habitants de Bethléem et se présenta chez le gouverneur, auquel il rapporta n'avoir trouvé personne.

34) Mais, cinq jours plus tard, le gouverneur, les prêtres et toute la ville surent que la mère du Seigneur se trouvait avec les apôtres dans sa maison à Jérusalem, à cause des signes et des merveilles qui se produisaient. Une multitude d'hommes, de femmes et de jeunes filles se réunit en criant : « O Vierge, qui as donné naissance au Christ, notre Dieu, n'oublie pas le genre humain. »

35) Alors, devant ces événements, le peuple des Juifs comme les prêtres, poussés par leur haine, prirent du bois et du feu et s'avancèrent, voulant brûler la maison où demeurait la mère du Seigneur avec les apôtres. Le gouverneur, cependant, observait de loin le spectacle. Quand le peuple des Juifs atteignit la porte de la maison, voici qu'un jet de hautes flammes sortit de l'intérieur par l'œuvre d'un ange et brûla une grande multitude de Juifs. La ville entière fut saisie d'une grande peur, et ils glorifiaient le Dieu né de Marie.

36) Le gouverneur, qui avait vu ce qui s'était passé, s'adressa à haute voix à tout le peuple en ces mots : « Vraiment, celui qui est né de la Vierge, de celle que vous avez voulu chasser, est Fils de Dieu. En effet, ces signes sont ceux d'un véritable Dieu. » Les Juifs commencèrent à ne plus être d'accord entre eux : beaucoup crurent au nom de notre Seigneur Jésus-Christ, en raison des signes qui s'étaient produits. »

Départ de l'âme de Marie au ciel

« 37) Après toutes ces merveilles arrivées par l'intermédiaire de la Mère de Dieu et toujours vierge Marie, la mère du Seigneur, alors que nous, les apôtres, étions avec elle à Jérusalem, le Saint-Esprit nous dit : « Vous savez que c'est un dimanche que la bonne nouvelle fut annoncée par l'archange Gabriel à la Vierge Marie ; un dimanche que le Seigneur est né à Bethléem ; un dimanche aussi que les enfants de Jérusalem sortirent à sa rencontre avec des branches de palme en disant : « Hosanna, dans les hauteurs des cieux, béni celui qui vient au nom du Seigneur » ; un dimanche encore qu'il ressuscita des morts ; un

dimanche qu'il doit venir pour juger les vivants et les morts ; et un dimanche enfin qu'il doit venir du ciel pour glorifier et honorer le départ de la et glorieuse vierge qui l'a enfanté. »

38) Ce même dimanche, la mère du Seigneur dit aux apôtres : « Jetez de l'encens, car le Christ vient avec une armée d'anges. » Et voici, le Christ se présenta, assis sur le trône des chérubins. Et, pendant que nous étions tous en prière, apparurent une multitude innombrable d'anges et le Seigneur, arrivé au-dessus des chérubins avec une grande puissance. Et voici qu'un éclat de lumière se porta sur la Vierge par la venue de son Fils unique. Toutes les puissances célestes se prosternèrent et l'adorèrent.

39) Le Seigneur appela sa mère et lui dit : « Marie ! » Elle répondit : « Me voici, Seigneur ! » Et le Seigneur lui dit : « Ne t'afflige pas, mais que ton cœur se réjouisse et soit dans l'allégresse, car tu as obtenu la faveur de contempler la gloire qui me fut donnée par mon Père. » La Mère de Dieu leva les yeux et vit en lui une gloire qu'une bouche humaine ne peut dire ni saisir.

Le Seigneur, restant à côté d'elle, lui dit : « Voici que maintenant ton précieux corps sera transféré au paradis, pendant que ton âme sera aux cieux dans les trésors de mon Père, dans une clarté supérieure, où sont la paix et la joie des anges saints et plus encore. »

40) La mère du Seigneur lui répondit : « Pose ta droite sur moi, Seigneur, et bénis-moi. » Le Seigneur étendit sa droite pure et la bénit. Elle prit sa droite pure, la baisa et dit : « Je vénère cette droite qui a créé le ciel et la terre. J'invoque ton nom très célébré, Christ Dieu, roi des siècles, Fils unique du Père, accueille ta servante, toi qui as daigné être enfanté de moi, l'humble, pour sauver le genre humain selon ton indicible dessein. A tout homme qui invoquera, suppliera ou proférera le nom de ta servante, accorde ton aide. »

41) Pendant qu'elle disait cela, les apôtres, s'approchant de ses pieds et se prosternant, dirent : « Mère du Seigneur, laisse au monde une bénédiction, parce que tu vas l'abandonner. Tu l'as béni et l'as relevé de sa ruine, en donnant naissance à la lumière du monde. » La mère du Seigneur pria ainsi :

« Ô Dieu, dans ta grande bonté, du ciel tu as envoyé ton Fils unique afin qu'il habite dans mon humble corps, toi qui as daigné être enfanté de moi, l'humble, aie pitié du monde et de chaque âme qui

invoque ton nom. »

42) Et, de nouveau, elle pria et dit : « Seigneur, roi des cieux, Fils du Dieu vivant, accueille tout homme qui invoque ton nom afin que ta naissance soit glorifiée. »

Et de nouveau, elle pria et dit : « Seigneur Jésus-Christ, qui es tout-puissant au ciel et sur terre, par cette invocation je supplie ton saint nom : en chaque temps et lieu où l'on fera la mémoire de mon nom, sanctifie ce lieu et glorifie ceux qui te glorifient par l'intermédiaire de mon nom, en acceptant d'eux toute offrande, toute supplication et toute prière. »

43) Après qu'elle eut prié ainsi, le Seigneur dit alors à sa mère : « Réjouis-toi, et que ton cœur soit dans l'allégresse car toute grâce et toute gloire te seront accordées par mon Père qui est aux cieux, par moi et par le Saint-Esprit. Toute âme qui invoquera ton nom ne sera pas confuse, mais trouvera miséricorde, consolation, protection et courage dans ce siècle et dans l'avenir, devant mon Père qui est aux cieux. »

44) Alors, le Seigneur se tournant vers Pierre lui dit : « Le moment est venu d'entonner l'hymne. » Quand Pierre entonna l'hymne, toutes les puissances des cieux répondirent par l'Alléluia. Alors, le visage de la mère du Seigneur brilla plus que la lumière. Et, se levant, elle bénit de sa propre main chacun des apôtres. Et tous glorifièrent Dieu. Le Seigneur, étendant ses mains pures, reçut son âme sainte et irréprochable.

45) Et, pendant que sortait cette âme irréprochable, le lieu fut rempli d'un parfum et d'une lumière indicible. Et voici qu'on entendait une voix céleste qui disait : « Bienheureuse es-tu parmi les femmes. » Pierre et moi - Jean – avec Paul et Thomas, nous nous empressons d'embrasser ses précieux pieds pour être sanctifiés. Les douze apôtres, alors, déposèrent son corps précieux et saint dans une bière et l'emportèrent. »

Outrage de Jéphonias

« 46) Et voici, alors qu'ils le portaient, qu'un Hébreu du nom de Jéphonias, vigoureux de corps, s'élança et se saisit de la bière portée par les apôtres. Et voici qu'un ange du Seigneur, par une force invisible, avec une épée de feu, lui trancha les deux mains, les laissant pendre en l'air auprès de la bière.

47) Après cette merveille, tout le peuple des Juifs, qui avait vu, cria : « Il est un vrai Dieu, le fils qui a été enfanté de toi, Marie, Mère de Dieu, toujours vierge ! » Jéphonias aussi, sommé par Pierre de faire connaître les miracles de Dieu, se leva derrière la bière et cria :

« Marie, toi qui as donné naissance au Christ Dieu, aie pitié de moi. » Et, se tournant, Pierre lui dit : « Au nom de celui à qui elle a donné naissance, tes mains se rattacheront à tes bras, elles qui t'ont été enlevées. » Et, à l'instant même, selon la parole de Pierre, les mains, qui pendaient auprès de la bière de la Maîtresse, retournèrent en arrière et se rattachèrent à Jéphonias. Et il crut et lui aussi glorifia le Christ Dieu à qui elle avait donné naissance. »

Transfert du corps de Marie au paradis

« 48) Après que ce miracle se fut produit, les apôtres portèrent la bière et déposèrent le précieux et saint corps à Gethsémani, dans un tombeau neuf. Et voici qu'un parfum délicat se dégagea du saint tombeau de notre Maîtresse, la Mère de Dieu. Et, pendant trois jours, on entendit des voix d'anges invisibles qui glorifiaient le Christ, notre Dieu, né d'elle. Et, le troisième jour achevé, on n'entendit plus les voix. Dès lors, nous sûmes tous que son corps irréprochable et précieux avait été transféré au paradis.

Visite des apôtres au paradis

49) Après qu'il fut transféré, voici que nous vîmes tous Élisabeth, la mère de saint Jean le Baptiste, et Anne, la mère de la Maîtresse, Abraham et Isaac ainsi que Jacob et David, qui psalmodiaient l'Alléluia, pendant que tous les chœurs des saints vénéraient les précieux restes de la mère du Seigneur. Et nous vîmes un lieu lumineux ; rien n'était plus brillant que cette lumière plus brillante que n'importe quelle autre lumière. Et un parfum abondant montait de ce lieu, où avait été transféré son précieux et saint corps, dans le paradis. Et s'élevait aussi le chant de ceux qui célébraient de leurs hymnes celui qui avait été engendré de Marie. Aux vierges et à elles seules, il était donné d'entendre ce chant si doux qu'on ne pouvait en être rassasié.

50) Nous, les apôtres, ayant vu le transfert soudain et précieux de son saint corps, nous avons glorifié Dieu, qui nous a montré ses merveilles à l'occasion du départ de la mère de notre Seigneur Jésus-

Christ. Que par ses prières et son intercession nous soient accordés, à nous tous, sa protection, son soutien et son aide, dans ce siècle et dans l'avenir. Nous rendons ensemble gloire en tout temps et en tout lieu à son Fils unique avec son Père et le Saint-Esprit, pour les siècles des siècles. Amen ! »

Les étapes de la doctrine de l'Assomption

Historiquement, la croyance en l'Assomption prend son essor après la proclamation dogmatique du concile d'Ephèse (431), selon laquelle Marie est réellement la Theotokos (Mère de Dieu) pour avoir mis au monde le Verbe incarné, le Dieu fait chair.

Selon la tradition chrétienne, Marie a donc été élevée au ciel avec son corps, échappant ainsi à la dégradation, à la corruption du tombeau. Le constat est qu'il n'existe aucune relique corporelle de Marie à la différence des martyrs et des saints.

Impératrice Pulchérie (399 – 453)

L'impératrice Pulchérie fait élever de nombreuses églises au Christ dans Constantinople. L'une d'elles, édifiée aux Blachernes, est un sanctuaire dédié à la glorieuse et sainte Théotokos, Marie toujours Vierge. L'ayant orné de tout le décor possible, l'impératrice est à la recherche du corps qui a reçu Dieu.

L'impératrice fait appeler l'archevêque de Jérusalem, Juvénal, et les évêques de Palestine, qui se trouvent alors dans la capitale pour le concile de Chalcédoine (451). Elle leur dit : « *Nous apprenons qu'il y a, à Jérusalem, la première église de la toute sainte Théotokos et toujours Vierge Marie, magnifique entre toutes, à l'endroit appelé Gethsémani, où le corps de cette Vierge, qui fut la séjour de la vie, fut déposé dans un cercueil. Or nous voulons faire venir ici cette relique pour la sauvegarde de cette capitale* ». L'évêque de Jérusalem lui déclare que le corps avait été ravi au tombeau et élevé au ciel, d'après une « antique tradition[119] ». A cette réponse, elle demande à l'archevêque Juvénal lui-même de lui envoyer, dûment scellé, ce saint cercueil avec les vêtements funèbres de

---

[119] Cette tradition présente de nombreuses resssemblances avec le Transitus.

la glorieuse Vierge Marie. L'ayant reçu, elle le dépose dans le sanctuaire élevé aux Blachernes en l'honneur de la Théotokos.

Vers l'an 600, fête de la dormition

L'empereur Maurice (582-602) étend la fête de « Koimisis » ou « Dormition de la Très Theotokos et Toujours Vierge Marie ». Elle est célébrée le 15 août. L'année liturgique des Orientaux commence le 1er septembre avec la nativité de la Vierge et se clôt avec l'entrée dans la gloire de la Vierge le 15 août.

Dormition et Assomption

Les Chrétiens orthodoxes parlent de la « Dormition » de Marie pour désigner la mort de la Vierge et sa montée au Ciel avec son corps. La Dormition ne constitue pas un dogme pour les Églises orthodoxes, mais il est cependant considéré comme impie de la nier. La foi en la résurrection de Marie n'a jamais été mise en cause dans l'histoire. Fondée sur des raisons théologiques, la croyance en la dormition et la montée au ciel de Marie corps et âme fait partie de la Tradition ecclésiale orthodoxe et s'exprime essentiellement dans la liturgie et la prière. La Dormition, célébrée le 15 août, est la plus importante des fêtes de la Vierge chez les orthodoxes.

Les Chrétiens catholiques parlent de la dormition[120] pour désigner simplement la mort de la Vierge. Pour l'Église catholique, l'Assomption[121] est un dogme catholique selon lequel, au terme de sa vie terrestre, Marie a été « enlevée corps et âme » au ciel. L'Assomption de Marie fait partie de la foi constante de l'Église catholique. Le dogme, proclamé en 1950, n'a fait qu'entériner en termes canoniques ce que l'Église catholique a toujours cru. C'est pourquoi cet événement surnaturel a toujours été attesté dans la dévotion des fidèles, dans l'art et dans la liturgie, bien avant sa formulation dogmatique par l'autorité du Pape. Benoît XIV, au dix-huitième siècle, en parle encore comme d'une « *opinion qu'il serait impie de nier* ».

---

[120] Du latin dormitio (sommeil).
[121] Du latin « assumptio » qui signifie « prendre, enlever, assumer ».

Lieu de l'événement

Il existe toujours à Jérusalem, sur les pentes du mont des Oliviers de Gethsémani, dans la vallée du Cédron, un lieu présenté comme étant le tombeau de Marie.

D'après la tradition de l'Église de Jérusalem, c'est là que le corps de la Vierge Marie aurait été enseveli, avant d'être emporté au ciel. C'est devant le monument qui passait pour le « tombeau de la Vierge », désormais vide, que l'on peut dire que le corps immaculé de Marie a été soumis à la mort. Mais le corps de Marie a été préservé de la corruption. Au départ de cette vie, il a été gardé sans décomposition. Son départ n'est pas une mort, mais une dormition, un passage, ou plus proprement une entrée dans la demeure de Dieu.

4 Marie et les dogmes

4.1 Mère de Dieu

4.1.1 Pères de l'Église

Saint Ignace d'Antioche (35 - 107 ou 113)

Ignace est le successeur d'Évode un des 70 disciples qui a succédé à l'apôtre Pierre à Antioche. Il meurt martyr à Rome sous Trajan.

Ignace insiste sur la vérité biologique de la naissance de Jésus. Le Christ est vraiment le Fils de Dieu fait homme. C'est seulement ainsi que notre divinisation peut avoir lieu. La fécondité de la Vierge prépare la destruction de la mort.

Irénée de Lyon (120 ou 130 – 202)

Irénée de Lyon est le deuxième évêque de Lyon au IIe siècle entre 177 et 202.

Le salut, explique saint Irénée, est le pont qui fait descendre Dieu dans l'homme et transporte l'homme en Dieu. Le Christ est le salut dans son être propre, parce que Dieu il s'est fait homme. Dieu se fait homme pour que l'homme devienne Dieu. Jésus, en tant qu'il est Dieu, a le pouvoir de sauver et il sauve, il divinise. En tant qu'il est homme, il communique aux hommes le salut, c'est-à-dire la divinisation.

Marie, la Vierge-mère est donc la base historique qui garantit que le salut s'est vraiment accompli :
- Vraie mère, elle garantit que Dieu a assumé tout de notre condition (sans le péché) jusqu'à devenir « Fils de l'homme », pour nous sauver ;
- Vierge divinement féconde, elle garantit que Dieu est né d'elle, pour nous sauver.

Professer la maternité virginale veut donc dire accueillir le Christ comme « Emmanuel de la Vierge », ou comme Sauveur. Voilà pourquoi la maternité virginale constitue un article fondamental de foi et la condition indispensable pour participer au salut.

« Ceux qui prétendent qu'il n'est qu'un pur homme engendré de Joseph demeurent dans l'esclavage de l'antique désobéissance et y meurent, n'ayant pas encore été mélangés au Verbe de Dieu le Père et n'ayant pas eu part à la liberté qui nous vient par le Fils, selon ce qu'il dit lui-même : Si le Fils vous affranchit, vous serez vraiment libres (Jn 8, 36). Méconnaissant en effet l'Emmanuel né de la vierge (Is 7, 14), ils se privent de son don, qui est la vie éternelle ; n'ayant pas reçu le Verbe d'incorruptibilité, ils demeurent dans la chair mortelle; ils sont les débiteurs de la mort, pour n'avoir pas accueilli l'antidote de vie.[122] »

Tertullien (150 ou 160 – 220)

Tertullien est le plus grand apologiste latin et le pionnier de la théologie occidentale. A la suite des Pères du deuxième siècle, il proclame la conception virginale et la maternité réelle de Marie.

La maternité de Marie est vraie dans le sens précis que le Christ était vraiment homme. Il a vraiment pris son corps en elle, sa chair était une vraie chair humaine. Par cette manière réelle d'être homme, le Fils de Dieu, par Marie, résume en lui-même l'héritage des patriarches, les promesses de Dieu à Israël, et il s'unit au premier homme Adam dont il devient le fils et le Sauveur :

« Dites-moi, je vous prie, si l'Esprit de Dieu est descendu dans une matrice sans avoir l'intention d'y prendre chair pourquoi descendre dans une matrice ? Il aurait pu en effet rester à l'extérieur pour prendre une chair spirituelle.[123] »

« Quelle sorte de chair pouvons-nous et devons-nous reconnaître dans le Christ ? Assurément, nulle autre chair que celle d'Abraham, puisque le Christ est la semence d'Abraham ; nulle autre chair que celle de Jessé, puisque le Christ est la fleur de la racine de Jessé ; nulle autre chair que celle de David, puisque le Christ est le fruit des reins de David ; nulle autre chair que celle de Marie, puisque le Christ est du sein de Marie ; enfin pour remonter encore plus haut, nulle autre chair

---

[122] Saint Irénée, *Contres les hérésies III,19,1*, Sources chrétiennes 211, par A.ROUSSEAU, Paris, Cerf 1974, p. 371

[123] Tertullien, *De carne Christi 19,5*, dans J-P MAHE, Tertullien, la chair du Christ, source chrétiennes 216, Paris, Cerf, 1975, p. 289

que celle d'Adam, puisque le Christ est le second Adam.[124] ».

La maternité de Marie est vraie, elle est aussi virginale. Le Christ a Dieu pour Père et il a une vierge pour mère.

« *Il ne convenait pas que le Fils de Dieu naquit d'une semence humaine, de crainte qu'entièrement fils de l'homme, il ne fut pas également fils de Dieu et n'eut rien eu de plus en lui que Salomon ou que Jonas (...)*

Pour être en même temps fils de l'homme, c'était sa chair, et elle seulement, qu'il devait prendre de la chair de l'homme, sans la semence de l'homme. En effet la semence de l'homme était superflue pour qui avait en soi la semence de Dieu. Ainsi, de même qu'avant de naître d'une vierge, il a pu avoir Dieu pour père sans avoir une mère humaine, de même, en naissant de la Vierge, il a pu avoir une mère humaine sans avoir de père humain.[125] »

Tertullien a su considérer la maternité virginale de Marie sous son aspect le plus profond qui la rattache au mystère trinitaire (Dieu Père, Fils et Esprit-Saint). C'est le mérite du grand théologien africain.

Origène (185 - 253)

Origène a reçu toute la doctrine théologique de la maternité divine. Il appelle le Christ « Homme-Dieu » (grec Theanthropos) et Marie « Mère de Dieu » (grec Theotokos).

Le titre de Marie Theotókos était officiellement invoqué pour sauvegarder la doctrine orthodoxe de l'unité de la personne du Christ. La tradition rapporte que le peuple chrétien a pris l'habitude de donner à Marie le titre de Mère de Dieu.

Saint Ephrem (v.306-373)

Prière à la très sainte Mère de Dieu.

« *Très sainte Dame, Mère de Dieu, seule très pure d'âme et de corps, seule au delà de toute pureté, de toute chasteté, de toute*

---

[124] Tertullien, *De carne Christi* 22, 6, dans J-P MAHE, Tertullien, la chair du Christ, source chrétiennes 216, Paris, Cerf, 1975, p. 301
[125] Ibid - p. 283-285

virginité ; seule demeure de toute la grâce de l'Esprit-Saint ; par là surpassant incomparablement même les puissances spirituelles, en pureté, en sainteté d'âme et de corps ; jetez les yeux sur moi, coupable, impur, souillé dans mon âme et dans mon corps des tares de ma vie passionnée et voluptueuse ; purifiez mon esprit de ses passions ; sanctifiez, redressez mes pensées errantes et aveugles ; réglez et dirigez mes sens ; délivrez-moi de la détestable et infâme tyrannie des inclinations et passions impures ; abolissez en moi l'empire du péché, donnez la sagesse et le discernement à mon esprit enténébré, misérable, pour la correction de mes fautes et de mes chutes, afin que, délivré des ténèbres du péché, je sois trouvé digne de vous glorifier ; de vous chanter librement, seule vraie Mère de la vraie lumière, le Christ notre Dieu ; car seule avec lui et par lui, vous êtes bénie et glorifiée par toute créature invisible et visible, maintenant et toujours, et dans les siècles des siècles. Amen.[126] »

Saint Ambroise (339-397)
Marie est le miroir des vierges

« *C'est l'ardeur à l'étude qui fait d'abord la noblesse du maître. Quoi de plus noble que la mère de Dieu ? Quoi de plus splendide que celle-là même qu'a choisie la splendeur ? Quoi de plus chaste que celle qui a engendré le corps sans souillure corporelle ? Et que dire de ses autres vertus ? Elle était vierge, non seulement de corps, mais d'esprit, celle dont jamais les ruses du péché n'ont altéré la pureté : humble de cœur, réfléchie dans ses propos, prudente, avare de paroles, avide de lecture ; elle mettait son espoir non dans l'incertitude de ses richesses, mais dans la prière des pauvres ; appliquée à l'ouvrage, réservée, elle prenait pour juge de son âme non l'homme, mais Dieu ; ne blessant jamais, bienveillante à tous, pleine de respect pour les vieillards, sans jalousie pour ceux de son âge, elle fuyait la jactance, suivait la raison, aimait la vertu. Quand donc offensa-t-elle ses parents, ne fût-ce que dans son attitude ? Quand la vit-on en désaccord avec ses proches ? Quand repoussa-t-elle l'humble avec dédain, se moqua-t-elle du faible, évita-t-*

---

[126] Trad. du P. d'Alès, « in Marie, Mère de Dieu, Tradition anténicénienne » Saint Ephrem, t. III, col. 180

elle le miséreux ? Elle ne fréquentait que les seules réunions d'hommes où, venue par charité, elle n'eût pas à rougir ni à souffrir dans sa modestie. Aucune dureté dans son regard, aucune licence dans ses paroles, aucune imprudence en ses actes ; rien de heurté dans le geste, de relâché dans la démarche, d'insolent dans la voix : son attitude extérieure était l'image même de son âme, le reflet de sa droiture. Une bonne maison doit se reconnaître à son vestibule, et bien montrer dès l'entrée qu'elle ne recèle pas de ténèbres ; ainsi notre âme doit-elle, sans être entravée par le corps, donner au dehors sa lumière, semblable à la lampe qui répand de l'intérieur sa clarté.

... Bien que Mère du Seigneur, elle aspirait pourtant à apprendre les préceptes du Seigneur ; elle qui avait enfanté Dieu, souhaitait pourtant de connaître Dieu.

Elle est le modèle de la virginité. La vie de Marie doit être en effet à elle seule un exemple pour tous. Si donc nous aimons l'auteur, apprécions aussi l'œuvre ; et que toutes celles qui aspirent à ses privilèges imitent son exemple. Que de vertus éclatent en une seule vierge ! Asile de la pureté, étendard de la foi, modèle de la dévotion ; vierge dans la maison, auxiliaire pour le sacerdoce, mère dans le temple.

Combien de vierges ira-t-elle chercher pour les prendre dans ses bras et les conduire au Seigneur, disant : Voici celle qui a gardé le lit de mon fils, celle qui a gardé la couche nuptiale dans une pureté immaculée. Et de même, le Seigneur les confiera au Père, redisant la parole qu'il aimait : « Père saint, voici celles que je t'ai gardées, sur lesquelles le Fils de l'homme inclinant la tête s'est reposé ; je demande que là où je suis, elles soient avec moi. Mais puisque n'ayant pas vécu pour elles seules, elles ne doivent pas se sauver seules, puissent-elles racheter, l'une ses parents, l'autre ses frères. Père juste, le monde ne m'a pas connu, mais elles m'ont connu, et elles n'ont pas voulu connaître le monde. »

Quel cortège, quels applaudissements d'allégresse parmi les anges ! Elle a mérité d'habiter le ciel, celle qui a vécu dans le siècle une vie céleste. Alors Marie, prenant le tambourin, conduira les chœurs des vierges chantant au Seigneur, et bénissant d'avoir traversé la mer du siècle sans sombrer dans ses remous. Alors, toutes exulteront, disant : J'entrerai à l'autel de mon Dieu, du Dieu qui réjouit ma jeunesse.

J'immole à Dieu un sacrifice de louange, et j'offre mes vœux au Très-Haut.

Et je ne doute pas que devant vous ne s'ouvrent tout grands les autels de Dieu, vous dont j'oserais dire que les âmes sont des autels où chaque jour, pour la rédemption du Corps mystique, le Christ est immolé. Car si le corps de la Vierge est le temple de Dieu, que dire de l'âme, qui, mise à nu par la main du Prêtre éternel, les cendres du corps pour ainsi dire écartées, exhale la chaleur du feu divin ? Bienheureuses vierges, embaumées du parfum immortel de la grâce, comme les jardins par les fleurs, les temples par le culte divin, les autels par le prêtre.[127] »

Saint Augustin (354-430) Mère de Dieu, Vierge

« *Marie est plus heureuse de comprendre la foi au Christ que de concevoir la chair du Christ. Sa liaison maternelle ne lui eût servi de rien, si elle n'avait été plus heureuse de porter le Christ dans son cœur que de le porter dans sa chair.*

...

De la Sainte Vierge Marie, pour l'honneur du Christ, je ne veux pas qu'il soit question lorsqu'il s'agit de péchés. Nous savons en effet qu'une grâce plus grande lui a été accordée pour vaincre de toute part le péché par cela même qu'elle a mérité de concevoir et d'enfanter celui dont il est certain qu'il n'eut aucun péché.[128] »

« *Marie est notre Mère, comme l'Église.*

Seule entre les femmes, Marie n'est pas seulement d'esprit mais de corps à la fois mère et vierge. D'esprit, elle est mère, non pas sans doute de notre Chef et Sauveur, de qui plutôt elle est née selon l'esprit[129], car tous ceux qui croient en lui - et elle est du nombre - méritent d'être appelés fils de l'Époux ; mais bien de nous, qui sommes ses membres ; car elle coopéra, par sa charité, à la naissance des fidèles dans l'Église,

---

[127] « De Virginibus », dédié en 377 par saint Ambroise à sa sœur Marcelline, religieuse à Rome. P.L., 16, col. 209 et ss. (trad. de Mlle Mestivier).
[128] « De natura et gratia » Saint Augustin, XXXXVI. P.L., 44, col. 267.
[129] Marie eut, comme tous les humains, besoin d'être rachetée et engendrée à la grâce par son Fils. Son privilège de conception immaculée est un effet anticipé de la Croix. Elle est deux fois « fille de son Fils », comme créature et comme immaculée.

des membres de ce Chef. De corps, elle est mère de notre Chef même. Il fallait que, par un insigne miracle, notre Chef naquît, selon la chair, d'une vierge, pour indiquer que ses membres naîtraient, selon l'Esprit, de l'Église vierge. Ainsi Marie est-elle, d'esprit et de corps, mère et vierge : Mère du Christ et Vierge du Christ.[130] »

Saint Cyrille d'Alexandrie (380-444) Mère de Dieu et Vierge

Nestorius, patriarche de Constantinople, se dresse contre l'appellation de « Mère de Dieu » (Théotokos) attribuée à Marie. Il est condamné au Concile œcuménique d'Ephèse, en 431.

Cyrille d'Alexandrie écrit une lettre aux moines d'Égypte, avant le concile, pour les mettre en garde contre l'hérésie de Nestorius.

« *... Je m'étonne qu'il y ait des gens pour poser cette question : faut-il, ou ne faut-il pas appeler la Sainte Vierge Mère de Dieu ? Car si Notre-Seigneur Jésus-Christ est Dieu, comment la Vierge qui l'a mis au monde ne serait-elle pas la Mère de Dieu ? C'est la croyance que nous ont transmise les saints apôtres, même s'ils ne se sont pas servis de ce terme. C'est l'enseignement que nous avons reçu des saints Pères. Et tout particulièrement notre Père de vénérable mémoire, Athanase, qui pendant quarante-six ans a illustré le siège d'Alexandrie, qui a opposé aux inventions des hérétiques impies une sagesse invincible et digne des apôtres, Athanase, qui a embaumé du parfum de ses écrits l'univers tout entier, à qui tous rendent témoignage pour son orthodoxie et sa piété, Athanase, au troisième livre du traité qu'il a composé sur la Trinité sainte et consubstantielle, appelle à plusieurs reprises la Sainte Vierge, Mère de Dieu. Je vais citer textuellement ses propres paroles :* « *La sainte Écriture, nous l'avons fait remarquer bien souvent, se caractérise principalement en ceci, qu'elle rend au sujet du Sauveur un double témoignage. D'une part, il est le Dieu éternel, le Fils, le Verbe, le resplendissement et la sagesse du Père ; d'autre part, en ces derniers temps et pour notre salut, il a pris chair de la Vierge Marie, Mère de Dieu, et s'est fait homme.* » *Et un peu plus loin :* « *Il y a eu beaucoup de saints ; il y a eu des hommes exempts de tout péché : Jérémie a été sanctifié dès le sein maternel ; Jean, encore porté dans les entrailles de*

---

[130] « De sancta virginitate » Saint Augustin, VI. P.L., 40, col. 399.

sa mère, a tressailli d'allégresse à la voix de Marie, la Mère de Dieu. » Ainsi parle cet homme considérable, si digne d'inspirer confiance, car il n'aurait jamais rien dit qui ne fût conforme aux saintes Écritures...

D'ailleurs l'Écriture divinement inspirée déclare que le Verbe de Dieu s'est fait chair, c'est-à-dire s'est uni à une chair douée d'une âme raisonnable. A sa suite le grand et saint concile de Nicée enseigne que c'est le même Fils unique de Dieu, engendré de la substance du Père, par qui tout a été fait, en qui tout subsiste, qui pour nous autres hommes et pour notre salut est descendu des cieux, s'est incarné, s'est fait homme, a souffert, est ressuscité, et reviendra un jour comme juge ; le Concile nomme le Verbe de Dieu : le seul Seigneur Jésus-Christ. Et que l'on observe bien qu'en parlant d'un seul Fils, et en le nommant le Seigneur, le Christ-Jésus, le Concile déclare qu'il est engendré par Dieu le Père, qu'il est le Monogène. Dieu de Dieu, lumière de lumière, engendré, non créé, consubstantiel au Père... Et dès lors la Sainte Vierge peut être appelée à la fois Mère du Christ, et Mère de Dieu, car elle a mis au monde non point un homme comme nous, mais bien le Verbe du Père qui s'est incarné et s'est fait homme.

Mais, dira-t-on : « La Vierge est-elle donc mère de la divinité ? » A quoi nous répondons : Le Verbe vivant, subsistant, a été engendré de la substance même de Dieu le Père, il existe de toute éternité, conjointement avec celui qui l'a engendré, il est en lui, avec lui. Mais dans la suite des temps, il s'est fait chair, c'est-à-dire s'est uni une chair possédant une âme raisonnable, dès lors on peut dire qu'il est né de la femme, selon la chair. Ce mystère d'ailleurs a quelque analogie avec notre génération même. Sur la terre en effet les mères, d'après les lois mêmes de la nature, portent dans leur sein un fruit qui, obéissant aux mystérieuses énergies déposées par Dieu, évolue et finalement se développe en forme humaine ; mais c'est Dieu qui dans ce petit corps met une âme de la manière que lui seul connaît. « C'est Dieu qui façonne l'âme de l'homme », dit le prophète. Or autre chose est la chair, autre chose est l'âme. Pourtant bien que les mères aient produit le corps seulement, on ne laisse pas de dire qu'elles ont mis au monde l'être vivant, corps et âme, et non point seulement une de ses parties. Nul ne dirait par exemple qu'Elisabeth est la mère de la chair (sarkotokos), qu'elle n'est pas la mère de l'âme (psychotokos) ; car elle a mis au monde Jean-Baptiste, avec son corps et son âme, cette personne unique, *l'homme composé de corps et d'âme. C'est quelque chose de semblable qui se passe à la naissance de l'Emmanuel. Il a été engendré, avons-nous dit, de la substance du Père, étant son Verbe, son Fils unique ; mais quand il a pris chair, et qu'il s'est fait Fils de l'homme, il n'y a, ce me semble, aucune absurdité à dire, et bien plutôt il est nécessaire de confesser, qu'il est né de la femme selon la chair. Exactement comme l'on dit que l'âme de l'homme naît en même temps que son corps, et ne fait qu'un avec lui, bien qu'elle en diffère complètement quant à la nature.[131] »*

Saint Jean Damascène (v.675-749)
« *Portrait de Marie*

Aujourd'hui la souche de Jessé a produit son rejeton, sur lequel s'épanouira pour le monde une fleur divine. Aujourd'hui, celui qui avait autrefois fait monter des eaux le firmament, crée sur la terre, d'une substance terrestre, un ciel nouveau ; et ce ciel est beaucoup plus beau et plus divin que l'autre, car de lui naîtra le soleil de justice, celui qui a créé l'autre soleil...

Que de miracles se réunissent en cette enfant, que d'alliances se font en elle ! Fille de la stérilité, elle sera la virginité qui enfante. En elle se fera l'union de la divinité et de l'humanité, de l'impassibilité et de la souffrance, de la vie et de la mort, pour qu'en tout ce qui était mauvais soit vaincu par le meilleur. O fille d'Adam et Mère de Dieu ! Et tout cela a été fait pour moi, Seigneur ! Si grand était votre amour pour moi que vous avez voulu, non pas assurer mon salut par les anges ou quelque autre créature, mais restaurer par vous-même celui que vous aviez d'abord créé vous-même. C'est pourquoi je tressaille d'allégresse et je suis plein de fierté, et dans ma joie, je me tourne vers la source de ces merveilles, et emporté par les flots de mon bonheur, je prendrai la cithare de l'Esprit pour chanter les hymnes divins de cette naissance...

Aujourd'hui, le créateur de toutes choses, Dieu le Verbe compose un livre nouveau, jailli du cœur de son Père, et qu'il écrit par le Saint-Esprit, qui est la langue de Dieu...

---

[131] Epist. I, P.G., 77. (trad. E. Amann, Le dogme catholique dans les Pères de l'Église, Beauchesne, 1922.

O fille du roi David et Mère de Dieu, Roi universel ! O divin et vivant objet, dont la beauté a charmé le Dieu créateur, vous dont l'âme est toute sous l'action divine et attentive à Dieu seul ; tous vos désirs sont tendus vers cela seul qui mérite qu'on le cherche, et qui est digne d'amour ; vous n'avez de colère que pour le péché et son auteur. Vous aurez une vie supérieure à la nature, mais vous ne l'aurez pas pour vous, vous qui n'avez pas été créée pour vous. Vous l'aurez consacrée tout entière à Dieu, qui vous a introduite dans le monde, afin de servir au salut du genre humain, afin d'accomplir le dessein de Dieu, l'Incarnation de son Fils et la déification du genre humain. Votre cœur se nourrira des paroles de Dieu : elles vous féconderont, comme l'olivier fertile dans la maison de Dieu, comme l'arbre planté au bord des eaux vives de l'Esprit, comme l'arbre de vie, qui a donné son fruit au temps fixé : le Dieu incarné, la vie de toutes choses. Vos pensées n'auront d'autre objet que ce qui profite à l'âme, et toute idée non seulement pernicieuse, mais inutile, vous la rejetterez avant même d'en avoir senti le goût.

Vos yeux seront toujours tournés vers le Seigneur, vers la lumière éternelle et inaccessible ; vos oreilles attentives aux paroles divines et aux sons de la harpe de l'Esprit, par qui le Verbe est venu assumer notre chair... vos narines respireront le parfum de l'époux, parfum divin dont il peut embaumer son humanité. Vos lèvres loueront le Seigneur, toujours attachées aux lèvres de Dieu. Votre bouche savourera les paroles de Dieu et jouira de leur divine suavité. Votre cœur très pur, exempt de toute tache, toujours verra le Dieu de toute pureté et brûlera de désir pour lui. Votre sein sera la demeure de celui qu'aucun lieu ne peut contenir. Votre lait nourrira Dieu, dans le petit enfant Jésus. Vous êtes la porte de Dieu, éclatante d'une perpétuelle virginité. Vos mains porteront Dieu, et vos genoux seront pour lui un trône plus sublime que celui des chérubins... Vos pieds, conduits par la lumière de la loi divine, le suivant dans une course sans détours, vous entraîneront jusqu'à la possession du Bien-aimé. Vous êtes le temple de l'Esprit-Saint, la cité du Dieu vivant, que réjouissent les fleuves abondants, les fleuves saints de la grâce divine. Vous êtes toute belle, toute proche de Dieu ; dominant les Chérubins, plus haute que les Séraphins, très proche de Dieu lui-même.

Salut, Marie, douce enfant d'Anne ; l'amour à nouveau me conduit jusqu'à vous. Comment décrire votre démarche pleine de gravité ? Votre vêtement ? Le charme de votre visage ? Cette sagesse que donne l'âge unie à la jeunesse du corps ? Votre vêtement fut plein de modestie, sans luxe et sans mollesse. Votre démarche grave, sans précipitation, sans heurt et sans relâchement. Votre conduite austère, tempérée par la joie, n'attirant jamais l'attention des hommes. Témoin cette crainte que vous éprouvâtes à la visite inaccoutumée de l'ange ; vous étiez soumise et docile à vos parents ; votre âme demeurait humble au milieu des plus sublimes contemplations. Une parole agréable, traduisant la douceur de l'âme. Quelle demeure eût été plus digne de Dieu ? Il est juste que toutes les générations vous proclament bienheureuse, insigne honneur du genre humain. Vous êtes la gloire du sacerdoce, l'espoir des chrétiens, la plante féconde de la virginité. Par vous s'est répandu partout l'honneur de la virginité. Que ceux qui vous reconnaissent pour la Mère de Dieu soient bénis, maudits ceux qui refusent...

O vous qui êtes la fille et la souveraine de Joachim et d'Anne, accueillez la prière de votre pauvre serviteur qui n'est qu'un pécheur, et qui pourtant vous aime ardemment et vous honore, qui veut trouver en vous la seule espérance de son bonheur, le guide de sa vie, la réconciliation auprès de votre Fils et le gage certain de son salut. Délivrez-moi du fardeau de mes péchés, dissipez les ténèbres amoncelées autour de mon esprit, débarrassez-moi de mon épaisse fange, réprimez les tentations, gouvernez heureusement ma vie, afin que je sois conduit par vous à la béatitude céleste, et accordez la paix au monde. A tous les fidèles de cette ville, donnez la joie parfaite et le salut éternel, par les prières de vos parents et de toute l'Église.[132] »

Bossuet (1627-1704)

« *Acclamation*

Nous vous saluons, ô Marie, Mère de Dieu, véritable trésor de tout l'univers, flambeau qui ne se peut jamais éteindre, couronne de la virginité, sceptre de la foi orthodoxe, temple incorruptible, lieu de celui qui n'a pas de lieu, par laquelle nous a été donné celui qui est appelé Béni par excellence, et qui est venu au nom du Seigneur. C'est par vous

---

[132] Homil. I in Nativ. B.M.V., P.G., 99, col. 672 et ss. (trad. de Mlle Mestivier)

que la Trinité est glorifiée ; que la croix est célébrée et adorée par toute la terre ; c'est par vous que les cieux tressaillent de joie, que les anges sont réjouis, que les démons sont mis en fuite, que le démon tentateur est tombé du ciel, que la créature tombée est mise en sa place.

....

Adorons la très sainte Trinité, en célébrant par nos hymnes Marie toujours Vierge et son Fils, l'Epoux de l'Église, Jésus-Christ notre Seigneur, à qui appartient tout honneur et gloire aux siècles des siècles.[133] »

4.1.2 Mystiques
<u>Immaculée conception, Vierge perpétuelle et Mère de Dieu</u>
Marie mère du Verbe fait chair, immaculée

Jésus organise pour les femmes disciples, **Marie**, Marie d'Alphée, et Marie Salomé, un pèlerinage à Bethléem le jeudi 6 avril 28. Jésus raconte :

« *En vérité, je suis une chair, et Marie est la Mère du Verbe fait Chair. Si l'heure de ma naissance ne fut qu'extase, c'est parce qu'Elle est la nouvelle Ève qui ne porte pas le poids de la faute ni l'héritage du châtiment. Mais cela n'a pas été pour Moi une dégradation de reposer en Elle. Est-ce que par hasard la manne était avilie du fait qu'elle était dans le Tabernacle ? Non, elle était au contraire honorée de se trouver en ce lieu. D'autres diront que Moi, n'étant pas une Chair réelle, je n'ai pas enduré la souffrance ni la mort durant mon séjour sur la terre. Oui, ne pouvant nier mon existence, on niera la réalité de mon Incarnation ou la vérité de ma Divinité. Non, en vérité, je suis Un éternellement avec le Père et je suis uni à Dieu en tant que Chair car l'Amour peut avoir rejoint ce qui ne peut être rejoint dans sa Perfection en se revêtant de Chair pour sauver la chair. À toutes ces erreurs répond ma vie entière qui donne son sang depuis ma naissance jusqu'à ma mort et qui est assujettie à tout ce qu'elle partage avec l'homme, à l'exception du péché.*

---

[133] Bossuet, « Catéchisme des prières ecclésiastiques. Explication des litanies de la Très Sainte Vierge. »

Né, oui, d'Elle. Et pour votre bien. Vous ne savez pas à quel point s'adoucit la Justice du moment qu'elle a la Femme comme collaboratrice.[134] »

Préservée du péché, Vierge pour l'éternité, Mère de Dieu

En mai 29, Jésus intervient au cours d'un repas.

« *Des siècles et des siècles se sont écoulés depuis que Dieu a jugé Lucifer et qu'il a jugé Adam, mais la voix de ce jugement ne s'éteint pas, mais les conséquences de ce jugement existent. Et si maintenant je suis venu rapporter la Grâce aux hommes, par l'intermédiaire du Sacrifice parfait, le jugement sur l'acte d'Adam reste ce qu'il est et il sera toujours appelé « Faute d'origine ». Les hommes seront rachetés, lavés par une purification supérieure à toute autre. Mais ils naîtront avec cette marque, car Dieu a jugé que cette marque doit exister sur tout être né de la femme, sauf pour Celui qui a été fait non par œuvre d'homme mais par l'Esprit Saint, et pour la Préservée et le Présanctifié, vierges pour l'éternité. La Première pour pouvoir être la Vierge Mère de Dieu, le second pour pouvoir être le Précurseur de l'Innocent en naissant déjà pur, par l'effet d'une jouissance anticipée des mérites infinis du Sauveur Rédempteur.*[135] »

Jésus, fait non par œuvre d'homme mais par l'Esprit-Saint, n'a pas la marque de la faute d'origine. Marie, la Préservée vierge pour l'éternité, n'a pas la marque du péché originel pour pouvoir être la Vierge Mère de Dieu. Jean-Baptiste, le Présanctifié vierge pour l'éternité, n'a pas la marque de la faute d'origine pour pouvoir être le Précurseur de l'Innocent en naissant déjà pur, par l'effet d'une jouissance anticipée des mérites infinis du Sauveur Rédempteur.

Jean-Baptiste est libéré de la marque de la faute originelle suite à la visitation de Marie à sa cousine Elisabeth (voir « Jésus au fil des jours »).

Départ du Fils et exaltation de Marie jeudi saint

Le jeudi 4 avril de l'an 30, Jésus annonce son départ et indique que sa sainte Mère va rester.

---

[134] « L'Évangile tel qu'il m'a été révélé » Maria Valtorta – Tome 3, Ch 69, page 417
[135] Ibid - Tome 6, Ch. 103, page 174

« Exulte, Toi qui reviens à ton Siège, ô Essence spirituelle de la Seconde Personne ! Exulte, ô chair qui va remonter après un si long exil dans la fange. Et ce n'est pas le Paradis d'Adam, mais le Paradis sublime du Père qui va t'être donné comme demeure. S'il a été dit que par la stupeur d'un commandement de Dieu, donné par la bouche d'un homme, le soleil s'est arrêté, que n'arrivera-t-il pas dans les astres quand ils verront le prodige de la Chair de l'Homme monter et prendre place à la droite du Père dans sa Perfection de matière glorifiée ? Mes petits enfants, c'est pour peu de temps encore que je reste avec vous. Et vous, ensuite, vous me chercherez comme des orphelins cherchent leur père mort. Et en pleurant, vous irez en parlant de Lui et vous frapperez en vain à son tombeau muet, et puis encore vous frapperez aux portes azurées du Ciel, avec votre âme lancée dans une suppliante recherche d'amour, disant : « Où est notre Jésus ? Nous le voulons. Sans Lui, il n'y a plus de lumière dans le monde, ni de joie, ni d'amour. Rendez-le-nous, ou bien laissez-nous entrer. Nous voulons être où il est ». Mais, pour le moment, vous ne pouvez venir où je vais. Je l'ai dit aussi aux juifs : « Ensuite vous me chercherez, mais où je vais vous ne pouvez venir ». Je le dis aussi à vous.

Pensez à la Mère... Elle non plus ne pourra venir où je vais. Et pourtant j'ai quitté le Père pour venir à elle et me faire Jésus dans son sein sans tache. Et pourtant c'est de l'Inviolée que je suis venu dans l'extase lumineuse de ma Naissance. Et c'est de son amour, devenu lait, que je me suis nourri. Je suis fait de pureté et d'amour car Marie m'a nourri de sa virginité fécondée par l'Amour parfait qui vit dans le Ciel. Et pourtant c'est par elle que j'ai grandi, en lui coûtant fatigues et larmes... Et pourtant je lui demande un héroïsme tel que jamais il n'en a été accompli, et par rapport auquel celui de Judith et de Jahel sont des héroïsmes de pauvres femmes discutant avec leur rivale près de la fontaine de leur village. Et pourtant personne ne lui est pareil quand il s'agit de m'aimer. Et, malgré cela, je la laisse et je vais où elle ne viendra que dans beaucoup de temps. Pour elle ce n'est pas le commandement que je vous donne à vous : « Sanctifiez-vous année par année, mois par mois, jour par jour, heure par heure, pour pouvoir venir à Moi quand ce sera votre heure ». En elle est toute grâce et toute sainteté. C'est la créature qui a tout eu et qui a tout donné. Il n'y a rien à ajouter ni à enlever. C'est le très saint témoignage de ce que peut

Dieu.[136] »

Transfiguration de Marie

Nous sommes le lundi 12 février 29 Jésus parle de sa Mère aux apôtres et aux disciples :

Marie vierge parfaite

« *Viens ici, ma Mère. Ne rougis pas, ne te retire pas intimidée, suave colombe de Dieu. Ton Fils est la Parole de Dieu, et il peut parler de toi et de ton mystère, de tes mystères, ô sublime Mystère de Dieu. Assoyons-nous ici, à l'ombre légère des arbres en fleurs, près de la maison, près de ta sainte demeure. Ainsi ! Levons cette tenture ondoyante et qu'il sorte des flots de sainteté et de Paradis de cette demeure virginale, pour nous saturer tous de toi... Oui, Moi aussi. Que je me parfume de toi, Vierge parfaite, pour que je puisse supporter les puanteurs du monde, pour que je puisse voir la candeur avec ma pupille saturée de ta Candeur. Ici, Margziam, Jean, Étienne, et vous sœurs disciples, bien en face de la porte ouverte sur la demeure chaste de celle qui est la Chaste entre toutes les femmes. Et en arrière, vous, mes amis. Et ici, à mes côtés, toi, ma Mère bien-aimée.*

Âme de Marie éternelle

Je vous ai parlé, il y a même peu de temps de : « l'éternelle beauté de l'âme de ma Mère ». Je suis la Parole et par conséquent je sais employer les mots sans erreur. J'ai dit : éternelle, pas immortelle. Et ce n'est pas sans intention que je l'ai dit. Immortel est celui qui, après être né, ne meurt plus. Ainsi l'âme des justes est immortelle au Ciel, l'âme des pécheurs est immortelle dans l'Enfer, car l'âme, une fois créée, ne meurt plus qu'à la grâce. Mais l'âme vit, existe à partir du moment où Dieu la pense. C'est la Pensée de Dieu qui la crée. L'âme de ma Mère est depuis toujours pensée par Dieu. Par conséquent elle est éternelle dans sa beauté, dans laquelle Dieu a versé toute perfection pour en tirer délice et réconfort.

Il est dit dans le Livre de notre aïeul Salomon qui t'a vue à

---

[136] « L'Évangile tel qu'il m'a été révélé » Maria Valtorta - Tome 9, chap 19, page 178

l'avance et qui est par conséquent ton prophète : « Dieu m'a possédée au commencement de ses œuvres, dès le principe, avant la Création. J'ai été établie éternellement, dès le principe, avant que fût faite la terre. Les abîmes n'existaient pas encore et moi, j'étais conçue. Les sources ne jaillissaient pas encore, les montagnes n'étaient pas encore constituées dans leur lourde masse et j'existais déjà. Avant les collines, j'ai été engendrée. Lui n'avait pas encore fait la Terre, les fleuves, ni les pôles du monde et moi, j'existais déjà. Quand Il préparait les cieux et le Ciel, moi, j'étais présente. Quand par des lois inviolables Il renferma l'abîme sous la voûte, quand Il rendit stable dans les hauteurs la voûte céleste et y suspendit les sources des eaux, quand Il fixa à la mer ses limites et donna comme loi aux eaux de ne pas dépasser leurs frontières, quand Il jetait les fondements de la Terre, j'étais avec Lui pour mettre en ordre toutes choses. Toujours dans la joie, je jouais continuellement en sa présence. Je jouais dans l'univers.[137][138] *»*

Marie, la Vierge

« Oui, ô Mère, Dieu, l'Immense, le Sublime, le Vierge, l'Incréé, était lourd de toi et il te portait comme son très doux fardeau, se réjouissant de te sentir t'agiter en Lui, en Lui donnant les sourires dont il a fait la Création ! Toi qu'il a douloureusement enfantée pour te donner au Monde, âme très suave, née de Celui qui est Vierge pour être la « Vierge », Perfection de la Création, Lumière du Paradis, Conseil de Dieu, telle qu'en te regardant il put pardonner la Faute, car toi seule et par toi seule, tu sais aimer comme toute l'Humanité rassemblée ne sait pas aimer. En toi est le Pardon de Dieu ! En toi le Remède de Dieu, toi, caresse de l'Éternel sur la blessure que l'homme a faite à Dieu ! En toi, le Salut du monde, Mère de l'Amour Incarné et du Rédempteur qui a été accordé ! L'âme de ma Mère ! Fondu dans l'Amour avec le Père, je te regardais en mon intérieur, ô âme de ma Mère !... Et ta splendeur, ta prière, la pensée que tu me porterais, me consolait pour toujours de mon destin douloureux et des expériences inhumaines de ce qu'est le monde corrompu pour le Dieu absolument parfait. Merci, ô Mère ! Je suis venu

---

[137] « L'Évangile tel qu'il m'a été révélé » Maria Valtorta – Tome 5, Ch 36, page 244
[138] Pr 8, 22-31 – Application des Proverbes à la Vierge Marie selon Marie d'Agréda (1602-1665) dans « la Cité mystique de Dieu », Livre 1, chapitre 5, § 52 et suivants

déjà saturé de tes consolations. Je suis descendu en te sentant toi seule, ton parfum, ton chant, ton amour... Joie, ma joie !

Marie la toute pure

Mais écoutez, vous qui maintenant savez qu'est unique la Femme en laquelle il n'y a pas de tache, unique la Créature qui n'a pas coûté de blessure au Rédempteur, écoutez la seconde transfiguration de Marie, l'Élue de Dieu.

C'était un serein après-midi d'Adar et les arbres étaient en fleurs dans le jardin silencieux; Marie, épouse de Joseph, avait cueilli un rameau d'un arbre en fleurs pour remplacer celui qui était dans sa pièce. Elle était depuis peu arrivée à Nazareth, Marie, prise au Temple pour orner une maison de saints. Elle avait l'âme partagée entre le Temple, la maison et le Ciel. Elle, en regardant le rameau en fleurs, pensait que c'était avec un rameau pareil qui avait fleuri d'une manière insolite, un rameau coupé dans ce jardin en plein hiver et qui avait fleuri comme pour le printemps devant l'Arche du Seigneur - peut-être le Soleil-Dieu l'avait réchauffé en rayonnant sur lui sa Gloire - que Dieu lui avait signifié sa volonté... Et elle pensait encore qu'au jour des noces, Joseph lui avait apporté d'autres fleurs, mais jamais semblables à la première qui portait inscrite sur ses pétales légers : « Je te veux unie à Joseph »... Elle pensait à tant de choses... Et en pensant, elle montait vers Dieu. Les mains étaient agiles entre la quenouille et le fuseau et elle filait un fil plus fin que l'un des cheveux de sa jeune chevelure...[139] »

Marie Vierge, l'annonciation

« *L'âme tissait un tapis d'amour en allant agile comme la navette sur le métier, de la terre au Ciel, des besoins de la maison, de son époux, à ceux de l'âme, de Dieu. Et elle chantait et priait. Et le tapis se formait sur le métier mystique, se déroulait de la terre au Ciel, montait jusqu'à se perdre là-haut... Formé de quoi ? Des fils fins, parfaits, solides, de ses vertus, du fil qui volait de la navette, qu'elle croyait « sienne », alors qu'elle appartenait à Dieu : la navette de la Volonté de Dieu sur laquelle était enroulée la volonté de la petite, grande Vierge d'Israël, celle que le*

---

[139] « L'Évangile tel qu'il m'a été révélé » Maria Valtorta – Tome 5, Ch 36, page 245

Monde ne connaissait pas mais que Dieu connaissait, sa volonté enroulée dans celle du Seigneur et qui ne faisait qu'une avec elle, Et le tapis se fleurissait des fleurs de l'amour, de la pureté, des palmes de la paix, des palmes de la gloire, des violettes, des jasmins... Toutes les vertus fleurissaient sur le tapis de l'amour que la Vierge déroulait, invitant, de la terre au Ciel. Et comme le tapis ne suffisait pas, elle lançait son cœur en chantant : « Que vienne mon Bien-aimé dans son jardin et qu'il mange du fruit de ses arbres...[140] » « Que mon Bien-aimé descende dans son jardin au parterre des arômes, pour se rassasier dans les jardins, pour cueillir des lys. Je suis à mon Bien-Aimé, et mon Bien-aimé est à moi, Lui qui se repaît parmi les lys ![141] » « Et des distances infinies, parmi des torrents de Lumière, arrivait une Voix qu'une oreille humaine ne peut entendre, ni une gorge humaine former. Et elle disait : « Que tu es belle, mon amie ! Que tu es belle !...[142] C'est du miel que distillent tes lèvres... Tu es un jardin clos, une fontaine scellée, ô sœur, mon épouse...[143] » et les deux voix s'unissaient ensemble pour chanter l'éternelle vérité : « L'amour est plus fort que la mort. Rien ne peut éteindre ou submerger notre amour ». Et la Vierge se transfigurait ainsi... ainsi... ainsi... pendant que Gabriel descendait et la rappelait, avec son ardeur, à la Terre, réunissait son esprit à sa chair pour qu'elle pût entendre et comprendre la demande de Celui qui l'avait appelée « Sœur » mais qui la voulait « Épouse ». C'est ici qu'arriva le Mystère... Et une femme pudique, la plus pudique de toutes les femmes, celle qui ne connaissait même pas la poussée instinctive de la chair, s'évanouit devant l'Ange du Seigneur, parce que même un ange trouble l'humilité et la pudeur de la Vierge, et elle ne se tranquillisa qu'en l'entendant parler, et elle crut, et elle dit la parole par laquelle « leur » amour devint Chair et vaincra la Mort, et il n'y a pas d'eau qui pourra l'éteindre ni de perversion qui puisse le submerger...[144] »

Réponse de Marie Vierge et Mère de Dieu

---

[140] Ct 4, 16
[141] Ct 2, 16 et Ct 6, 3
[142] Ct 4, 1
[143] Ct 4, 11-12
[144] « L'Évangile tel qu'il m'a été révélé » Maria Valtorta – Tome 5, Ch 36, page 246

« Jésus se penche doucement sur Marie qui a glissé à ses pieds comme extasiée dans le rappel d'une heure lointaine, lumineuse d'une lumière spéciale que son âme paraît exhaler, et il lui demande doucement : « Quelle fut ta réponse, ô Vierge très pure, à celui qui t'assurait qu'en devenant la Mère de Dieu tu n'aurais pas perdu ta parfaite Virginité ? »

Et Marie, comme en un rêve, lentement, en souriant, les yeux dilatés par des larmes de joie : « Voici la Servante du Seigneur ! Qu'il soit fait de moi selon sa Parole » et elle repose sa tête sur les genoux du Fils, adorant.

Jésus la voile de son manteau, en la cachant aux yeux de tous et il dit : « Et ce fut fait et cela se fera jusqu'à la fin, jusqu'à l'autre et l'autre encore de ses transfigurations. Elle sera toujours « la Servante de Dieu ». Elle fera toujours comme dira « la Parole ». Ma Mère ! Telle est ma Mère. Et il est bien que vous commenciez à la connaître dans la plénitude de sa sainte Figure... Mère ! Mère ! Redresse ton visage, Aimée... Rappelle tes sentiments à la Terre où pour l'instant nous sommes... » dit-il en découvrant Marie après un certain temps durant lequel il n'y avait d'autre bruit que le bourdonnement des abeilles et le clapotis de la petite source.

Marie lève son visage trempé de larmes et murmure : « Pourquoi, Fils, m'as-tu fait cela ? Les secrets du Roi sont sacrés...[145] »

« Mais le Roi peut les dévoiler quand Il veut. Mère, je l'ai fait pour que soit comprise la parole d'un Prophète : « Une Femme enfermera l'Homme en elle », et l'autre parole d'un autre Prophète : « La Vierge concevra et enfantera Un Fils[146] ». Et c'est aussi pour que ceux qui ont horreur de trop de choses, qui pour eux sont humiliantes, concernant le Verbe de Dieu, aient en contrepoids tant d'autres choses qui les confirment dans la joie de m'appartenir. De cette façon, ils ne se scandaliseront jamais plus, et même à cause de cela conquerront le Ciel.[147] »

---

[145] Tb 12, 7
[146] Is 7, 14
[147] « L'Évangile tel qu'il m'a été révélé » Maria Valtorta – Tome 5, Ch 36, page 247

4.1.3 Dogme Marie Mère de Dieu

Theotokos

Dès le IIIe siècle, selon un ancien témoignage écrit, les chrétiens d'Égypte s'adressaient à Marie avec cette prière :

« *Sous ta protection nous cherchons refuge, Mère de Dieu ne méprise pas nos supplications, nous qui sommes dans l'épreuve, et épargne nous tout danger, ô Vierge glorieuse et bénie* » (Liturgie des Heures).

Dans ce témoignage ancien, l'expression Theotokos, « Mère de Dieu », apparaît pour la première fois de manière explicite.

Concile de Nicée en 325

Le concile de Nicée affirme la foi en :

« *Un seul Seigneur Jésus-Christ, le fils unique de Dieu, c'est-à-dire de même nature (substance) que le Père, il est Dieu né de Dieu, Lumière né de la Lumière, vrai Dieu né du vrai Dieu, engendré non pas créé, consubstantiel au Père.* » (Cf. DS 125)

Le Christ est donc vrai médiateur, solidaire avec les deux parties: il est vraiment homme et vraiment Dieu. Comme tel, il nous a vraiment sauvés.

Les Pères du concile de Nicée affirment avec force la consubstantialité du Fils avec le Père, c'est pourquoi il est clair qu'ils permirent une profonde compréhension de la maternité divine. Marie conçoit Jésus qui est de même nature que le Père... vrai Dieu né du vrai Dieu.

En outre, en soulignant avec force que le Fils s'est fait homme « *pour nous et pour notre salut* », indirectement il est précisé que la maternité divine garantit notre salut.

L'empereur Constantin dans son discours au concile fait usage du titre « Theotokos »[148].

---

[148] Eusèbe, *Vie de Constantin* III 43: GCS I,95.

Premier concile de Constantinople en 381

Le premier concile de Constantinople est convoqué par l'empereur Théodose en 381 pour les églises orientales de langue grecque. Le symbole de foi de ce concile est reconnu comme symbole universel au concile de Chalcédoine.

Le concile est réuni pour résoudre les polémiques avec les disciples d'Arius concernant la divinité du Christ, et avec les Macédoniens concernant l'origine et la nature divine de l'Esprit-Saint.

« Je crois en un seul Seigneur,
Jésus Christ, le Fils unique de Dieu,
né du Père avant tous les siècles :
Il est Dieu, né de Dieu, lumière, née de la lumière,
vrai Dieu, né du vrai Dieu,
engendré, non pas créé, de même nature que le Père,
et par lui tout a été fait.
Pour nous les hommes et pour notre salut, il s'est incarné de l'Esprit Saint et de la Vierge Marie.
Je crois en l'Esprit Saint,
qui est Seigneur et qui donne la vie ;
[version grecque] : il procède du Père
[version latine] : il procède du Père et du Fils ;
avec le Père et le Fils,
il reçoit même adoration et même gloire »

La formule mariale de ce concile, dans sa version littérale latine du texte grec original est : « *Et Incarnatus est de Spiritu santo et Maria virgine* ».

La formule est précédée d'articles de foi sur la divinité du Christ et le but salvateur de sa descente d'auprès de Dieu. Ce n'est donc pas un discours direct et autonome sur la maternité virginale de Marie, ce qui explique la pauvreté de l'exposé sur le sujet.

Cependant l'assertion sur la fonction maternelle de Marie dans l'incarnation du Fils de Dieu est explicite et elle est sûre.

« de Spiritu Sancto et Maria Virgine ».

« *de* » Par la préposition causale « *de* », l'action du verbe « il s'est incarné » (« *incarnatus est* ») est rapportée en même temps à l'Esprit Saint et à la Vierge Marie, comme à un unique principe composé, divin et humain.

« *Spiritu Sancto* », dans le grec original est sans l'article, qui aurait pu légitimer avec sûreté la référence à la troisième Personne de la très Sainte Trinité. Cependant rien n'empêche de penser que, vu la clarification sur l'Esprit Saint faite par ce concile, les pères entendaient déjà lui donner précisément un sens personnaliste.

« *et Maria Virgine* », la personne de Marie est grammaticalement et doctrinalement jointe avec l'Esprit Saint comme co-principe humain de l'Incarnation et de l'humanisation du Fils de Dieu pour le salut de l'homme.

Le terme « *Vierge* » est lié à la personne de Marie comme apposition, non comme adjectif ou attribut. Le texte grec devrait être traduit : « *Marie, la Vierge* », il indique doctrinalement la caractéristique essentielle, l'élément significatif de l'apport humain à l'Incarnation.

La valeur de la formule mariale du premier concile de Constantinople est d'exprimer solennellement la fonction maternelle de la Vierge Marie dans l'Incarnation du Fils de Dieu en tant que tel. Cette formule se rapporte aussi au but même de l'Incarnation, c'est-à-dire le Fils de Dieu s'est incarné de Marie la Vierge « *pour les hommes et pour leur salut* »

Concile d'Ephèse en 431

Au Ve siècle, l'Église est aux prises avec les monophysites qui soutiennent que Jésus est homme seulement en apparence.

Au Ve siècle, l'Église est aux prises avec le Nestorianisme. Le patriarche de Constantinople, Nestorius, souligne la distinction entre la divinité et l'humanité en Jésus. Il s'oppose à ce qu'il considère comme une nouvelle hérésie : « *Je refuse de voir un Dieu formé dans le sein d'une femme !* » Pour lui, Marie est la mère de l'homme Jésus, non du Verbe éternel.

La querelle touche aussi au dogme de la divinité de Jésus. Deux camps s'opposent, celui des partisans du titre de Théotokos (Mère de Dieu) et celui des partisans d'Anthropotokos (mère de l'Homme). Dans un premier temps, Nestorius propose le titre de « Christotokos » (Mère du Christ) afin de concilier les deux camps et résoudre une querelle qui agite son Église.

Cyrille, évêque d'Alexandrie, soutient la doctrine du Verbe fait chair, de nature divine et de nature humaine, pleinement Dieu et pleinement homme. Ce qui est en jeu, ce n'est pas le statut de Marie, mais la réalité de l'Incarnation : Jésus fils de Marie est-il vraiment Dieu ? Si oui, sa mère peut véritablement être dite Mère de Dieu. Refuser le titre de Théotokos à Marie reviendrait donc à séparer la divinité de l'humanité de Jésus, ou à admettre que la divinité de Jésus est postérieure à sa conception, ce qui rejoindrait alors l'hérésie arienne.

L'accusation d'arianisme[149] et d'adoptianisme[150] pouvait aussi se retourner contre les partisans du titre de Théotokos, comme affirmation de la séparation des deux natures, divine et humaine du Christ, alors que le symbole de Nicée en affirmait la parfaite union (la consubstantialité). La controverse est donc importante et délicate. À cela s'ajoute la ferveur populaire, éloignée des querelles théologiques pointues, en faveur du titre de Théotokos.

Cyrille se dépense sans compter, écrit aux moines d'Égypte, aux évêques, au pape, à Nestorius lui-même.
Après bien des péripéties, des échanges de lettres et de mémoires théologiques, un concile œcuménique se tient en 431 à Éphèse. Cette ville est mariale par excellence car c'est là que Marie a résidé avec Jean après la Pentecôte.
Lors du concile cent cinquante évêques d'Orient et d'Occident se réunissent. Cyrille défend cette position au concile christologique

---

[149] La pensée de l'arianisme affirme que si Dieu est divin, son Messager (Jésus), lui, est d'abord humain et apporte la parole de Dieu sur terre, mais ne dispose pas d'une part de divinité.
[150] La pensée de l'adoptianisme affirme que Jésus ne serait devenu le fils de Dieu que par adoption à la suite de son baptême dans le Jourdain par Jean-Baptiste.

d'Ephèse. Le dogme de la maternité divine est défini en 431 lors du concile d'Éphèse. Marie est la « Théotokos », elle a enfanté Jésus, vrai Dieu et vrai homme.

Lors du Concile d'Éphèse, en 431, le Pape Célestin Ier a défini et proclamé la Maternité divine, car Marie a enfanté Jésus, le Fils de Dieu fait homme. Le concile d'Ephèse déclare que la Vierge est la Theotokos (mère de Dieu) « *non pas en ce sens que la nature du Verbe et sa divinité ait eu de la Vierge le début de son origine, mais qu'en ayant tiré d'elle ce corps sacré perfectionné par l'âme intelligente à qui il était uni selon l'hypostase se déclare né selon la chair.* »

Concile de Chalcédoine

En 451, au Concile de Chalcédoine, l'Église réaffirme la maternité divine. Elle professe un seul et même Christ Fils unique et Seigneur en deux natures. Le concile de Chalcédoine précise l'union hypostatique, c'est-à-dire l'union de la nature humaine et de la nature divine dans une seule personne, le Christ.

« *En suivant les saints Pères, nous enseignons tous unanimement que soit confessé un seul et même Fils, notre Seigneur Jésus-Christ.*
Le même, engendré du Père avant les siècles selon la divinité, [engendré] dans les derniers jours pour nous et pour notre salut, de Marie la Vierge, la mère de Dieu, selon l'humanité.[151] »
« *En suivant les saints Pères, nous enseignons tous unanimement que soit confessé un seul et même Fils, Seigneur, l'unique engendré, reconnu en deux natures, sans confusion, sans changement, sans division et sans séparation.*
La différence des natures n'est pas enlevée par l'union, mais au contraire la propriété de chaque nature demeure, et chacune concoure dans une unique personne et une seule hypostase.[152] »

---

[151] DS 301
[152] DS 302

Vatican II

Le concile Vatican II parle de la maternité de Marie en reprenant la doctrine des premiers conciles mais il élargit la perspective (Lumen Gentium chapitre 8 : Marie la Vierge dans le mystère du Christ et de l'Église). Dans le mystère du Christ, Marie joue un rôle toute sa vie, elle est toujours davantage unie au Christ sauveur, par une union consciente et libre. Sa maternité est la plus haute dignité mais aussi le plus grand service.

Explications

Les mères des humains sont appelées mères de l'homme tout entier corps et âme, alors qu'elles ne forment que le corps. L'âme (ou l'esprit) est donné directement par Dieu pour animer le corps. L'homme n'est homme qu'en tant que son âme est unie à son corps.

Marie est la Mère de l'unique personne de Jésus-Christ. Jésus n'est lui-même, qu'autant que Sa Divinité est unie à Son Humanité. Jésus est une personne avec deux natures, la nature divine et la nature humaine. Marie est appelée mère de Jésus, et par là elle peut être appelée mère de Dieu. Marie n'est pas la mère de la nature divine, même si elle mérite le titre de « Mère de Dieu ».

Par sa Maternité divine, Marie est élevée au-dessus de toutes les créatures. Marie a engendré dans le temps Celui qui est engendré du Père de toute éternité.

Les pères latins du concile traduisent le terme « Théotokos » en latin par « qui a enfanté Dieu » de préférence à « Mère de Dieu ». En effet Dieu est éternel.

Thomas d'Aquin précise que la maternité est celle du Verbe-Incarné. Marie est Mère de Dieu et non pas seulement Mère du Fils de Dieu. Le Père, le Fils et le Saint-Esprit sont un seul être.

Cette doctrine est commune aux catholiques et aux orthodoxes mais n'est pas acceptée par les églises protestantes.

4.2 Virginité perpétuelle

4.2.1 Frères de Jésus

Tournure hébraïque

« Frères de Jésus » est une tournure hébraïque orientale qui y englobe les proches : cousins, neveux, oncles.

L'hébreu et l'araméen n'ont pas de terme spécifique pour exprimer l'idée de « cousin, petit-fils ou beau-frère », on recourait souvent au mot « frère » à moins d'utiliser des circonlocutions compliquées comme « fils du frère du père » (cf par exemple le Targum d'Est 2, 7.15). L'ancien testament offre d'abondantes attestations de l'usage du mot « frère » au sens large. Lot et Jacob sont les neveux, respectivement, d'Abraham, Gn 11, 27 ; 14, 12, et de Laban, Gn 29,12. Pourtant ils sont appelés leur frère (Abraham-Lot: Gn 13, 8 ; 14, 14.16 ; Laban-Jacob : Gn 29, 15). Les filles de Celophehad appellent « frère » le frère de leur père (Jos 17, 4). Celophehad était mort sans avoir de fils mâles (Jos 17, 3).

Il y a en grec le mot « anepsios » = « cousin ». On devrait donc l'utiliser comme par exemple en Col 4, 10. Mais les septante aussi traduisent servilement l'original hébreu avec le terme « frère » indiquant un rapport de parenté beaucoup plus large.

Marie non désignée comme mère des « frères » de Jésus

Marie n'est jamais désignée comme la mère des « frères » de Jésus. Deux de ces « frères », Jacques et Joseph, sont explicitement désignés comme les fils d'une autre Marie (d'Alphée) mère de Jacques et Joseph en Mc 15, 40 et Mt 27, 56 et Marie de Jacques (ou mère de Jacques) en Mc 16, 1 et Lc 24, 10 et Marie mère de Joset en Mc 15, 47.

Les « frères » ou les « sœurs » de Jésus ne sont pas appelés les « fils de Marie ». Dans les évangiles et dans les Actes ils sont mentionnés plusieurs fois, de façon vague, ses frères, ou ses sœurs. Deux passages, Mc 6, 3 et Mt 13, 55 nous transmettent le nom de quatre d'entre eux, Jacques, Joset (Mc) ou Joseph(Mt), Simon et Judas. Si quelques auteurs du nouveau testament parlent de frères et sœurs de Jésus, jamais cependant ils n'en parlent comme étant des fils de Marie. De la Vierge on dit seulement qu'elle est « la mère de Jésus ».

Vœu de virginité de Marie
Anne a conduit très jeune sa fille Marie au Temple pour être consacrée à Dieu. Marie a fait le vœu de virginité pour être toute à Dieu.

Marie et sa cousine Élisabeth, sont conscientes que l'enfant de Marie est Dieu : « **Et d'où m'est-il donné que la mère de mon Seigneur vienne à moi ?** » Lc 1, 43.

Marie bénéficie du miracle de concevoir et d'enfanter miraculeusement un enfant-Dieu. Elle a vu des troupes d'anges chanter la gloire de Dieu et proclamer : « **Il vous est né un Sauveur, le Christ Seigneur** » (Luc 2, 11-14). Il semble inconcevable que sa virginité ait pu être atteinte même dans des relations conjugales.

Marie confiée à Jean par Jésus
Jn 19, 26-27 : « **²⁶Jésus, voyant sa mère et, auprès d'elle, le disciple qu'il aimait, dit à sa mère : « Femme, voilà votre fils. » ²⁷Ensuite il dit au disciple : « Voilà votre mère. » Et depuis cette heure-là le disciple la prit chez lui.** »

La tradition estime que si Marie avait eu d'autres enfants, ses autres enfants se seraient occupés de leur mère, et Jésus n'aurait pas eu à confier sa mère à Jean. La femme juive, du temps de Jésus, tient son statut social de son mari ou de ses fils. Or Jacques, « frère » du Seigneur, était, selon les épîtres de Paul, très scrupuleux des lois juives, au point de chercher la division entre les chrétiens d'origine païenne et d'origine juive pour des questions de pureté. Jacques n'aurait pas manqué au commandement majeur d'honorer son père et sa mère en laissant un étranger (Jean) donner le statut social à Marie, si celle-ci avait été sa mère.

Cousins de Jésus

Mc 6, 3 : « ³N'est-ce pas le charpentier, le fils de Marie, le frère de Jacques, de José, de Jude et de Simon ? Ses sœurs ne sont-elles pas ici, chez nous ? Et il était pour eux une pierre d'achoppement. »

Mt 13, 55 : « ⁵⁵N'est-ce pas le fils du charpentier ? Sa mère ne s'appelle-t-elle pas Marie, et ses frères Jacques, Joseph, Simon et Juda ? »

Jacques, Joseph, Jude et Simon sont les fils d'une autre Marie.

Mt 27, 56 : « **parmi elles étaient Marie la Magdaléenne, Marie mère de Jacques et de Joseph, et la mère des fils de Zébédée.** »

Mc 15, 40 : « **Il y avait aussi des femmes qui regardaient à distance, entre autres Marie la Magdaléenne, Marie mère de Jacques le Petit et de José, et Salomé,** »

Mt 27, 47 : « ⁴⁷**Or Marie la Magdaléenne et Marie, mère de José, observaient où il était déposé.** »

Mt 27, 61 : « **Or Marie la Magdaléenne et l'autre Marie étaient là, assises en face du tombeau.** »

L'autre Marie, il s'agit de la mère de Jacques et Joseph ou José.

Mc 15, 47 : « ⁴⁷**Or Marie la Magdaléenne et Marie, mère de José, observaient où il était déposé.**

Mc 16, 1 : « **Lorsque le sabbat fut passé, Marie la Magdaléenne, Marie, mère de Jacques, et Salomé achetèrent des aromates, afin d'aller l'embaumer.** »

Jacques

Au deuxième siècle, Hégésippe[153] atteste que Jacques est le premier évêque de Jérusalem et qu'il est martyrisé par les habitants de la Judée avant le siège de la ville. La nouvelle du martyre de Jacques « le frère de Jésus, le soi-disant Christ » est aussi transmise par Flavius Josephe (Antiquités 20, 9.1)

---

[153] Hégésippe de Jérusalem (115 – 180) écrivain chrétien dont l'histoire et les écrits sont principalement connus par ce qu'en rapporte Eusèbe de Césarée dans son Histoire ecclésiastique.

Eusèbe, sous l'autorité Hégésippe, affirme que Cléophas était un frère de saint Joseph.

Simon
Hégésippe fait savoir qu'il est « le fils d'un oncle du Seigneur », « fils de Cléofas ». À la mort de Jacques, il est choisi comme évêque de Jérusalem « parce que c'est un second cousin du Seigneur ». « Second » est à comprendre en lien avec Jacques, qui devait donc être le premier cousin de Jésus (et non pas son frère au sens strict). Et Eusèbe, sur l'autorité d'Hégésippe, affirme que Cléofas est un frère de saint Joseph. À l'âge de 120 ans, continu Hégésippe, pendant le règne de Trajan, Simon est dénoncé comme descendant de David et de foi chrétienne. Il est traduit en jugement et crucifié[154].

Jude ou Judas
Hégésippe écrit qu'il était appelé « *son [= de Jésus], frère selon la chair* », et qu'il descendait de David[155]. La spécification « *selon la chair* » signifie que Judas n'était pas frère de Jésus au sens simplement spirituel comme les apôtres et les disciples. Et le fait qu'il soit descendant de David fait penser qu'il est aussi un fils de Cléofas qui appartenait à la souche davidique. En toute vraisemblance, il est le « *Jude, frère de Jacques* », auteur de la lettre homonyme du NT.

Frères de Jésus chanoine A. Crampon
Commentaire sur les frères de Jésus d'après la Sainte Bible (traduction d'après les textes originaux par le chanoine A. Crampon 1 - DESCLEE et Cie, Editeurs pontificaux Paris, Tournai, Rome)

« **FRÈRES DE JESUS**.- Il est fait souvent mention dans les Évangiles, les Actes et les Épitres des *Frères de Jésus*. Nous les voyons nommés dans les Évangiles comme un groupe de personnages très rapprochés de J.-C. par des liens de famille (*Matth.*, XIII, 55 ; *Marc*, VI, 3). Ils accompagnent sa sainte Mère (*Matth.*, XII, 46 ; *Marc*, III, 31 ; *Luc*,

---
[154] Eusèbe, Histoire ecclésiastique III, 11.12
[155] Eusèbe, Histoire ecclésiastique III, 19.20

VII, 19 ; *Jean*, II, 12, etc.). Aux temps apostoliques, nous les retrouvons parmi les fidèles, formant un groupe spécial dont on parle avec un respect particulier. Les noms de ces frères de N.-S. sont d'après S. Matthieu et S. Marc : *Jacques*, *José* ou *Joseph*, *Judas* ou *Jude*, et *Simon* ou *Siméon*.

Il ne faut pas songer, dans tous ces passages, à des frères proprement dits.

1. Il n'est presque pas de fait aussi souvent et aussi énergiquement affirmé par la tradition que celui de la virginité permanente de Marie, laquelle, après avoir miraculeusement conçu et mis au monde Jésus, n'eut pas d'autres enfants.

2. Le nom même des *frères* ne démontre rien ici, car *ah*, en hébreu, et ἀδελφός, dans les Septante, ont un sens très étendu et ne désignent souvent qu'un parent en général : c'est ainsi que Lot est nommé *frère d'Abraham*, dont il n'est que le neveu (cf. *Genèse* 13, 8 – 14, 16 – 29, 12).

3. Si les *frères de Jésus* avaient été ses frères dans le sens naturel du mot en français, il serait très singulier que jamais Marie n'eût été appelée leur mère ; or, on ne voit dans le Nouveau Testament comme fils de Marie que Jésus, et c'est précisément par opposition avec ceux qui sont appelés ses frères qu'il est désigné comme fils de Marie (*Marc* 6, 3). Il serait tout à fait inconcevable, en outre, que Jésus, du haut de sa croix, eût recommandé sa mère à S. Jean, si elle avait eu d'autres fils ; c'eût été alors le devoir naturel de ceux-ci de la recueillir, et ils n'y auraient certes pas manqué. La manière même dont Jésus recommanda alors sa mère à S. Jean indique qu'il était le fils unique de Marie, car il dit : ἴδε ὁ υἱός σου ; l'article eût été omis si Marie avait eu d'autres enfants.

4. Quant à cette circonstance que les *frères de Jésus* sont mentionnés d'ordinaire à côté de sa mère, soit dans les Évangiles, soit dans les Actes (*Matth.*, XII, 46 ; *Marc*, III, 31 ; *Luc*, VIII, 19 ; *Jean*, II, 12 ; *Act.*, I, 14), elle s'explique naturellement par les relations étroites qui existaient entre les deux familles. Après la mort de S. Joseph, arrivée selon toute vraisemblance avant le commencement de la vie publique du

Sauveur, Marie se retira, semble-t-il, avec son divin Fils, chez son beau-frère Cléophas (Clopas), de telle sorte que les deux familles furent comme fondues en une seule. Selon d'autres, c'est Cléophas qui serait mort le premier, et S. Joseph qui aurait recueilli chez lui la veuve et les enfants de son frère.

Mais ce qui prouve d'une manière péremptoire que les *frères de Jésus* n'étaient pas les fils de la mère de Jésus, c'est qu'ils avaient une autre mère, dont l'Évangile fait une mention expresse. Parmi les femmes présentent au crucifiement, s. Matthieu (XXVIII, 36) cite une Marie, mère de Jacques et Joseph ; S. Marc (XV, 40) ajoute que ce Jacques, qu'il appelle le *petit* ou le *mineur*, est différent de Jacques, fils de Zébédée. Comme il ne paraît en général, dans le Nouveau Testament, que deux personnages du nom de Jacques, il faut que le premier soit celui que S. Paul nomme le *frère du Seigneur* (Gal., I, 19), celui à qui sa position comme premier évêque de Jérusalem donnait alors une grande autorité, l'auteur enfin de l'épitre admise dans le canon. Ensuite S. Jude, au commencement de son épitre, se nomme le frère de ce Jacques. On trouve donc, dans le Nouveau Testament, pour trois des frères du Seigneur, Jacques, Joseph, Jude, une Marie qui est leur mère et qui est différente de la mère de Jésus... »

4.2.2 Pères de l'Église
Pères de l'Église

Les Pères de l'Église évoquent souvent la virginité en même temps que la maternité divine comme évoquée au dogme « Mère de Dieu ».

Les docteurs de l'Église admettent que Marie avait fait vœu de virginité. En effet, sinon, sa question à l'ange : « **Comment cela se fera-t-il, puisque je ne connais pas d'homme ?** » (ce qui signifie en langage biblique : puisque je n'ai pas de relations sexuelles) n'aurait pas de sens et serait même déplacée.

Origène (185-253)

Origène, dans son Commentaire sur saint Matthieu (vers l'an 248), mentionne expressément la croyance en la virginité perpétuelle de Marie. Comme le souligne Luigi Gambero, Non seulement Origène n'a aucun doute, mais il semble directement impliquer que c'est une vérité déjà reconnue comme partie intégrante du dépôt de la Foi.

Épiphane (315-403)

La virginité de Marie est inscrite dans le symbole de foi d'Épiphane, en 374 : Le Fils de Dieu « *s'est incarné c'est-à-dire a été engendré parfaitement de sainte Marie, la toujours vierge, par le Saint-Esprit.* »

Augustin (354-430)

Saint Augustin, cité et approuvé par saint Thomas d'Aquin (ut infra, Q. 28, art. 4) : « *Saint Augustin, écrit « A l'annonce faite par l'Ange, Marie répond: « Comment cela se fera-t-il, puisque je ne connais pas d'homme ? » Ce qu'elle n'aurait certainement pas dit si elle n'avait pas antérieurement consacré à Dieu sa virginité. Toutefois, la phrase « je ne connais pas d'homme » est cohérente avec le fait que Marie était fiancée à ce moment, mais non encore mariée.* »

Thomas d'Aquin (1225-1274)
Marie vierge concevant le Messie, Art 1 conclusion

« *Il faut absolument confesser que la mère du Christ a conçu en restant vierge. Soutenir le contraire serait verser dans l'hérésie des ébionites et de Cérinthe, qui faisaient du Christ un homme ordinaire et attribuaient sa naissance à l'union des sexes.*

Que le Christ ait été conçu d'une vierge, cela convient pour quatre motifs : 1° Pour sauvegarder la dignité de celui qui l'envoie. En effet, puisque le Christ est vraiment Fils de Dieu par nature, il ne convenait pas qu'il eût un autre père que Dieu, pour que la dignité de Dieu ne se reporte pas sur un autre.

2° Cela convenait à ce qui est le propre du Fils de Dieu, qui est envoyé. Il est le Verbe de Dieu. Or le verbe (la parole) est conçu sans aucune corruption de notre cœur; au contraire, la corruption du cœur est incompatible avec la conception d'un verbe parfait. Parce que la chair a été assumée par le Verbe de Dieu pour être vraiment sa chair, il convenait qu'elle-même fût conçue sans aucune atteinte à l'intégrité de la mère.

3° Cela convenait à la dignité de l'humanité du Christ, où le péché ne pouvait trouver place, puisque c'est elle qui devait enlever le péché du monde selon la parole rapportée par S. Jean (1, 29) : "Voici l'Agneau de Dieu", l'être innocent, " qui enlève le péché du monde". Dans une nature déjà corrompue par l'acte conjugal, la chair n'aurait pu naître sans être imprégnée du péché originel. C'est pourquoi S. Augustin a pu écrire : "Une seule absence ici", dans le mariage de Marie et de Joseph, " celle des rapports conjugaux, car ils ne pouvaient s'accomplir dans la chair de péché, sans cette convoitise de la chair qui vient du péché et sans laquelle voulut être conçu celui qui devait être sans péché."

4° Cela convenait à cause de la fin même de l'incarnation du Christ, qui est de faire renaître les hommes en fils de Dieu " non d'un vouloir de chair ni de la volonté de l'homme, mais de Dieu " (Jn 1, 13) c'est-à-dire par la puissance divine. Le modèle de cette renaissance devait se montrer dans la conception du Christ. S. Augustin l'affirme : "Il fallait que notre tête naquît, selon la chair, d'une vierge par un miracle insigne, pour montrer que ses membres devaient naître, selon l'esprit, de cette vierge qu'est l'Église.[156] *»*

Marie vierge enfantant le Messie, art 2 conclusion

« *Sans aucun doute, il faut affirmer que la mère du Christ est demeurée vierge même en enfantant. Car le prophète ne dit pas seulement « Voici que la Vierge concevra », mais il ajoute « Elle enfantera un fils. » Et l'on peut en donner trois raisons de convenance.*

1° Cela convenait à ce qui est le propre de celui qui naîtrait, et qui est le Verbe de Dieu. Car non seulement le verbe est conçu dans notre cœur sans le corrompre, mais c'est aussi sans corruption qu'il sort du cœur. Aussi, pour montrer qu'il y avait là le corps du Verbe de Dieu

---

[156] Thomas d'Aquin « Somme Théologique IIIa pars » - Q. 28, art. 1 Conclusion.

en personne, convenait-il qu'il naquît du sein intact d'une vierge. On lit encore dans un discours du Concile d'Éphèse : « Celle qui engendre la chair seule cesse d'être vierge. Mais parce que le Verbe est né de la chair, il protège la virginité de sa mère, montrant par là qu'il est le Verbe... Car ni notre verbe, lorsqu'il est engendré, ne corrompt notre âme, ni Dieu, le Verbe substantiel, lorsqu'il choisit de naître, ne supprime la virginité. »

2° Cela convient quant à l'effet de l'Incarnation. Car le Christ est venu pour enlever notre corruption. Aussi n'aurait-il pas été convenable qu'il détruisît par sa naissance la virginité de sa mère. Aussi S. Augustin dit-il « Il aurait été malheureux que l'intégrité fût détruite par la naissance de celui qui venait guérir la corruption. »

3° Celui qui a prescrit d'honorer ses parents ne pouvait en naissant diminuer l'honneur de sa mère.[157] »

Marie demeurée vierge après l'enfantement, art 3 conclusion

« Il faut sans aucun doute rejeter l'erreur d'Helvidius, qui a osé dire que la mère du Christ, après l'avoir enfanté, a eu des rapports conjugaux avec Joseph et a engendré d'autres fils.

1° Cela porte atteinte à la perfection du Christ. Étant, selon sa nature divine, le fils unique du Père, comme étant parfait à tous égards, il convenait qu'il fût le fils unique de sa mère, son fruit très parfait.

2° Cette erreur fait injure au Saint-Esprit, car le sein virginal fut le sanctuaire où il forma la chair du Christ; aussi aurait-il été indécent qu'il fût ensuite profané par une union avec l'homme.

3° Elle rabaisse la dignité et la sainteté de la Mère de Dieu, qui aurait paru très ingrate si elle ne s'était pas contentée d'un Fils pareil et si elle avait voulu perdre par une union charnelle la virginité qui s'était miraculeusement conservée en elle.

4° On devrait encore reprocher à Joseph la plus grande audace s'il avait essayé de souiller celle dont l'ange lui avait révélé qu'elle a conçu Dieu par l'opération du Saint-Esprit. C'est pourquoi il faut affirmer sans aucune réserve que la Mère de Dieu, qui était restée vierge en concevant et en enfantant, est encore restée perpétuellement vierge

---

[157] Thomas d'Aquin « Somme Théologique IIIa pars » - Q. 28, art. 2 Conclusion.

après avoir enfanté.[158] »

Bernard de Clairvaux (1090-1153)
Dans une parfaite continuité avec les Pères, saint Bernard de Clairvaux s'exprime ainsi dans son « Sermon à la louange de la Vierge Mère » : « *Naître d'une vierge était la seule naissance digne de Dieu ; et donner le jour à Dieu était le seul enfantement qui puisse convenir à une vierge.(...) Il donna donc à la Vierge d'enfanter, lui qui avait déjà inspiré en elle le vœu de virginité et lui avait dispensé par avance cette valeur précieuse qu'est l'humilité. (...) elle reçut le don de la virginité (...) vierge de corps, vierge d'esprit, vierge aussi par décision et engagement...* ».

4.2.3 Mystiques
Maria Valtorta, Vierge de Dieu :
Le mardi 13 février 29, Jésus fait la première annonce de sa Passion). Maria Valtorta rapporte les paroles du berger Isaac et de Jésus :

« *Personne, s'il n'est pas le Fils de Dieu, ne peut par lui-même se ressusciter, de même que personne, s'il n'est pas le Fils de Dieu, ne peut être né comme il est né. Moi, je le dis. Moi qui ai vu la gloire de sa naissance* » dit Isaac sûr de lui dans son témoignage.[159]

Le vendredi 29 juin 29, Marie répond à Marie d'Alphée

« *Quand l'Ange me dit qu'en restant la Vierge j'aurais conçu un Fils qui, à cause de sa conception divine, serait appelé Fils de Dieu, et tel il est réellement...*[160] »

Marie Lataste – Marie Vierge Mère, Mère de Dieu
Jésus parle à Marie Lataste.

---

[158] Thomas d'Aquin « Somme Théologique IIIa pars », Q. 28, art. 3 Conclusion.

[159] « L'Évangile tel qu'il m'a été révélé » Maria Valtorta – Tome 5, Ch 34, page 227
[160] Ibid – Tome 6, Ch 128, page 320

> « *La grâce que Marie a trouvée devant mon Père, est moi. Je suis la grâce de Dieu le Père, je suis la splendeur de sa gloire, et Marie m'a trouvé par sa sainteté, par sa vertu, par sa virginité. Elle m'a trouvé et je viendrai en elle, et je me donnerai à elle, et elle se donnera à moi. Ma divinité descendra en son humanité, son humanité voilera ma divinité ; ma divinité remplira son humanité ; vierge, elle deviendra mère ; vierge mère, elle sera mère de Dieu, elle sera ma mère.[161]* »

4.2.4 Dogme de la virginité perpétuelle
<u>Marie Vierge</u>

Le dogme de la virginité perpétuelle signifie que Marie est restée Vierge de sa naissance jusque sa propre mort (son Assomption). Elle est donc Vierge après la conception de Jésus par l'Esprit-Saint et Vierge après la naissance de Jésus.

Vers 400, le pape Siricius disait, à propos de Boronius, détracteur de la Virginité perpétuelle : « *La conscience chrétienne recule avec horreur devant la pensée que du même sein virginal d'où est né le Christ, selon la chair, d'autres enfants soient sortis* ». De fait, comment ce vase plus sacré qu'aucun ciboire d'or, vase préparé par l'Esprit-Saint, vase vivant ayant non seulement contenu Dieu en donnant Chair et Sang au Christ, comment en effet, aurait-il pu servir ensuite à des enfantements d'hommes pécheurs ?

La Virginité de Marie est proclamée comme une « vérité de Foi » lors du deuxième concile de Constantinople en l'an 553 qui prononce dans le second anathème : « *Le Verbe de Dieu, s'étant incarné dans la sainte et glorieuse Mère de Dieu et toujours Vierge Marie, est né d'elle.* »

Le dogme de la virginité perpétuelle est défini en 649 par le pape Martin 1er au Concile de Latran. Marie était vierge avant la naissance de Jésus et l'est resté jusqu'à sa mort. Le pape Martin Ier affirme la Virginité perpétuelle Marie et la désigne la « *Toujours-Vierge* ».

---

[161] Marie Lataste « Livre 3, chap. 6

Les Docteurs de l'Église en particulier Saint Bernard, Saint Irénée, et Saint Éphrem considèrent comme une vérité indiscutable, admise par tous dans l'Église, que la naissance de Jésus fut miraculeuse et que Marie est restée vierge même pendant cette naissance miraculeuse. Ils font volontiers référence à l'image du tombeau scellé de Jésus, dont il est sorti lors de la résurrection sans briser les scellés.

Le Catéchisme du Concile de Trente (1566) évoque la virginité de Marie dans l'enfantement : « *De même que, plus tard, Il sortit de son tombeau sans briser le sceau qui Le tenait fermé, (...), ainsi Jésus-Christ sortit du sein de Sa Mère sans blesser aucunement sa virginité* » (I, IV, 2).

La constitution dogmatique « Lumen gentium », adoptée par le concile de Vatican II déclare ainsi : « *Cette union (de Marie et de Jésus) se manifeste ensuite à la nativité, lorsque la Mère de Dieu, toute joyeuse, montra aux bergers et aux Mages son Fils premier-né, lui qui n'a pas lésé sa virginité, mais l'a consacrée.* »

Cette doctrine est commune aux catholiques et aux orthodoxes mais n'est pas acceptée par les églises protestantes.

4.3 Immaculée conception
4.3.1 Pères de l'Église
Pères de l'Église des premiers siècles

L'expression de la doctrine de l'Immaculée Conception s'opère progressivement. Déjà les Pères de l'Église en exprimaient le contenu.

Au IIe siècle, les Pères de l'Église opposent Ève, « cause de la mort », à Marie, « cause de la vie et du salut », réalisant la promesse de la genèse en Gn 3, 15 : « **Et je mettrai une inimitié entre toi et la femme, entre ta postérité et sa postérité ; celle-ci te meurtrira à la tête, et tu la meurtriras au talon.** »

Éphrem le Syrien (306-373)

« *Pleine de grâce,... toute pure, toute immaculée, toute sans faute, toute sans souillure, toute sans reproche, toute digne de louange, toute intègre, toute bienheureuse, ... vierge d'âme, de corps et d'esprit,... arche sainte... belle par nature, tabernacle sacré que le Verbe... a travaillé de ses mains divines, ... complètement étrangère à toute souillure et à toute tache du péché* »

Saint Éphrem dira : « *En vous Seigneur, il n'y a aucune faute, et en votre Mère aucune tache* ».

Grégoire de Nysse (330-395)

Il se fait le chantre de l'Immaculée Conception dans son traité sur la Virginité[162].

Amphiloque d'Iconium (339 ou 340 - entre 394 et 403)

« *Dieu a formé la sainte Vierge sans tache et sans péché.*[163] »

Ambroise de Milan (340-397)

« *Marie est sans défaillance, immaculée.*[164] »

Augustin d'Hippone (354-430)

« *De la sainte Vierge Marie, pour l'honneur du Christ, je ne veux pas qu'il soit question lorsqu'il s'agit de péchés. Nous savons en effet qu'une grâce plus grande lui a été accordée pour vaincre de toutes parts le péché par cela même qu'elle a mérité de concevoir et d'enfanter celui dont il est certain qu'il n'eut aucun péché.*[165] »

Saint Augustin écrira : « *Aussitôt conçue, elle fut dans l'appartenance divine par une grâce de renaissance* ».

Jérôme de Stridon (347-420)

Dans la Vulgate nous trouvons l'expression « inmaculata » (Ct 5, 2 ; cf. 4,7) et attribue à Marie le rôle d'écraser le serpent (Gn 3, 5). Dans son commentaire du psaume 73, il indique que Marie n'a jamais été dans les ténèbres, mais toujours dans la lumière.

---

[162] Patrologiae Cursus Completus, Series Graeca (PG 46) De Virginate, , 317-416
[163] Orat. 4, in S. Deip. et Simeon
[164] Lettre à Sirice 42,2.
[165] De natura et gratia 36,42 PL 44,267

Proclus de Constantinople (390-446)
« La Sainte Vierge a été formée d'un limon pur.[166] »

Jacques de Saroug (450-521)
« Sa nature originelle était préservée, avec une volonté pour les choses bonnes.[167] »

Romain le Mélode (493-565)
« [Marie a été] le Temple saint dès sa naissance... Anne a enfanté l'Immaculée.[168] »

Anastase d'Antioche (Avant 599)
« Le Verbe est descendu dans un sein virginal exempt de toute corruption.[169] »

Sophrone de Jérusalem (560-638)
« Marie, pure, sainte, sans tache, resplendissante, aux sentiments divins, sanctifiée, libre de toute souillure du corps, de la pensée, de l'âme.[170] »

Théologie postérieure

Autour du Xe siècle, un débat théologique va se mettre en place en Europe entre les tenants du dogme de l'Immaculée Conception (les immaculistes), et ses opposants (les maculistes)[171].

Au XIIe siècle, Bernard de Clairvaux, bien que célèbre pour sa dévotion mariale, s'oppose en 1146 à cette pratique[172].

Au XIIIe siècle, Thomas d'Aquin s'oppose (dans une certaine

---

[166] Orat. 6, Laudatio S. Genitr.
[167] Sur la Vierge 24, P125; cf. 26, p. 127
[168] Analecta Sacra Spicilegio Solesmensi parata, t. I, Paris, Jean-Baptiste Pitra, 1876, p. 199
[169] Orat 3, de Inc 6, PG 89.
[170] Patrologiae Cursus Completus, Series Graeca (PG 87, 3 3160).
[171] « 8 décembre, Immaculé Conception, Solennité » Abbé Christian-Philippe Chanut
[172] Lettre n.174, Aux chanoines de Lyon, sur la conception de la Sainte Vierge

mesure) au dogme de l'Immaculée Conception[173].

Jean Duns Scot (1266-1308) défend le principe de l'Immaculée Conception. En tant que Mère de Dieu, Marie, ne saurait être comme les autres entachée du péché originel[174].

John Baconthorp, dans un premier temps opposé à ce principe en 1340 en devient ensuite un fervent défenseur[175].

Pierre Thomas (1305-1366), moine carme et patriarche latin de Jérusalem, rédige un traité où il affirme sa foi en la conception immaculée de la Vierge Marie[176].

Péguy, pèlerin de Chartres, disait : « *Le sens de tout est l'Immaculée-Conception* ». Marie est ce qu'Adam et Ève et toute l'humanité auraient dues être, sans péché. Par le sacrifice de Jésus sur la croix nous pouvons devenir immaculés, lavés par le sang de l'Agneau de Dieu.

4.3.2 Mystiques
Maria Valtorta - Marie sans péché
Pureté de Marie

Le lundi 13 septembre 27 la saison des vendanges commence.
Anne (et Jude) accueille Marie dans sa maison.

« *Tu l'entends et tu le sers, et pour cette joie, tu as été la première. Je suis mère, moi aussi, et j'ai des fils qui sont sages. Quand je les entends parler, mon cœur bat de fierté. Et toi, qu'éprouves-tu quand tu l'entends ?* »

« *Une suave extase. Je me perds dans mon néant et la Bonté, qui n'est autre que Lui-même, me soulève également avec Lui. Je vois alors, dans un simple regard, la Vérité Éternelle et elle se fait la chair et le sang de mon esprit.* »

---

[173] A. Strap, « *L'Immaculée Conception : Étude sur l'origine d'un dogme* »
[174] *Olivier de Boulinois, « Duns Scot : la rigueur de la charité »*
[175] *A. Staring,* « Jean Baconthorp »
[176] « Saint Pierre Thomas (xive siècle) courte biographie », *Les heures du Carmel, Lavaur, Éditions du Carmel, 2005*

« Béni soit ton cœur ! Il est pur, et pour cette raison il comprend le Verbe. Nous, nous sommes plus durs, parce que remplis de fautes... »

« C'est pour cela que je voudrais donner à tout le monde mon cœur, car l'amour leur serait lumière pour comprendre. Parce que, crois-le, c'est l'amour qui rend facile toute entreprise et moi, je suis la Mère et en moi l'amour coule de source.[177] »

Marie sans péché
Nous sommes le vendredi 18 août 28.

« Voici ma mère et voici mes frères. Ceux qui font la volonté de Dieu sont mes frères et mes sœurs, ils sont ma mère. Je n'en ai pas d'autres. Et les miens seront tels si les premiers et avec une plus grande perfection que tous les autres ils feront la volonté de Dieu jusqu'au sacrifice total de toute autre volonté ou voix du sang et des affections.

.....

Je n'ai rien à pardonner à ma Mère ni à me faire pardonner par elle parce qu'Elle juge avec justice. Que le monde fasse ce qu'il veut. Moi, je fais ce que Dieu veut et, avec la bénédiction du Père et de ma Mère, je suis heureux plus que si le monde entier m'acclamait roi selon le monde. Viens, Mère, ne pleure pas. Eux ne savent pas ce qu'ils font. Pardonne-leur. »

« Oh ! mon Fils ! Je sais. Tu sais. Il n'y a rien d'autre à dire... »

« Il n'y a rien d'autre à dire aux gens que ceci : « Allez en paix.[178] »

Pureté de Marie
Puis ils passent la semaine à Béthanie jusqu'au dimanche 25 mars 29. Jésus dit à Marie-Madeleine :

« Il n'y a que les enfants qui ont l'âme angélique, l'âme préservée par leur innocence des connaissances qui peuvent se changer en fange. C'est pour cela que je les aime tant. Je vois en eux un reflet de la Pureté infinie. Ce sont les seuls qui portent avec eux ce souvenir du Ciel.[179] »

« Ma Mère est la femme à l'âme d'enfant. Plus encore. Elle est la

---

[177] « L'Évangile tel qu'il m'a été révélé » Maria Valtorta – Tome 2, Ch 75, page 412
[178] « L'Évangile tel qu'il m'a été révélé » Maria Valtorta – Tome 4, Ch 132, page 311
[179] Ibid - Tome 5, Ch 67, page 491

Femme à l'âme angélique. Telle Ève sortie des mains du Père. Imagines-tu, Marie, ce qu'aura été le premier lys fleuri dans le jardin terrestre ? Ils sont si beaux aussi ceux qui conduisent à cette eau. Mais le premier sorti des mains du Créateur ! Était-ce une fleur ou un diamant ? Était-ce des pétales ou des feuilles d'argent très pur ? Eh bien, ma Mère est plus pure que ce premier lys qui a parfumé les vents. Et son parfum de Vierge inviolée emplit le Ciel et la Terre, et c'est derrière elle que marcheront ceux qui seront bons dans les siècles des siècles.

Le Paradis est lumière, parfum et harmonie. Mais si en lui le Père ne se délectait pas dans la contemplation de la Toute Belle qui fait de la Terre un paradis, mais si le Paradis devait dans l'avenir ne pas posséder le Lys vivant dans lequel se trouvent les trois pistils de feu de la Divine Trinité, lumière, parfum et harmonie, la joie du Paradis seraient amoindris de moitié. La pureté de la Mère sera la gemme du Paradis. Mais le Paradis est sans limites ! Que dirais-tu d'un roi qui n'aurait qu'une gemme dans son trésor ? Même si c'était la gemme par excellence ?

Quand j'aurai ouvert les portes du Royaume des Cieux... - ne soupire pas, Marie, c'est pour cela que je suis venu - beaucoup de justes et de petits entreront, troupe candide derrière la pourpre du Rédempteur. Mais ce sera encore peu pour peupler les Cieux de gemmes et former les citoyens de la Jérusalem éternelle. Et ensuite... lorsque la Doctrine de Vérité et de Sanctification sera connue par les hommes, lorsque ma Mort aura redonné la Grâce aux hommes, comment les adultes pourraient-ils conquérir les Cieux, si la pauvre vie humaine est une fange continuelle qui rend impur ? Alors donc est-ce que mon Paradis appartiendra aux seuls petits ? Oh ! non ! Il faut savoir devenir des enfants, mais c'est aussi aux adultes qu'est ouvert le Royaume.

Comme des petits... Voilà la pureté. Tu vois cette eau ? Elle paraît si limpide, mais observe : il suffit qu'avec un jonc j'en remue le fond pour qu'elle se trouble. Des détritus et de la boue affleurent. Son cristal devient jaunâtre et personne n'en boirait plus. Mais si j'enlève le jonc, la paix revient et l'eau revient peu à peu à sa limpidité et à sa beauté. Le jonc c'est le péché. Il en est ainsi des âmes. Le repentir, crois-le, est ce qui purifie les âmes...[180] »

---

[180] L'Évangile tel qu'il m'a été révélé » Maria Valtorta – Tome 5, Ch 67, page 492

Trois esprits parfaits créés

Dans la soirée du jeudi 3 mai 29, ils sont à Joppé. Des gentils viennent voir Jésus. Jésus répond sur Socrate.

« En vérité je te dis que le maître grec, tout en étant dans l'erreur d'une religion qui n'est pas vraie, était dans la vérité en disant l'âme immortelle. En quête du Vrai et pratiquant la Vertu, il sentait au fond de son esprit murmurer la Voix du Dieu inconnu, du Vrai Dieu, du Dieu Unique : le Père très Haut, d'où je viens pour amener les hommes à la Vérité. L'homme a une âme, Une, Vraie, Éternelle, Maîtresse, capable de mériter la récompense ou le châtiment. Toute sienne, créée par Dieu, destinée dans la Pensée Créatrice à retourner à Dieu. Vous, gentils, vous vous adonnez trop au culte de la chair, œuvre admirable en vérité, sur laquelle se trouve la marque du Pouce éternel. Vous admirez trop l'intelligence, joyau renfermé dans l'écrin de votre tête et faisant couler de là ses rayons sublimes. Grand don, don supérieur du Dieu Créateur qui vous a formés selon sa Pensée et conforme à elle, et donc œuvre parfaite d'organes et de membres, et vous a donné la ressemblance avec sa Pensée et avec son Esprit. Mais la perfection de la ressemblance se trouve dans l'esprit. Car Dieu n'a pas les membres et l'opacité de la chair, comme Il n'a pas les sens et le foyer de la luxure. Mais c'est un Esprit très pur, éternel, parfait, immuable, infatigable en son action, se renouvelant sans cesse dans ses œuvres qu'il adapte paternellement au chemin d'ascension de sa créature. L'esprit, créé pour tous les hommes à partir d'une même Source de puissance et de bonté, ne connaît pas de différence de perfection initiale. Il n'y a qu'un seul Esprit Incréé, parfait et resté tel. Il y a trois esprits créés parfaits...[181] *»*

« Tu es l'un d'eux, Maître. »

« Pas Moi. Moi, dans ma chair, j'ai l'Esprit qui n'a pas été créé, mais qui a été engendré par le Père, par exubérance d'Amour. »

« Qui donc ? »

« Les deux premiers parents d'où vient la race, créés parfaits et puis tombés, volontairement, dans l'imperfection. Le troisième, créé pour la joie de Dieu et de l'Univers, est trop au-dessus des possibilités de

---

[181] « L'Évangile tel qu'il m'a été révélé » Maria Valtorta -, livre 6, chapitre 95, page 118

pensée et de foi du monde de maintenant pour que Moi je vous l'indique. Les esprits, disais-je, créés, venant d'une même Source avec une égale mesure de perfection, subissent ensuite, d'après leur mérite et leur volonté, une double métamorphose.[182] »

« Tu es l'un d'eux, Maître. »

« Pas Moi. Moi, dans ma chair, j'ai l'Esprit qui n'a pas été créé, mais qui a été engendré par le Père, par exubérance d'Amour. »

« Qui donc ? »

« Les deux premiers parents d'où vient la race, créés parfaits et puis tombés, volontairement, dans l'imperfection. Le troisième, créé pour la joie de Dieu et de l'Univers, est trop au-dessus des possibilités de pensée et de foi du monde de maintenant pour que Moi je vous l'indique.[183] »

Le seul Esprit Incréé parfait et resté tel est Dieu.

Adam et Ève sont les deux esprits créés parfaits avant leur chute due au péché originel.

Marie, mère de Jésus, et le troisième esprit créé parfait et qui est demeuré sans aucun péché.

Marie sainte et innocente

Le jeudi 17 mai 29, Jésus parle aux gens d'un village :

« Et pourtant je vous dis que la Terre n'a pas encore entendu le cri, ni recueilli les pleurs de la femme la plus sainte et de la femme la plus malheureuse, de celles qui resteront éternellement dans le souvenir de l'homme : la Mère du Rédempteur mis à mort, et la mère de celui qui l'aura trahi. Ces deux, martyres de manières différentes, s'entendront à des milles de distance, s'entendront gémir, et ce sera la Mère innocente et sainte, la plus innocente, l'Innocente Mère de l'Innocent, qui dira à sa sœur lointaine, martyre d'un fils cruel plus que tout autre chose : « Sœur, je t'aime ».

Aimez pour être dignes de Celle qui aimera pour tous les hommes et aimera tous les hommes. L'amour, c'est ce qui sauvera la Terre.[184] »

---

[182] Ibid - livre 6, chapitre 95, page 119
[183] Ibid - livre 6, chapitre 95, page 119
[184] « L'Évangile tel qu'il m'a été révélé » Maria Valtorta - Tome 6, Ch. 110, page 210

Conséquence de l'immaculée conception enfantement sans douleur
Le Vendredi 10 novembre 28, Marie parle à son fils Jésus :

« Je pense que tu es arrivé juste pour l'anniversaire de notre départ pour Bethléem... Alors aussi, il y avait des sacs et des coffres ouverts et pleins de vêtements et spécialement de petits langes... pour un tout Petit qui pouvait naître, disais-je à Joseph, qui devait naître, me disais-je à moi-même, à Bethléem de Juda... Je les avais cachés au fond, parce que Joseph avait peur de cela... il ne savait pas encore que la naissance du Fils de Dieu n'aurait pas été sujette ni pour Lui-même, ni pour sa Mère, aux misères habituelles de l'enfantement et de la naissance. Il ne savait pas, et il avait peur d'être loin de Nazareth avec moi, dans cet état. Moi, j'étais certaine que c'était là que je serais Mère... Tu exultais trop en moi par la joie d'être arrivé à ton jour natal, et au jour natal de la Rédemption, par conséquent, pour que je puisse me tromper. Les anges tourbillonnaient autour de la Femme qui te portait, mon Dieu...[185] *»*

Marie Lataste (1822-1847)

« Un jour de la fête de l'Immaculée Conception, j'étais venue prier devant l'autel de Marie longtemps avant la célébration de la sainte messe. J'avais rendu mes hommages à Marie conçue sans péché, j'avais félicité Notre-Seigneur Jésus-Christ d'avoir une créature si privilégié pour mère. Je m'associai de tout cœur à la croyance de l'Église et m'unis à tous les fidèles qui, en ce jour, rendaient honneur à Marie. J'eus le plaisir de communier. Quand Jésus fut dans mon cœur, il me dit ainsi : « Ma fille, vos hommages ont été agréés par ma Mère, et aussi par moi. Je veux vous remercier de votre piété par une nouvelle qui vous fera plaisir. Le jour va venir où le ciel et la terre se concerteront ensemble pour donner à ma Mère ce qui lui est dû dans la plus grande de ses prérogatives. Le péché n'a jamais été en elle, et sa conception a été pure, et sans tache, et immaculée comme le reste de sa vie. Je veux que sur la terre cette vérité soit proclamée et reconnue par tous les chrétiens. Je me suis élu un Pape et j'ai soufflé dans son cœur cette résolution. Il aura

---

[185] Ibid – Tome 4, Ch 169, page 529

dans sa tête cette pensée toujours, pendant qu'il sera Pape. Il réunira les évêques du monde pour entendre leurs voix proclamer Marie immaculée dans sa Conception et toutes les voix se réuniront dans sa voix. Sa voix proclamera la croyance des autres voix, et retentira dans le monde entier. Alors, sur la terre, rien ne manquera à l'honneur de ma Mère. Les puissances infernales et leurs suppôts s'élèveront contre cette gloire de Marie, mais Dieu la soutiendra de sa force, et les puissances infernales rentreront dans leur abîme avec leurs suppôts. Ma Mère apparaîtra au monde sur un piédestal solide et inébranlable ; ses pieds seront de l'or le plus pur, ses mains comme de la cire blanche fondue, son visage comme un soleil, son cœur comme une fournaise ardente. Une épée sortira de sa bouche et renversera ses ennemis et les ennemis de ceux qui l'aiment et l'ont proclamée sans tache.

« *Ceux de l'orient l'appelleront la rose mystique, et ceux du nouveau monde la femme forte. Elle portera sur son front écrit en caractères de feu : « Je suis la ville du Seigneur, la protectrice des opprimés, la consolatrice des affligés, le rempart contre les ennemis. » Or, l'affliction viendra sur la terre, l'oppression régnera dans la cité que j'aime et où j'ai laissé mon cœur. Elle sera dans la tristesse et la désolation, environnée d'ennemis de toutes parts, comme un oiseau pris dans les filets. Cette cité paraîtra succomber pendant (trois ans) et un peu de temps encore après ces trois ans. Mais ma Mère descendra dans la cité ; elle prendra les mains du vieillard assis sur un trône, et lui dira : « Voici l'heure, lève-toi. Regarde tes ennemis, je les fais disparaître les uns après les autres, et ils disparaissent pour toujours. Tu m'as rendu gloire au ciel et sur la terre, je veux te rendre gloire sur la terre et au ciel. Vois les hommes, ils sont en vénération devant ton nom, en vénération devant ton courage, en vénération devant ta puissance. Tu vivras et je vivrai avec toi. Vieillard, sèche tes larmes, je te bénis. »*

« *La paix reviendra dans le monde parce que Marie soufflera sur les tempêtes et les apaisera; son nom sera joué, béni, exalté à jamais. Les captifs reconnaîtront lui devoir leur liberté, et les exilés la patrie, et les malheureux la tranquillité et le bonheur. Il y aura entre elle et tous ses protégés un échange mutuel de prières et de grâces, et d'amour et d'affection, et de l'orient au midi, du nord au couchant, tout proclamera*

*Marie, Marie conçue sans péché, Marie reine de la terre et des cieux. »
Amen ! ! !*[186] »

« *Ma fille, je veux vous parler aujourd'hui de ma Mère, me dit un jour le Sauveur Jésus. Sa conception a été immaculée. Il devait en être ainsi pour qu'elle fût digne de moi. Je suis la sainteté même, comment aurais-je pu m'incarner dans un corps qui eût été souillé par le péché? Toute la substance de mon corps a été prise du corps de Marie; par conséquent, si Marie avait eu une chair même un seul instant, souillée par le péché, ma chair eût été une chair sur laquelle le péché aurait eu un instant empire, ce qui ne pouvait compatir avec ma divinité et ma sainteté. C'est pour cela que Marie, destinée à être ma mère, a été exempte du péché originel; c'est pour cela que, dès le premier instant de sa conception, Marie reçut de moi la sainteté en partage, et avec cette sainteté originelle toutes les prérogatives qui pouvaient y être attachées. Elle reçut une telle abondance de grâce en ce moment, que vous chercheriez en vain dans la création une semblable merveille. Elle resta neuf mois voilée et cachée pour la terre, comme moi-même je devais plus tard rester neuf mois voilé et caché en elle. En ce temps son âme douée d'intelligence et de raison s'unissait de plus en plus à Dieu, pendant qu'elle était encore inconnue au monde et qu'elle ne voyait pas le monde, afin qu'à l'heure de sa naissance et durant toute sa vie, son regard ne fût fixé que sur Dieu, ne cherchât que Dieu, ne se plût qu'en Dieu. La naissance de ma mère fut ignorée de la terre, méconnue de la terre, mais non du ciel. Dieu, dès lors, put s'arrêter avec complaisance sur une créature pleine de justice et de sainteté, et, en sa faveur, accomplir l'œuvre de miséricorde qu'il avait promise au monde. Dieu ne regardait que Marie, ne vivait qu'avec Marie, ne se plaisait qu'en Marie. Il ne regardait point les grands, les puissants, ni les rois de la terre; son œil ne s'arrêtait que sur l'humble Marie, sur Marie inconnue, sur Marie enfant, qu'il aime comme sa fille, comme son épouse, comme sa mère, comme son temple. Du sein de son éternité, il veille sur Marie, il la dirige, il la conduit, il la regarde comme celle qu'il veut faire participer aux plus étonnants mystères qu'il doit opérer dans le temps. Chaque jour*

---

[186] « Livre 3 La Sainte Vierge Marie » Chapitre 4 de Marie Lataste

il augmente les grâces dans son âme, chaque jour il la fait croître en âge, en vertus, en mérites à ses yeux.

« Bientôt Marie fut tellement élevée en sainteté, que le monde ne fut plus digne de la posséder; et Dieu, malgré qu'elle fût bien jeune, l'appela dans son temple, où elle se consacra à lui pour toujours : offrande spontanée, offrande sainte, offrande sans retour ! Dieu l'accepta afin que Marie voulût accepter un jour aussi son offrande. Dieu lui donna son temple pour retraite, afin qu'elle lui donnât son sein virginal, où il voulait habiter corporellement. Temple de Dieu et solitude de Marie ! Dieu et Marie ! Ma fille, pensez souvent à ces grandes choses, à ces admirables relations de la divinité avec cette créature dont le nom est Marie. Votre âme s'y perdra comme dans un abîme sans fin, et dans cet abîme, qui ne l'entraînera pas à sa perte, elle goûtera un bonheur inexprimable. Marie se retira près de Dieu, et Dieu vint près de Marie; Marie se plaça sous la garde de Dieu, et Dieu veilla sur Marie; il déploya toute sa puissance, toute sa force, toute sa vertu pour entourer Marie, pour environner son âme, éclairer son esprit, enflammer son cœur. Il fut tellement occupé de Marie, tellement agissant en Marie, que Marie sembla ne pas vivre, mais Dieu vivre en elle. Marie, c'était une créature manifestant l'action de Dieu. Cette manifestation était toute secrète, c'est-à-dire qu'elle n'était qu'entre Dieu et elle. La terre ne la connaissait point et ne pouvait la connaître, parce que la terre était séparée de Dieu, parce que la terre avait tellement perdu le souvenir de l'influence de Dieu et de son action, qu'elle ne l'aurait point aperçue, quand elle eût été extérieure en Marie. Marie, trésor du ciel, inconnue sur la terre, Dieu la voile dans sa simplicité, dans son humilité, dans son abaissement; mais il la tient sous ses yeux, il la tient dans sa main, il la tient dans son esprit, il la tient dans sa grâce, et quand viendra l'heure fixée éternellement, elle sera prête, elle sera disposée. Dieu aura Marie en Marie, c'est-à-dire sa Mère dans la Vierge annoncée par les prophètes, attendue par les patriarches, et promise au premier homme après sa chute.[187] »

---

[187] « Livre 3 La Sainte Vierge Marie » Chapitre 5 de Marie Lataste

Le dogme de l'Immaculée Conception est proclamé le 8 décembre 1854 par le Pape Pie IX dans la bulle « Ineffabilis Deus ». La proclamation a lieu 7 ans après le départ de Marie Lataste

4.3.3 Apparition mariale rue du Bac Paris
Apparition mariale rue du Bac à Catherine Labouré

Le 27 novembre 1830, la Très Sainte Vierge apparaît à sœur Catherine Labouré de la rue du Bac à Paris. Marie demande à la sœur de Saint Vincent de Paul de faire frapper des médailles avec l'inscription : « **Ô Marie conçue sans péché, priez pour nous qui avons recours à vous.** »

Vie de Catherine

Catherine est née à Fain-lès-Moutiers en Bourgogne. Elle est la huitième des dix enfants du fermier Pierre Labouré et de son épouse Louise Gontard qui meurt le 9 octobre 1815.

Catherine perd sa mère à l'âge de neuf ans et s'attache particulièrement à Vierge Marie. Elle est placée chez sa tante avec sa sœur cadette Tonine. Elle fait sa première communion le 25 janvier 1818. A douze ans, elle revient à la ferme de son père où elle s'occupe du ménage, de la cuisine. Elle aide son père pour traire les vaches et nourrir les porcs et les 800 pigeons. Ces occupations ne lui permettent pas d'aller à l'école.

Catherine fait un songe où elle rencontre un vieux prêtre qui l'encourage à devenir Filles de la charité. Dès lors, elle désire comme sa sœur aînée Marie-Louise prendre cette voie. Une cousine se propose de prendre Catherine à Châtillon-sur-Seine dans un pensionnat réputé qu'elle dirige et où elle apprend à lire et écrire.

Catherine découvre dans la maison des Sœurs de la charité à Châtillon-sur-Seine un tableau de Vincent de Paul, qui a fondé cet ordre, Elle reconnaît le vieux prêtre de son songe et reçoit ainsi une confirmation pour son engagement comme Fille de la charité.

Son père désire la marier et la détourner de son choix. Il l'envoie travailler à Paris, chez un de ses frères qui tient une cantine pour ouvriers. A 18 ans, elle découvre la misère du peuple et ceci la motive à entrer chez les religieuses de Saint Vincent de Paul.

Catherine reste trois mois à la maison des Sœurs de la charité de Châtillon-sur-Seine pour un temps de discernement.

Catherine commence son noviciat le 21 avril 1830 à la maison-mère située rue du Bac à Paris. Elle reçoit des visions et des prémonitions qu'elle ne révèle qu'à son confesseur et à sa supérieure. Sa vie entière sera marquée par un profond silence.

Le 30 janvier 1831, elle prend l'habit et prononce ses vœux. Le 5 février 1831, elle part à l'hospice d'Enghien qui recueille les vieillards, notamment les anciens serviteurs de la Maison d'Orléans.

L'hospice est situé dans le village de Reuilly au sud-est de Paris et elle y reste jusqu'à la fin de sa vie.

Cette fille de paysan y fait preuve d'un caractère affirmé, voire un peu fruste, s'occupant également de la ferme de l'hospice, nourrissant les volailles et nettoyant l'étable. Elle passait inaperçue dira d'elle une religieuse.

En 1870-1871, Catherine, comme tous les Parisiens, subit le siège de Paris par les troupes prussiennes, la famine puis les troubles de la Commune de Paris au cours de laquelle, dit-on, des révolutionnaires venaient demander des médailles au couvent.

Catherine Labouré meurt le 31 décembre 1876, quarante-six ans après ses visions, sans jamais avoir révélé son secret à d'autres qu'à son directeur spirituel.

Le 21 mars 1933, pour l'enquête en vue de la béatification, son corps est exhumé de son cercueil constitué d'une bière en sapin emboîtée dans une caisse de plomb, Le corps est retrouvé en parfait état de conservation.

Pie XI proclame la béatification de Catherine Labouré le 28 mai 1933.

Le corps de Catherine Labouré est nettoyé, mis en habit de religieuse et placé dans une châsse en bronze doré dans la chapelle de la médaille miraculeuse au n 140 de la rue du Bac à Paris. Le corps de sainte Louise de Marillac première supérieure des Filles de la charité, repose aussi rue du Bac.

Contexte des apparitions
D'août 1829 à juillet 1930, la scène politique est très agitée. Elle aboutira à la révolte des trois glorieuses.

Le droit de presse, est décidé en 1789 pendant la Révolution française. C'est la liberté d'expression : « *La libre communication des pensées et des opinions est un des droits les plus précieux de l'Homme : tout Citoyen peut donc parler, écrire, imprimer librement, sauf à répondre à l'abus de cette liberté dans les cas déterminés par la Loi.* » (article b19 de la Déclaration Universelle des Droits de l'homme.).

Le roi Charles X veut supprimer le droit de presse.

Les Trois Glorieuses sont une révolte qui a eu lieu du 27 au 29 juillet 1830, d'où le nom des Trois Glorieuses (trois jours). Les environs du Louvre ont été les lieux des combats. Ils se terminent par le départ de Charles X. Ce dernier est remplacé par un nouveau roi, Louis-Philippe 1er.

Le nombre des exécutés s'élève de 8000 à 12000 personnes.

Apparitions de la Vierge
Le 19 juillet 1830, c'est le jour de la fête de Vincent de Paul, fondateur des Filles de la charité, que Catherine avait vu en songe pour sa vocation.

Dans cette nuit, Catherine est réveillée par un petit enfant qui lui dit : « *Ma sœur, tout le monde dort bien. Venez à la chapelle. La Sainte Vierge vous attend.* » Croyant rêver, Catherine se lève, s'habille et suit l'enfant. Arrivée à la chapelle, elle entend bientôt le froissement d'une robe de soie. La Sainte Vierge est là, resplendissante, et lui parle durant deux heures, lui confiant que Dieu a une difficile mission pour elle.

Le 27 novembre 1830, Catherine rapporte que la Sainte Vierge est revenue lors de la méditation du soir. La Vierge se tenait debout sur un globe, avec aux pieds un serpent et portant des anneaux de différentes couleurs d'où jaillissaient des rayons de lumière sur le globe. Tout autour apparaissaient les mots : « *Ô Marie conçue sans péché, priez pour nous qui avons recours à vous* », et la Vierge dit : « *C'est l'image des grâces que je répands sur les personnes qui me les demandent »*, et, pour expliquer les anneaux qui ne projetaient pas de rayons, elle ajouta : « *C'est l'image des grâces que l'on oublie de me demander.* » Puis le tableau parut se retourner. C'est le revers de la médaille : un grand M, initiale de Marie, surmonté de la Croix. Au-dessous, deux cœurs : celui de Jésus, couronné d'épines, et celui de Marie, percé par un glaive, douze étoiles entourant ce tableau.

Catherine entend la Sainte Vierge Marie lui demander de porter ces images à son confesseur, en lui disant de les faire frapper sur des médailles car « *tous ceux qui la porteront avec confiance recevront mes grâces* ».

Catherine raconte à son confesseur ces grâces reçues pendant son noviciat.

Médaille miraculeuse

Le prêtre mène une enquête pendant deux ans Après deux ans d'enquête et d'observation de la conduite de Catherine, le prêtre informe l'archevêque de Paris sans lui révéler l'identité de Catherine. La requête est approuvée et les médailles sont frappées et deviennent extrêmement populaires, notamment durant l'épidémie de choléra de 1832.

La Vierge avait en outre demandé à Catherine de rassembler une confrérie d'enfants de Marie. En 1837, les Filles de la charité et les Lazaristes répondent à ce vœu en fondant les Enfants de Marie Immaculée.

4.3.4 Dogme de l'Immaculée Conception

Définition

Le dogme de l'Immaculée Conception définit que Marie n'est pas atteinte par le péché originel.

Concile de Latran

Le Concile de Latran de 649 appelle Marie « *toujours Vierge*

Immaculée ».

A partir du VIIe siècle, la fête de l'Immaculée-Conception est célébrée, d'abord en Orient, puis dans toute l'Europe. Néanmoins, si d'éminents théologiens, comme saints Thomas, Bernard ou Bonaventure, sont peu favorables au privilège, il faut noter qu'ils entendaient prioritairement, et avec prudence, défendre l'universalité de la Rédemption. Ce fut l'immense mérite du bienheureux Duns Scot (1309), de percevoir qu'en Marie la Rédemption fut non pas libératrice, mais préservatrice.

En 1476, Sixte IV approuve l'oraison de la fête de l'Immaculée Conception : « *(Marie) a été préservée de toute tache, en prévision de la mort de son fils* ».

Marie est préservée de tout péché car elle est l'arche d'alliance qui va contenir Jésus, l'alliance de Dieu avec l'homme. Elle va être Mère du Sauveur de l'humanité.

Concile de Bâle

Les dominicains sont maculistes et les franciscains sont immaculistes. Certains papes soutiennent les Dominicains et s'opposent à la doctrine de l'Immaculée Conception. Les Franciscains sont soutenus par les Carmes, les Augustins, les enseignants de l'université de la Sorbonne et par le pape Clément VII (1378-1394).

En 1439, le Concile de Bâle soutient la position des Franciscains. Et au XVe siècle, des théologiens déclarent que Dieu a préparé à son Fils une demeure digne de lui par la Conception immaculée de la Vierge Marie.

Concile de Trente et contre réforme

La croyance en l'Immaculée Conception est réaffirmée par le Concile de Trente (1545-1563).

Le pape Pie V (1566-1572), dans la bulle « Ex omnibus afflictionibus » du 1er octobre 1567, condamne les propositions contraires à la doctrine de l'Immaculée Conception. Dans la bulle « Super speculam Domini » du 30 novembre 1570, le pape confirme les constitutions antérieures favorables au culte de l'Immaculée Conception.

Des autorités politiques tentent d'influencer les papes pour imposer la fête de l'Immaculée Conception, et promouvoir ce dogme. Malgré ces pressions politiques, le pape Urbain VIII refuse d'aller plus loin.

Le 8 décembre 1661, Alexandre VII à travers son document « *Sollicitudo omnium ecclesiarum* » affirme plus nettement la croyance en l'Immaculée Conception, sans pour autant lui donner la force d'une vérité de foi définie.

Dogme de l'Immaculée Conception de Marie

Le pape Pie IX est élu en 1846. La médaille de l'apparition de la rue du Bac avec les mots « conçue sans péché » prépare le dogme.

Le 8 décembre 1854, Pie IX définit solennellement le dogme de l'Immaculée-Conception dans la bulle « Ineffabilis Deus » :

« *La bienheureuse Vierge Marie a été, au premier instant de sa conception, par une grâce et une faveur singulière du Dieu Tout-Puissant, en vue des mérites de Jésus-Christ Sauveur du genre humain, préservée intacte de toute souillure du péché originel.* »

Ci-dessous une autre traduction

« *Par une grâce et un privilège singulier de Dieu Tout-Puissant, et en considération des mérites de Jésus-Christ sauveur du genre humain, la Très Bienheureuse Vierge Marie a été, au premier instant de sa conception, préservée et exemptée de toute tache du péché originel* » (Bulle Ineffabibis Deus).

Le dogme de l'immaculée conception est attaché à la Maternité divine et partant à l'union hypostatique. Ce privilège donné par Dieu ne peut être assujetti à la décision de nos premiers parents en Éden.

La constitution dogmatique « Lumen gentium » de 1964 précise qu'elle a été « *rachetée de façon éminente en considération des mérites de son Fils* » et que « *indemne de toute tache de péché, ayant été pétrie par l'Esprit-Saint, elle a été formée comme une nouvelle créature.* »

Le dogme signifie que Marie fut conçue exempte du péché originel. Ce dogme évoque l'âme de la mère de Dieu. Il est le pendant de la virginité du corps, et de la conception virginale de Jésus.

4.3.5 Confirmation exorcisme et Lourdes

Confirmation exorcisme

L'épisode est rapporté par le père Gabriel Amorth (1925-2016), l'exorciste le plus connu au monde, auteur de nombreux ouvrages sur la question des exorcismes et de la figure du diable.

Nous sommes en 1823, à Ariano Irpino (Italie). Le diable s'est emparé d'un jeune analphabète de 12 ans. Deux grands prédicateurs dominicains reconnus et autorisés par l'Église à pratiquer des exorcismes, le père Cassiti et le père Pignatora, sont alors invités à intervenir sur le jeune garçon pour le « déposséder ». Les deux religieux posent des questions au démon, dont une sur l'Immaculée Conception. Celui-ci déclare que la Vierge de Nazareth n'a le moindre instant été sous son pouvoir, parce qu'elle a été conçue « pleine de grâce » et toute à Dieu.

Le diable, on le sait, est un menteur, considéré comme le « père du mensonge », mais il peut être obligé, au cours d'un exorcisme, à dire la vérité, sur des questions de foi également. Les deux prêtres exorcistes lui enjoignent donc de démontrer que Marie est immaculée et de le faire sous forme de sonnet. Humilié, Satan se voit obligé de chanter, au nom du Christ, la gloire de Marie et son immaculée conception. Il le fait de manière parfaitement construite, structurellement et théologiquement :

« *Je suis la vraie **Mère d'un Dieu** qui est Fils*
et je suis fille de Lui, bien que sa Mère.
Il est né de toute éternité, et c'est mon Fils,
Dans le temps je suis née, et pourtant je suis sa Mère.
Il est mon créateur et il est mon Fils
Je suis sa créature et je suis sa Mère.
C'est un prodige Divin que soit mon Fils
un Dieu Éternel, et de m'avoir pour Mère.
L'être est presque commun entre Mère et Fils
parce que l'être, c'est de son Fils que l'eut la Mère,
et l'être de la Mère, l'eut aussi le Fils.
Or si l'être du Fils l'eut la Mère,
Ou bien on dit que fut maculé le Fils
*Ou **sans tache** on dira la Mère* »

On raconte que le pape Pie IX fut très ému lorsque, après avoir proclamé le dogme de l'Immaculée Conception, lui fut présenté ce sonnet ce jour-là.

<u>Confirmation Lourdes</u>

En février 1858, Bernadette Soubirous (14 ans) part chercher du bois près du rocher de Massabielle. Dans la partie supérieure de la grotte, lui apparaît une belle Dame vêtue de blanc. Jusqu'au mois de juillet 1858, elle aura 18 apparitions. Le jeudi 25 mars, en la fête de l'Annonciation, la Vierge Marie se présente à elle comme étant « l'Immaculée Conception ».

Le jeudi 11 février, c'est la première apparition, Bernadette voit une Dame tout habillée de blanc dans la Grotte de Massabielle.

Le dimanche 14 février, c'est la deuxième apparition

Le jeudi 18 février, c'est la troisième apparition. Bernadette questionne l'apparition : « *Voulez-vous avoir la bonté de mettre votre nom par écrit ?* » La Dame répond : « *Ce n'est pas nécessaire. Voulez-vous avoir la grâce de venir ici pendant 15 jours ? Je ne vous promets pas de vous rendre heureuse en ce monde, mais dans l'autre.* »

Quatre apparitions ont lieu les vendredi 19 février, samedi 20 février, dimanche 21 février, mardi 23 février.

Le mercredi 24 février, lors de la huitième apparition, la Dame dit : « *Pénitence ! Pénitence ! Pénitence ! Vous prierez Dieu pour les pécheurs. Allez baiser la terre pour la conversion des pécheurs.* »

Le jeudi 25 février, lors de la neuvième apparition, c'est la découverte de la Source : « *Allez boire à la fontaine et vous y laver. Vous mangerez de cette herbe qui est là.* »

Le samedi 27 février, et le dimanche 28 février, la Dame dit les mêmes paroles et mêmes gestes que le 24 février.

Le lundi 1er mars c'est la douzième apparition.

Les mardi 2 mars et mercredi 3 mars, Marie demande : « *Allez dire aux prêtres qu'on vienne ici en procession et qu'on y bâtisse une chapelle.* »

Le jeudi 4 mars c'est la quinzième apparition : dernier jour de la quinzaine.

Le jeudi 25 mars lors de la seizième apparition, la Dame dit son nom : « *Que soy era Immaculada Counceptiou* » (« Je suis l'Immaculée Conception »).

C'est le jour de l'Annonciation.

Bernadette se rend à la grotte à l'occasion de cette fête mariale, ce qui se produit effectivement. Dès cinq heures du matin, alors qu'elle rejoint la grotte avec quelques membres de sa famille, une centaine de personnes et le commissaire Jacomet s'y trouvent déjà. L'apparition dure plus d'une heure. Bernadette qui était venue avec le cierge de sa tante Lucile voudrait laisser quelque chose à la grotte. Elle obtient la permission de laisser ce cierge qu'elle cale parmi ceux qui s'y trouvent déjà. Sur le chemin du retour, elle est pressée de questions et confie que l'apparition lui a dit : « *Que soy era Immaculada Councepciou.* » (« *Je suis l'Immaculée Conception.* ») Bernadette court répéter ces paroles au curé, l'abbé Peyramale, qui se montre perplexe : Une dame ne peut pas porter ce nom là. Les mots Immaculée Conception font penser au dogme de Marie conçue exempte de la souillure du péché originel, dogme proclamé quatre ans plus tôt par le pape Pie IX. Mais ces mots ne sauraient désigner une personne : on appelle Marie « *Mère immaculée* » ou « *Vierge immaculée* ». Le curé ne sait pas quoi lui dire. Attendant sa réponse, Bernadette lui précise : « *Elle veut toujours sa chapelle* ». Peyramale dit à Bernadette de rentrer chez elle, qu'il la verra plus tard.

Le soir, Bernadette va chez Jean-Baptiste Estrade, à qui elle décrit la scène : l'apparition lui sourit, elle lui demande par quatre fois : « *Mademoiselle, voulez-vous avoir la bonté de me dire qui vous êtes s'il vous plaît ?* » Bernadette mime ensuite l'apparition qui étend ses mains vers le sol, les lève pour les rejoindre sur la poitrine, monte son regard vers le ciel et dit : « *Je suis l'Immaculée conception* ». Estrade est très ému, et il explique à Bernadette que ces mots s'appliquent à la Vierge Marie.

Le mercredi 7 avril c'est la dix-septième apparition.

Le vendredi 16 juillet c'est la dix-huitième apparition. Bernadette, de la prairie face au Gave, voit la Vierge « plus belle que jamais ».

Les apparitions de Lourdes ont été reconnues le 18 janvier 1862

4.4 Assomption
4.4.1 Pères de l'Église
Historique de la doctrine de l'Assomption

La Tradition de l'Église Judéo-chrétienne, avec ses apocryphes, a évoqué très vite la fin de la destinée terrestre de Marie. Le texte le plus ancien, partiellement conservé en grec et plus complètement en éthiopien, est attribué à un certain Leucio, disciple de saint Jean. Mais cette tradition est passée sous silence dans les quatre premiers siècles de l'histoire de l'Église. C'est seulement au V° et VI° siècle, que ces récits apocryphes connaissent une diffusion extraordinaire.

Éphrem (306-373)

Éphrem, diacre et théologien syrien, exprime déjà l'idée que le corps de Marie n'a pas connu la corruption après la mort.

Épiphane

Épiphane, évêque de Salamine et théologien, dans une lettre adressée aux chrétiens de l'Arabie en 377, pose la question théologique de la mort de Marie.

« *En effet l'Écriture se situe au-dessus de l'esprit humain et elle a laissé dans l'incertitude l'événement par respect envers cette Vierge incomparable, pour couper court à toute pensée vulgaire et charnelle dans son égard. Nous ignorons si elle est morte ou si elle a été enterrée.*[188] »

Pour lui, on ne sait pas comment Marie est morte, ni où c'est son corps.

---

[188] Panarion, Haer. 78,11

Jacques de Sarug (450-521)

Lorsque vint pour Marie « *le temps de marcher sur la voie de toutes les générations* », c'est-à-dire sur la voie de la mort, le « *chœur des douze Apôtres* » se recueillit pour ensevelir « *le corps virginal de la Bienheureuse[189]* ».

Théodose (+566)

Théodose est patriarche d'Alexandrie. Il nous renseigne sur une double célébration : une fête pour commémorer la mort de la Vierge était célébrée le 16 janvier, et le 9 Août était célébré la fête de sa résurrection[190]. Théodose met un intervalle de 206 jours donc entre les deux événements, en éludant le problème de la corruption. La résurrection corporelle est la conséquence de sa maternité divine. Au ciel, la Vierge intercède.

La fête liturgique qui commémore le départ de la Vierge de ce monde a été fixée, pour l'église de Constantinople, le 15 Août, par un décret de l'empereur Maurice en l'an 600, avec la dénomination de Koimesis (Dormizione).

Théotecno (vers 600)

L'homélie de Théotecno sur l'Assomption de Marie est l'une des premières homélies composée pour ce mystère vers l'an 600.

Il exhorte à la joie et au chant pour célébrer « *cette fête des fêtes, l'Assomption de la toujours vierge[191]* ». « *Parce qu'il était opportun que le corps qui a porté Dieu et fut le réceptacle divinisé, incorruptible, éclairé par la lumière divine, fût élevé dans la gloire avec l'âme agréable à Dieu[192]* ».

Théotecno suit fidèlement les apocryphes et raconte comment

---

[189] Discours sur la sépulture de la Mère de Dieu, 87-99 in C.VONA, Lateranum 19 [1953], 188.
[190] M. Chaine, Sermon de Théodose, patriarche d'Alexandrie, sur la dormition et l'Assomption de la Vierge, « Revue de l'Orient Chrétien » 29 (1933-1934),273-313. (texte copte et texte français).
[191] Homélie sur l'Assomption de la Mère de Dieu
[192] Ibid

l'événement s'est déroulé sous la forme d'une liturgie terrestre et céleste grandiose, avec la participation d'êtres humains comme les apôtres et les disciples, mais aussi de créatures célestes.

Marie donne un corps au Fils de Dieu. Il demeure en son sein. Marie est l'arche, le temple, le tabernacle dans lequel le Seigneur a pris domicile. Une dignité semblable explique sa glorification finale.

Sa virginité et sa sainteté extraordinaire expliquent que son corps eût une espèce d'exigence à être préservé de la corruption du sépulcre.

L'évêque de Livias en Palestine affirme la vérité de l'Assomption.

Grégoire le Grand (540-604)

Le pape Grégoire le Grand, dans son sacramentaire, présente un formulaire liturgique de la « *fête où la Mère de Dieu a subi la mort temporelle, sans cependant connaître l'humiliation de l'esclavage de la mort.* », parce que Dieu l'a exaltée au-dessus des anges.

Modeste de Jérusalem (537-634)

Modeste de Jérusalem parle longuement de la « *bienheureuse dormition de la très glorieuse Mère de Dieu* ». Il conclut sa « *louange* » en exaltant l'intervention prodigieuse du Christ, qui la « *ressuscita du sépulcre* » pour l'élever avec lui dans la gloire.

(Enc. in dormitionem Deiparae semperque Virginis Mariae, nn. 7 et 14: PG 86 bis, 3293, 3311).

L'homélie de saint Modeste de Jérusalem est particulièrement remarquable par son ancienneté et sa doctrine. Saint Modeste affirme la mort de Marie qui devait suivre l'exemple de son Fils, pour lui être semblable. Jésus lui-même indiqua aux apôtres le jardin de Gethsémani comme endroit de la sépulture pour sa Mère. Saint Modeste affirme que le corps virginal de Marie n'a pas connu la corruption, le Fils lui-même l'a ressuscité. Saint Modeste explique que le but du mystère de l'Assomption est le rôle de Marie comme médiatrice ou avocate au service des hommes :

« *Dieu t'a emmené près de lui pour que tu puisses intercéder pour nous.* »

« Le Christ l'a appelée au siège de la béatitude. »

« Le Christ notre Dieu a établi et fixé, en conformité au consentement de son Père et de l'Esprit-Saint de faire monter auprès de lui sa mère pour qu'elle soit avec lui exaltée dans la gloire.[193] »

Jean Damascène (676-749)

« Comment se fait-il que celle qui pour enfanter franchit toutes les limites de la nature, se plie à présent à ses lois et que son corps immaculé soit soumis à la mort ? ». Et il répond : *« Il fallait certainement que la partie mortelle soit déposée pour se revêtir d'immortalité, car même le maître de la nature n'a pas refusé l'expérience de la mort. En effet, il meurt selon la chair et par la mort détruit la mort, il donne l'incorruptibilité à la corruptibilité et il transforme le fait de mourir en source de résurrection[194] ».*

« Ton âme assurément n'est pas descendue dans l'Hadès mais bien plis, ta chair elle-même « n'a pas vu la corruption » (Act 2, 31 et Ps 16,10). Ton corps sans souillure et très pur ne fut pas abandonné à la terre : mais aux demeures royales des cieux tu fus emportée, toi, la reine, la souveraine, la maîtresse, la Mère de Dieu, la vraie Théotokos.

« Qu'advient-il alors ? Je suppose les éléments ébranlés et bouleversés, des voix, des rumeurs, des fracas (...) Alors les maladies étaient en fuite, les bandes de démons en déroute, de partout refoulées aux demeures souterraines. L'air, l'éther, le ciel étaient sanctifiés par la montée de l'esprit, la terre par la déposition du corps. (...) Dans la langue des anges, un hymne se fait entendre, tel qu'ils peuvent le moduler, tandis que les Apôtres et les Pères tout remplis de Dieu chantent des cantiques divins composés par l'Esprit[195] »

Germain de Constantinople (Patriarche de 715 à 730)

« En effet, comment ta chair pouvait-elle se dissoudre en cendre et se réduire en poussière, alors que tu avais libéré le genre humain de

---

[193] Homélie sur la dormition de Modeste de Jérusalem
[194] Panégyrique sur la dormition de la Mère de Dieu, 10: SC 80, 107
[195] Jean Damscène sur la dormition

la corruption de la mort, par l'incarnation de celui qui est né de toi ? »
« Libre de la corruption, le Fils l'a assumée auprès de lui.[196] *»*

4.4.2 Mystiques

Maria Valtorta
Date de la dormition et de l'Assomption

Jésus déclare à propos de sa mère :

« Beaucoup de jours ensoleillés ou nuageux passeront sous le ciel, pendant ces vingt et une années où je serai encore sur la terre. Beaucoup de joies et beaucoup de peines et de pleurs passeront, les uns après les autres, en son cœur pendant les vingt et une autres années qui suivront, mais elle ne demandera plus : « Pourquoi, mon Fils, nous as-tu fait cela ?[197] *»*

Nous sommes en l'an 9 au moment de l'examen de majorité de Jésus qui a 12 ans. Marie a 28 ans. Après 21 ans nous sommes en l'an 30 Jésus a 33 ans et Marie 49 ans. Après 21 ans après la mort et la Résurrection de Jésus nous sommes en l'an 51 et Marie a près de 70 ans.

« Cette glorieuse fin arriva un vendredi, à trois heures du soir, le treize août et à la soixante-dixième année de son âge, moins les vint-six jours qu'il y a du treize août au huit septembre, jour anniversaire de sa naissance. Elle avait survécu à son divin Fils vingt et un an, quatre mois et dix neuf jours.[198] *».*

Marie de Jésus d'Agreda donne dans la cité mystique de Dieu l'endormissement de Marie le 11 août à 15h, quelques semaines avant son 70ᵉ anniversaire. Elle avait survécu à son divin Fils 21 ans, 4 mois et 19 jours. Nous avons vu (au paragraphe Jésus et les docteurs du Temple) que Maria Valtorta fournit une indication très semblable : Marie survécut 21 ans à Jésus. L'Assomption a dû avoir lieu en l'an 51, Marie étant alors âgée de près de 70 ans.

« Et aujourd'hui, au contraire, dans cette soirée de sabbat, si

---

[196] Discours sur la dormition Germain de Constantinople
[197] « L'Évangile tel qu'il m'a été révélé » Maria Valtorta – Tome 1, chap. 69, page 266
[198] « La cité mystique de Dieu » Marie d'Agreda, part. 3, liv. 8 chap. 19 § 740

sereine et si calme, et devant moi qui jouis de la joie imminente que je pressens, tu es ainsi bouleversé ?[199] »

Nous sommes le **samedi 12 août 51** (commence la veille à 18h00) jour de sabbat et jour de la dormition.

La fin de Marie rapportée par Maria Valtorta indique la veille de Jean pendant trois jours entre la dormition et l'assomption.

« *Mais cela faisait trois jours que je ne dormais pas !*[200] »

L'assomption a lieu le **mardi 15 août 51** au matin.

Dormition de Marie

Marie parle à Jean de l'amour et précise que sa mission est accomplie

« *Jean s'était un peu calmé, tout en restant troublé, en écoutant Marie. Dans la dernière partie de son entretien, il la regardait extasié, et comme ravi lui aussi, le visage très pâle comme celui de Marie. La pâleur de cette dernière se change lentement en une lumière d'une extrême candeur, il accourt près d'elle pour la soutenir et en même temps il s'écrie : « Tu es comme Jésus quand il s'est transfiguré sur le Thabor ! Ta chair resplendit comme la lune, tes vêtements brillent comme une plaque de diamant posée devant une flamme d'une extrême blancheur ! Tu n'es plus humaine, Mère ! La pesanteur et l'opacité de la chair sont disparues ! Tu es lumière ! Mais tu n'es pas Jésus. Lui, étant Dieu en plus que d'être Homme, pouvait se conduire par Lui-même, là-haut sur le Thabor, comme ici sur l'Oliveraie, dans son Ascension. Toi, tu ne le peux pas. Tu ne peux te conduire. Viens. Je vais t'aider à mettre ton corps las et bienheureux sur ton lit, Repose-toi.* » *Et, très affectueusement, il la conduit près du pauvre lit sur lequel Marie s'étend sans même enlever son manteau.*

Croisant les bras sur sa poitrine, et abaissant ses paupières sur ses doux yeux brillants d'amour, elle dit à Jean qui est penché sur elle : « Je suis en Dieu. Et Dieu est en moi. Pendant que je le contemple et que je sens son embrassement, dis les psaumes et des pages de l'Écriture qui se rapportent à moi, spécialement à cette heure. L'Esprit

---

[199] « L'Évangile tel qu'il m'a été révélé » Maria Valtorta – Tome 10, chap.35, page 278
[200] Ibid – Tome 10, chap.36, page 285

de Sagesse te les indiquera. Récite ensuite l'oraison de mon Fils; répète-moi les paroles de l'Archange annonciateur, et celles que m'adressa Élisabeth; et mon hymne de louange... Je te suivrai avec ce que j'ai encore de moi sur la Terre... »

Jean lutte contre les pleurs qui lui montent du cœur, s'efforce de dominer l'émotion qui le trouble, de sa très belle voix qui au cours des années est devenue très semblable à celle du Christ, chose que Marie remarque en souriant et qui lui fait dire : « Il me semble avoir mon Jésus à côté de moi ! ». Jean entonne le psaume 118, qu'il dit presque en entier, puis les trois premiers versets du psaume 41, les huit premiers du psaume 38, le psaume 22 et le premier psaume. Il dit ensuite le Pater, les paroles de Gabriel et d'Élisabeth, le cantique de Tobie (Tb 13, 1-18), le chapitre 24ème de l'Ecclésiastique, des versets 11 à 46. Pour terminer, il entonne le « Magnificat ». Mais, arrivé au 9ème verset, il s'aperçoit que Marie ne respire plus, tout en ayant gardé une pose et une attitude naturelles, souriante, tranquille, comme si elle n'avait pas remarqué l'arrêt de la vie. »

Ainsi, près de ton lit, pour qu'elle (la lampe) te veille et me tienne compagnie pendant que je te veille, en attendant au moins un des miracles que j'attends et pour l'accomplissement desquels je prie. Le premier est que, selon son désir, Pierre et les autres, que je ferai prévenir par le serviteur de Nicodème, puissent te voir encore une fois. Le second c'est que toi, ayant eu en tout un sort semblable à celui de ton Fils, tu doives comme Lui, avant la fin du troisième jour, te réveiller pour ne pas me rendre orphelin deux fois. Le troisième c'est que Dieu me donne la paix, si ce que j'espère qu'il arrive pour toi, comme c'est arrivé pour Lazare, qui ne t'était pas semblable, ne devait pas s'accomplir. [201] *»*

Assomption de Marie

Jean veille Marie depuis trois nuits.

« Tout d'un coup une grande lumière remplit la pièce, une lumière argentée, nuancée d'azur, presque phosphorique, et qui croît de

---

[201] « L'Évangile tel qu'il m'a été révélé » Maria Valtorta – Tome 10, chap. 649, pages 280-282

plus en plus, qui fait disparaître celle de l'aube et de la lampe. C'est une lumière pareille à celle qui inonda la Grotte de Bethléem au moment de la Nativité divine. Puis, dans cette lumière paradisiaque, deviennent visibles des créatures angéliques, lumière encore plus splendide dans la lumière déjà si puissante apparue d'abord. Comme il était déjà arrivé quand les anges apparurent aux bergers, une danse d'étincelles de toutes couleurs se dégage de leurs ailes doucement mises en mouvement d'où il vient une sorte de murmure harmonieux, arpégé, très doux.

Les créatures angéliques forment une couronne autour du petit lit, se penchent sur lui, soulèvent le corps immobile et, en agitant plus fortement leurs ailes, ce qui augmente le son qui existait d'abord, par un vide qui s'est par prodige ouvert dans le toit, comme par prodige s'était ouvert le Tombeau de Jésus, elles s'en vont, emportant avec eux le corps de leur Reine, son corps très Saint, c'est vrai, mais pas encore glorifié et encore soumis aux lois de la matière, soumission à laquelle n'était plus soumis le Christ parce qu'il était déjà glorifié quand il ressuscita.

Le son produit par les ailes angéliques est maintenant puissant comme celui d'un orgue.

Jean, qui tout en restant endormi s'était déjà remué deux ou trois fois sur son tabouret, comme s'il était troublé par la grande lumière et par le son des voix angéliques, est complètement réveillé par ce son puissant et par un fort courant d'air qui, descendant par le toit découvert et sortant par la porte ouverte, forme une sorte de tourbillon qui agite les couvertures du lit désormais vide et les vêtements de Jean, et qui éteint la lampe et ferme violemment la porte ouverte.

L'apôtre regarde autour de lui, encore à moitié endormi, pour se rendre compte de ce qui arrive. Il s'aperçoit que le lit est vide et que le toit est découvert. Il se rend compte qu'il est arrivé un prodige. Il court dehors sur la terrasse et, comme par un instinct spirituel, ou un appel céleste, il lève la tête, en protégeant ses yeux avec sa main pour regarder, sans avoir la vue gênée par le soleil qui se lève.

Et il voit. Il voit le corps de Marie, encore privé de vie et qui est en tout pareil à celui d'une personne qui dort, qui monte de plus en plus haut, soutenu par une troupe angélique. Comme pour un dernier adieu, un pan du manteau et du voile s'agitent, peut-être par l'action du vent produit par l'assomption rapide et le mouvement des ailes angéliques. Des fleurs, celles que Jean avait disposées et renouvelées autour du corps de Marie, et certainement restées dans les plis des vêtements, pleuvent sur la terrasse et sur le domaine du Gethsémani, pendant que l'hosanna puissant de la troupe angélique se fait toujours plus lointain et donc plus léger.

Jean continue à fixer ce corps qui monte vers le Ciel et, certainement par un prodige qui lui est accordé par Dieu, pour le consoler et le récompenser de son amour pour sa Mère adoptive, il voit distinctement que Marie, enveloppée maintenant par les rayons du soleil qui s'est levé, sort de l'extase qui a séparé son âme de son corps, redevient vivante, se dresse debout, car maintenant elle aussi jouit des dons propres aux corps déjà glorifiés.

Jean regarde, regarde. Le miracle que Dieu lui accorde lui donne de pouvoir, contre toutes les lois naturelles, voir Marie qui maintenant qu'elle monte rapidement vers le Ciel est entourée, sans qu'on l'aide à monter, par les anges qui chantent des hosannas. Jean est ravi par cette vision de beauté qu'aucune plume d'homme, qu'aucune parole humaine, qu'aucune œuvre d'artiste ne pourra jamais décrire ou reproduire, car c'est d'une beauté indescriptible.

Jean, en restant toujours appuyé au muret de la terrasse, continue de fixer cette splendide et resplendissante forme de Dieu - car réellement on peut parler ainsi de Marie, formée d'une manière unique par Dieu, qui l'a voulue immaculée, pour qu'elle fût une forme pour le Verbe Incarné — qui monte toujours plus haut. Et c'est un dernier et suprême prodige que Dieu-Amour accorde à celui qui est son parfait aimant : celui de voir la rencontre de la Mère très Sainte avec son Fils très Saint qui, Lui aussi splendide et resplendissant, beau d'une beauté indescriptible, descend rapidement du Ciel, rejoint sa Mère et la serre sur son cœur et ensemble, plus brillants que deux astres, s'en vont là d'où Lui est venu. La vision de Jean est finie.

Il baisse la tête. Sur son visage fatigué on peut voir à la fois la douleur de la perte de Marie et la joie de son glorieux sort. Mais désormais la joie dépasse la douleur.

Il dit : "Merci, mon Dieu ! Merci ! J'avais pressenti que cela serait arrivé. Et je voulais veiller pour ne perdre aucun détail de son Assomption. Mais cela faisait trois jours que je ne dormais pas ! Le sommeil, la lassitude, joints à la peine, m'ont abattu et vaincu justement quand l'Assomption était imminente... Mais peut-être c'est Toi qui l'as voulu, ô mon Dieu, pour ne pas troubler ce moment et pour que je n'en souffre pas trop... Oui. Certainement c'est Toi qui l'as voulu, comme maintenant tu voulais que je vois ce que sans un miracle je n'aurais pu voir. Tu m'as accordé de la voir encore, bien que déjà si loin, déjà glorifiée et glorieuse, comme si elle avait été tout prés. Et de revoir Jésus ! Oh ! vision bienheureuse, inespérée, inespérable ! Oh ! don des dons de Jésus-Dieu à son Jean ! Grâce suprême ! Revoir mon Maître et Seigneur ! Le voir Lui près de sa Mère ! Lui semblable au soleil et elle à la lune, tous les deux d'une splendeur inouïe, à la fois parce que glorieux et pour leur bonheur d'être réunis pour toujours ! Que sera le Paradis maintenant que vous y resplendissez, Vous, astres majeurs de la Jérusalem céleste ? Quelle est la joie des chœurs angéliques et des saints ? Elle est telle la joie que m'a donnée la vision de la Mère avec le Fils, une chose qui fait disparaître toute sa peine, toute leur peine, même, que la mienne aussi disparaît, et en moi la paix la remplace.

Des trois miracles que j'avais demandés à Dieu, deux se sont accomplis. J'ai vu la vie revenir en Marie, et je sens que la paix est revenue en moi. Toute mon angoisse cesse car je vous ai vus réunis dans la gloire. Merci pour cela, ô Dieu.

Et merci pour m'avoir donné manière, même pour une créature très sainte, mais toujours humaine, de voir quel est le sort des saints, quelle sera après le jugement dernier, et la résurrection de la chair et leur réunion, leur fusion avec l'esprit, monté au Ciel à l'heure de la mort. Je n'avais pas besoin de voir pour croire, car j'ai toujours cru fermement à toutes les paroles du Maître. Mais beaucoup douteront qu'après des siècles et des millénaires, la chair, devenue poussière, puisse redevenir un corps vivant. À ceux-là je pourrai dire, en le jurant sur les choses les plus élevées, que non seulement le Christ est redevenu vivant par sa propre puissance divine, mais que sa Mère aussi, trois jours après sa mort, si on peut appeler mort une telle mort, a repris vie et avec sa chair réunie à son corps elle a pris son éternelle demeure au Ciel à côté de son Fils. Je pourrai dire : « Croyez, vous tous chrétiens, à la résurrection de la chair à la fin des siècles, et à la vie éternelle des âmes et des corps, vie bienheureuse pour les saints, horrible pour les coupables impénitents. Croyez et vivez en saints, comme ont vécu en saints Jésus et Marie, pour avoir le même sort. J'ai vu leurs corps monter au Ciel. Je puis vous en rendre témoignage. Vivez en justes pour pouvoir un jour être dans le nouveau monde éternel, en âme et en corps, près de Jésus-Soleil et près de Marie, Étoile de toutes les étoiles ». Merci encore, ô Dieu ![202] *»*

4.4.3 Apparition mariale

Demande du pape

En 1950, le pape Pie XII s'apprête à promulguer le dogme de l'Assomption. Pour s'assurer ne pas se tromper, il demande un signe à Dieu. Le ciel va lui répondre par l'intermédiaire du petit Gilles, messager de Marie.

Pie XII, selon des sources bien informées, aurait demandé à Dieu au cours de l'année sainte 1950 un « signe » pour savoir s'il devait ou non proclamer le dogme de l'Assomption de la Vierge. Des membres de son entourage direct, ainsi que de nombreuses personnes extérieures au Vatican n'ont pas manqué d'identifier ce « signe » à la révélation privée du petit Gilles.

Enfance de Gilles

Gilles est né le 27 novembre 1944 à Bergerac (Dordogne), en la fête de la Médaille Miraculeuse. Sa famille est originaire du département de la Mayenne. Ses parents Gabriel Bouhours, né en 1913, plombier quincaillier, et de Madeleine, née Cornilleau en 1911 ont eu cinq enfants : Thérèse (1937), Jean-Claude (1939), Gilles (1944), Marc (1947) et Michel (1951).

Les parents déménagent plusieurs fois : Bergerac (Dordogne), Arcachon, Bouilhe-Preuil (Hautes-Pyrénées), Moissac (Tarn-et-Garonne). Madeleine, atteinte par la poliomyélite, doit prendre régulièrement des bains de sable chauds. A partir de 1953, la famille vit à Seilhan (Haute-Garonne), dans la maison surnommée les « Marronniers ».

---

[202] « L'Évangile tel qui'il m'a été révéle » Maria Valtorta – Tome 10, chap.36, page 283-286

Gilles, à l'âge de neuf mois, est atteint d'une grave maladie dont l'issue est souvent fatale : méningite encéphalite grave. Les médecins consultés, tant au niveau local qu'à Bordeaux, sont formels : seule la prière peut sauver l'enfant.

Une religieuse, Petite Sœur des Pauvres, amie de la famille, demande alors à ses parents de placer sous l'oreiller de Gilles deux images, une de sainte Thérèse de l'Enfant-Jésus accompagnée d'une petite relique (un morceau de tissu blanc) et une du père Daniel Brottier (1876-1936), de la Congrégation du Saint-Esprit, ancien missionnaire en Afrique et directeur des Apprentis Orphelins d'Auteuil, à Paris.

Trois nuits se passent sans qu'aucune amélioration notable ne se fasse sentir. La nuit suivante, les parents, très fatigués, s'assoupissent. Lorsqu'ils se réveillent, Gilles semble respirer normalement. La fièvre est tombée sans explication. L'entourage remarque qu'une rougeur en forme de « T » est visible sur chaque joue.

Les parents, Madeleine et Gabriel Bouhours, considèrent que la petite Thérèse a obtenu de Dieu la guérison de leur enfant. Ils font peu de temps après le pèlerinage de Lisieux. Le 8 septembre 1948, le docteur Dives, médecin traitant, écrit à son confrère, le docteur Carrière : « Il [Gilles] s'est tiré avec grand-peine de ce mauvais pas, apparemment sans séquelles. Il a fait à deux ou trois reprises, par la suite, des accidents digestifs sans gravité et me paraissait en parfaite santé quand la famille a quitté Bergerac. »

Début des apparitions

La famille Bouhours habite Arcachon. Gilles a deux ans et dix mois. Gilles a une grande piété. Il prie de longues heures. Il est vu en train de faire pénitence.

Le 30 septembre 1947, Gilles a sa première apparition de la Vierge Marie qui sera suivie par d'autres. L'enfant indique que Marie lui demande de se rendre à Espis où elle apparaîtra à d'autres jeunes personnes et qu'ensuite Elle ne se montrerait plus qu'à lui seul.

Son père ignore jusqu'au nom même d'Espis ! Il parvient à localiser l'endroit sur une carte, Espis se trouve près de Moissac. Gabriel Bouhours veut en avoir le cœur net. Il se rend à Espis le plus rapidement possible. C'est la première prise de contact avec les événements de cette localité qui ont joué un rôle évident dans la vie du « petit Gilles » mais qui n'ont pas été sans interférence complexe dans le regard que les autorités ecclésiastiques ont pu porter jusqu'à maintenant sur ces affaires.

Gilles et Espis

Espis est situé dans le département du Tarn-et-Garonne, au diocèse de Montauban. Espis est le lieu, en 1946, de soi-disant apparitions de la Vierge. L'événement a défrayé la chronique, avant que les autorités du diocèse ne statuent définitivement à son encontre. Le 22 août 1946, Claudine et Nadine Combalbert gardent un troupeau d'oies près du bois d'Espis. Elles voient soudainement une « dame vêtue de noir », avec une « robe ornée de marguerites ». Le jour suivant, l'apparition se renouvelle ; une troisième enfant affirme également « voir ». A partir du 31 août suivant, un homme d'une quarantaine d'années allègue également des visions de la Vierge qui aurait déclaré « Je suis l'Immaculée Conception ». Un petit pèlerinage s'organise.

Mais le 12 décembre 1946, Mgr Théas, alors évêque de Montauban, estime dans une correspondance privée que ces apparitions « ne sont pas vraies » et qu'il s'agirait d'une « illusion ». Le 4 mai 1947, le prélat publie un jugement négatif, tout à fait officiel cette fois, puis une ordonnance suspendant « a divinis » tout prêtre qui se rendrait dorénavant à Espis. Après le départ de Mgr Théas pour le diocèse de Tarbes et Lourdes, son successeur, Mgr de Courrèges, met sur pied une commission d'enquête le 1er février 1950. Ses résultats sont sans appel: « suggestion », « hallucinations », excluant toute possibilité d'une « origine surnaturelle » des faits allégués.

La destinée canonique d'Espis n'entache en rien l'authenticité du « petit Gilles » et des apparitions. Une certaine presse a cru bon d'associer de façon incontrôlée, sinon intempestive, les deux affaires, sans vraiment tenter de distinguer le bon grain de l'ivraie. Gilles Bouhours s'est rendu à plusieurs reprises sur les lieux : cela a suffi pour tout mélanger. Voici ce qui s'est passé en réalité : Gabriel Bouhours, une fois parvenu à Espis, a demandé à l'une des fillettes (« voyantes ») de venir chez lui pour confirmer, ou infirmer, les propos de son fils.

Au soir du 30 septembre 1947, cette fillette est arrivée chez les Bouhours. Selon son témoignage, elle a vu dans le jardin de la maison familiale, la Sainte Vierge, sous l'aspect de Notre Dame de Lourdes. Gabriel, Thérèse, Jean-Claude et Gilles arrivent, seul ce dernier voit. Il déclare : « *La Sainte Vierge est sur l'eau. Elle fend l'eau avec un bâton. Je vois deux bâtons dans le ciel.* » Il décrit Marie avec un « *capuchon* » signifiant ainsi qu'Elle porte un voile sur la tête. On lui demande la signification des « *bâtons* »: « *C'est comme ça le bâton* », rétorque-t-il avec son vocabulaire d'enfant, tentant d'expliquer qu'en réalité, il s'agit d'une croix ! Puis il poursuit en décrivant quelque chose de terrible: une « *fumée jaune* » s'élève dans le ciel et la Vierge « *pleure* ».

Les diverses apparitions

Les parents de Gilles prennent des notes lors des apparitions permettant de connaître les manifestations de Marie auprès de leur enfant, jusqu'à ce que Dieu le rappelle à Lui.

Le 2 octobre 1947, Gilles voit la Vierge « *saigner* » abondamment. « *Tu t'es fait bobo ?* », lui demande-t-il innocemment, « *Tu as tombé dans les bambous? Tiens mon mouchoir (...). Tiens Sainte Vierge, viens à côté de moi, donne-moi la main (...) Papa et maman sont là.* »

La fraîcheur et la simplicité du dialogue sont frappantes. Il y a une proximité entre la Vierge et les enfants à qui elle daigne se manifester visuellement.

Les 4 et 6 octobre suivants, la Vierge apparaît brièvement à Gilles. Le 13 (Fête de Fatima), celui-ci se rend pour la première fois à Espis. « *Oh ! La Sainte Vierge !* » S'écrit-t-il une première fois vers 17 h. L'apparition lui demande d'aller prier en bas du bois, à un endroit où une « *source* » coulera plus tard. A 18 h 30, Marie se montre une seconde fois à Gilles, entouré d'une trentaine de personnes. La Mère du Christ lui demande de lui « *présenter les chapelets pour les bénir* » et de prier une dizaine de chapelet pour le Sacré-Cœur.

Le 27 novembre, puis le 13 décembre 1947, Gilles est gratifié d'autres brèves apparitions. Le 18 décembre, il voit une « *grande Croix* » dans le ciel. Le surlendemain, c'est sainte Thérèse de Lisieux qui lui apparaît. Selon ses propos, elle « *lui jette des fleurs* ». Le 13 janvier 1948, à Espis, la Vierge lui apparaît encore à deux reprises et, comme la première fois à cet endroit, lui demande de prier constamment le Sacré-Cœur de son Fils. Le 8 février suivant, plusieurs « *croix dans le ciel* » sont observées par l'enfant. Pèlerins, curieux et clergé prêtent maintenant une grande attention au déroulement des faits.

Le 10 février, la famille Bouhours décide de partir en pèlerinage à Lourdes. Le « petit Gilles » n'a aucune vision dans le sanctuaire. Il remarque judicieusement que les représentations de Marie sont belles, mais infiniment moins que ses apparitions ! Mais dès le lendemain, il voit Marie verser des « larmes de sang », puis, le surlendemain, elle l'embrasse. Ce type de contact ne doit pas surprendre outre mesure. En 1947, les voyantes de l'Ile-Bouchard, dont le culte a été autorisé, ont « touché » le corps de la Vierge apparaissant. De nombreux autres exemples de bon aloi pourraient être cités. Le 13 mars 1948, Gilles déclare « *Elle m'a embrassé la Sainte Vierge, mais moi je ne lui ai pas fait la bise !* » Le printemps 1948 constitue une période singulièrement forte en matière de phénomènes extraordinaires. Le 13 avril, il voit la Vierge Marie à trois reprises à Espis, puis plusieurs autres fois au cours du mois de mai, en différents endroits dans sa chambre, dans « le ciel », dans le jardin de la maison familiale, etc.

Des « *pluies de croix* » sont décrites par le bambin. Le 4 juin 1948, Gilles informe les siens au sujet de l'identité de l'apparition « *Sainte Marie, Mère de Dieu* ». Et le 10 juin « *Sainte Mère des Grâces* » Le 13 juin reste une journée sans apparition. Mais la famille, soucieuse d'obéissance aux autorités de l'Église, décide de ne pas se rendre à Espis. Gilles en reçut l'ordre de manière intérieure. Le 24 juin, il dit à sa mère ce formidable mot : « *La Sainte Vierge viendra me voir dans le petit jardin, après dimanche. Pas aujourd'hui, elle n'a pas le temps !- Que fait-elle ?- Pas la soupe, bien sûr ! Elle met des fleurs dans le ciel.* » A partir du 13 juillet, l'apparition demande qu'aucune messe ne soit désormais célébrée à Espis, par obéissance à l'Église. Le petit Gilles tente de faire passer le message au prêtre officiant : en vain.

Visions bibliques

Le 15 août 1948, une vision s'impose à l'enfant. Il la décrit avec ses mots imagés : « *Je vois comme un gros bouton [la terre] et, au-dessus, une grosse bête, comme un lézard avec une grande queue et des grandes pattes. Pas loin, je vois comme un monsieur avec des plumes dans le dos.* » Sans trop peut-être le savoir, Gilles vient de décrire, sur un mode original, rare, l'archange saint Michel et la figure du mal dominant ce monde. Ce jour-là, Marie, vêtue de bleu mais sans voile, lui demande de suivre la procession organisée par les pèlerins d'Espis et de chanter « *Chez nous soyez Reine* ». Dans les semaines qui suivent, la Vierge lui demande « *beaucoup de prières* ».Le 13 octobre, l'apparition lui « révèle » les « combats » menés par l'archange saint Michel au bénéfice des âmes.

Secret pour le pape

Le 13 décembre 1948, Marie confie un « secret » à Gilles pour le pape, et pour le pape seulement... L'enfant, à qui son père demande des explications, répond : « *Elle m'a dit quelque chose. Si je le disais, ce serait deux péchés.* »

Au début, le père ne prend pas l'affaire au sérieux. Le petit Gilles insiste pour cette mission durant deux ans. Sa mère, par curiosité, lui demande comment est le message. La réponse fuse immédiate : « *Maman, le message n'est pas pour vous, mais pour le pape !* » Un jour, le père lui demande : « *Et savez-vous qui est le pape ?* » Gilles répond : « *Le pape est le pape et je dois donner le message de la Vierge !* »

Les apparitions se poursuivent à un rythme régulier, soit à Espis, soit ailleurs. La famille Bouhours vit désormais au rythme des manifestations du ciel. Dans l'esprit du jeune enfant, au fil des manifestations mariales, le doute n'occupe aucune place : il doit se rendre à Rome où vit celui qui « remplace le petit Jésus sur la terre » (le pape).

Selon les témoignages, l'enfant participe d'une manière remarquable - eu égard à son jeune âge - aux fêtes pascales. Le 13 mai, il voit la Vierge présente le long du chemin de croix et ressent en lui les douleurs vécues par Jésus. Ce jour-là, on lui demande de montrer aux personnes présentes comment l'apparition bénit la foule réunie. Levant la main, avec une rare « *majesté* », il fait un long et magnifique signe de croix et ajoute « *Pas difficile, c'est la Sainte Vierge qui tient ma main !* »

Le 12 juin, il fait sa première communion dans un climat de simplicité et d'intériorité spirituelle. Au cours de l'Eté, Gilles continue d'alléguer apparitions et locutions le 13 de chaque mois, avec deux visions supplémentaires le 15 août. Le 13 novembre 1949, la Vierge, après avoir demandé de prier pour tous les malades, lui dit : « Petit Gilles, tu dois aller à Rome voir le pape. »

Dès l'âge de quatre ans, le petit Gilles est autorisé à communier. Sa dévotion au sacrement Jésus était extraordinaire.

Dès son plus jeune âge, il a également exprimé son désir d'être prêtre et missionnaire. Le 12 juin 1949, il fait sa première communion et, deux mois plus tard, il entame le dialogue suivant avec un missionnaire connu :

« *- Que veux-tu faire quand tu seras grand ?*
- Prêtre.
- Et pourquoi veux-tu être prêtre ?
- Mettre Jésus sur la Sainte Hostie.
- « N'aimerais-tu pas être missionnaire aussi ? »
- Que veux-tu dire missionnaire ?
- C'est un prêtre qui fait qu'on aime beaucoup Jésus et Marie.
- Oui, oui, bien sûr j'aimerais être missionnaire. »

Ce désir devint une obsession chez lui, entraînant une faim insatiable du Pain des anges. Il n'avait pas peur du froid ou de quoi que ce soit de ce monde quand il allait communier.

Voyages à Rome

Les voisins conscients de ce fait offre de payer le voyage du garçon et de son père à Rome. Et l'année 1949, ils partent pour Rome. Pendant le voyage monsieur Bouhours a cette pensée, avec quel visage me pointer à la porte du Vatican et de dire « J'ai besoin d'une audience avec le pape, mais pas pour moi, mais pour mon fils de 5 ans ! »

Et quand ils sont arrivés à Rome, ils sont restés dans un collège français. Au début, personne n'était au courant de leur arrivée, qui a eu lieu un mardi. Le lendemain, un émissaire du pape a demandé à la porte de l'école si un enfant de la région de Lourdes y avait séjourné. Et quand son père a appris ce fait, il a été surpris. Comment le pape a-t-il appris notre arrivée ? Dans tous les cas, ce fut un soulagement d'entendre que l'audience a été facilitée de manière extraordinaire. L'interview aura lieu le lendemain.

Le 12 décembre 1949, c'est la première audience (semi-privée) avec Pie XII. Mais, ce jour-là, l'enfant ne parle pas car il n'est pas seul avec le pape, comme le lui avait recommandé la Madone. Il faut donc organiser un second voyage. Mais peu après, une « mauvaise » nouvelle parvient par voie postale à la famille : les autorités diocésaines ayant statué sur Espis, le Saint-Père ne pourra accorder une seconde audience à Gilles.

Huit jours plus tard, après que l'apparition a une nouvelle fois demandé à Gilles de se rendre au Vatican pour informer le pape du « secret », tous les problèmes semblent mystérieusement disparaître. Gilles et son père repartent. Cette fois, Pie XII a changé d'avis : il accepte de recevoir l'enfant en audience privée et secrète le 1er mai 1950.

De cette rencontre, rien, ou presque, n'a filtré. Gabriel Bouhours a décrit la scène de façon pittoresque : « *Vers 10h 30, nous gagnons le Vatican, où des prélats de Sa Sainteté nous introduisent dans une salle. Après avoir été introduit auprès du chef de l'Église Catholique par le Cardinal Montini, futur Paul VI, Gilles Bouhours, âgé de six ans, est reçu en audience privée par le Souverain Pontife, à qui il confie un « secret »*.

Gilles Bouhours, âgé de 5 ans donne le message suivant au pape PIE XII, le 1er mai 1950 : « *La Sainte Vierge n'est pas morte, Elle est montée au Ciel en corps et en âme* ».

À la fin de l'audience, le pape prenant l'enfant par la main, le rend à son père, le remercie et lui dit : « *le dogme que je souhaite proclamer. Et votre fils m'a apporté un message de la Bienheureuse Vierge Marie* ».

Après cette rencontre, Monseigneur Montini demanda à Gilles : « Tu *prieras bien pour le plus petit Monseigneur de Rome.* » Quel rapport entre ces deux évènements? Pourquoi une telle audience, si difficile à obtenir pour le commun des croyants?

D'autres personnalités, parfois éminentes, ont rencontré le petit Gilles à l'occasion de son voyage à Rome, comme le père Roschini, grand mariologue, professeur à l'université du Latran, procureur général de l'ordre des Servites de Marie et expert au concile Vatican II. Ce dernier avait été chargé avec d'autres de préparer le texte dogmatique de l'Assomption. Il décrit ainsi son entrevue avec Gilles : « Je ne sais quelle impression a produit sur le Souverain Pontife le « secret » de la Sainte Vierge. En parlant avec l'enfant avant l'audience pontificale, j'avais trouvé le petit Gilles hermétiquement fermé et bien d'autres personnes n'avaient pas eu plus de succès que moi. Il se défendait en disant que la Sainte Vierge lui avait commandé de le dire d'abord et avant qui que ce soit au pape. Et le petit Gilles a fait ainsi. Après l'audience, il me l'a révélé, ainsi qu'à plusieurs autres personnes. »

Après l'audience, libéré de toute contrainte, le cher enfant a révélé son secret à plusieurs personnes. « *Le 10 juin suivant, un journaliste du Giornale d'Italia publiait un article substantiel intitulé : « Un petit Français de cinq ans parle au pape.* » Cet article citait le fameux « secret » de Gilles : « *La Sainte Vierge n'est pas morte ; elle est montée au ciel avec son corps et son âme.* » Plusieurs articles paraissent alors dans les journaux. Le cas du « petit Gilles » devient connu. L'identité profonde entre le contenu de cette phrase et le dogme de l'Assomption, ainsi que la proximité des dates entre l'audience accordée à Gilles et la proclamation de ce dogme (Toussaint 1950) ne pouvaient manquer de frapper profondément les esprits et les cœurs.

Poursuite des apparitions

De 1950 à 1958, Gilles continue de voir la Vierge à intervalles réguliers.

Le 13 mai 1950, il annonce « *le 13 juin prochain, je dois avoir une robe blanche. Je devrai marcher les pieds nus, comme le petit Jésus, pour la conversion des pécheurs.* » Des clichés photographiques ont immortalisé cet instant.

Le 15 août 1954, la Vierge lui déclare : « *Je suis la Reine du Sauveur. Tu peux le dire à monsieur le curé.* » Le 5 novembre suivant, pendant la messe en l'honneur du Sacré-Cœur, l'enfant voit la Vierge ; celle-ci « s'incline » à la consécration. Le père Lamy, au début du XXe siècle, vit aussi, lors de visions, Marie s'incliner à la consécration.

Les 13 janvier, février et mars 1955, pour la première fois, des « rayons dorés et brillants sortent des mains jointes » de l'apparition. Le 20 mars 1957, Gilles est triste « *Gilles, je ne viendrai plus te voir* », lui a dit Marie. Le 15 août 1958, la Vierge lui apparaît une ultime fois.

Fin de vie

Le 24 février 1960, Gilles tomba malade d'un engourdissement mystérieux qu'aucun médecin ne put diagnostiquer. Après 48 heures et après avoir reçu les derniers sacrements, l'adolescent (15 ans) décède. Avant d'expirer, il déclara : « *Je vais mourir, mais ne pleurez pas. Je vais bien et je suis content.* » Puis il joignit les mains et pria : « *Mon Dieu, je vous demande pardon pour tous mes péchés... Mon Seigneur, Jésus-Christ, Dieu et véritable Homme...* »

Gilles Bouhours a donné son âme à Dieu le 26 février 1960 à 6 heures du matin. Sa tombe se trouve au cimetière du village de Seilhan dans le département de la Haute Garonne. Sur sa tombe sont gravés ces mots qu'il a lui-même prononcés : « *Aimez Dieu et la Sainte Vierge. Offrez-leur toutes vos souffrances et vous retrouverez ainsi la paix de l'âme.* »

4.4.4 Dogme

Dogme

En mai 1946, par l'*Encyclique Deiparae Virginis,* Pie XII lança une vaste consultation, interpellant les évêques et, par leur intermédiaire, le clergé et le Peuple de Dieu, sur la possibilité et l'opportunité de définir l'Assomption corporelle de Marie en tant que dogme de foi. Le résultat fut largement positif : seules six réponses sur 1181 manifestèrent quelques réserves sur le caractère révélé de cette vérité.

En citant ce fait, la Bulle *Munificentissimus Deus* affirme : « *Le Consentement universel du Magistère ordinaire de l'Église fournit un argument certain et solide pour prouver que l'Assomption corporelle de la Bienheureuse Vierge Marie au ciel... est une vérité révélée par Dieu, et elle doit donc être crue fermement et fidèlement par tous les fils de l'Église* »

Le dogme de l'Assomption est défini 1er novembre 1950, jour de la Toussaint, par le pape Pie XII. La vierge Marie, à la fin de sa vie terrestre est élevée corps et âme à la gloire du ciel.

Le dogme de l'Assomption est exprimé comme un acte de louange envers Dieu.

« *Pour la gloire du Dieu tout-puissant qui a répandu sur la Vierge Marie les largesses d'une bienveillance toute particulière, pour l'honneur de son Fils, roi immortel des siècles et vainqueur du péché et de la mort, pour une plus grande gloire de son auguste Mère et pour la joie et l'exultation de toute l'Église, par l'autorité de notre Seigneur Jésus Christ, des bienheureux apôtres Pierre et Paul et par notre propre autorité, Nous proclamons, déclarons et définissons que c'est un dogme divinement révélé par Dieu que Marie, l'Immaculée Mère de Dieu toujours Vierge, à la fin du cours de sa vie terrestre, a été élevée en corps et en âme à la gloire céleste. C'est pourquoi, si quelqu'un - ce qu'à Dieu ne plaise - osait volontairement mettre en doute ce que nous avons défini, qu'il sache qu'il a totalement abandonné la foi divine et catholique* » (Bulle Munificentissimus Deus).

Concile Vatican II
« *Enfin la Vierge immaculée, préservée par Dieu de toute atteinte de la faute originelle, ayant accompli le cours de sa vie terrestre, fut élevée corps et âme à la gloire du ciel, et exaltée par le Seigneur comme la Reine de l'univers, pour être ainsi plus entièrement conforme à son Fils, Seigneur des seigneurs (cf. Ap 19,16), victorieux du péché et de la mort.* » (Vatican II, *Lumen Gentium* 59)

Le concile affirme Marie Reine de l'univers, comme l'avait fait Pie XII dans la « *Ad coeli Reginam* ».

Le concile indique la conformité de Marie à son Fils. Jésus est le Roi des rois, Marie est Reine de l'univers. Jésus est sans péché et victorieux du péché, Marie est Immaculée. Jésus est victorieux de la mort, Marie quitte ce monde en son Assomption.

« *Son amour maternel la rend attentive aux frères de son Fils dont le pèlerinage n'est pas achevé, ou qui se trouvent engagés dans les périls et les épreuves, jusqu'à ce qu'ils parviennent à la patrie bienheureuse.[203]* »

« *Cependant, tout comme dans le ciel où elle est déjà glorifiée corps et âme, la Mère de Jésus représente et inaugure l'Église en son*

---
[203] Lumen Gentium 62

achèvement dans le siècle futur, de même sur cette terre, en attendant la venue du jour du Seigneur (cf. 2P 3, 10), elle brille déjà comme un signe d'espérance assurée et de consolation devant le peuple de Dieu en pèlerinage.[204] »

Le Concile Vatican II affirme l'Assomption de Marie et sous-entend le lien entre l'Immaculée Conception et de l'Assomption, comme l'avait fait Pie XII dans la *Munificentissimus Deus*.

Réflexions

La glorification céleste de Marie dans son âme et dans son corps porte à l'accomplissement définitif sa ressemblance avec le Christ. Marie est toute dans le Christ pour agir encore avec Lui en faveur de l'humanité.

Marie est le commencement de ce que l'Église sera dans sa forme achevée. Nous sommes en effet appelés à faire Un avec le Christ, à faire un avec Dieu par dans et pour le Christ.

La mort est le salaire du péché. La Vierge Marie n'est pas atteinte par le péché même par le péché originel. La mort ne se justifie pas pour elle. A-t-elle suivi son Fils dans la mort ? La théologie parle de dormition. Marie est exemptée de toute corruption et accède à la gloire de Dieu avec son corps et son âme. La Vierge victorieuse, l'Associée du Rédempteur, rejoint son Fils dans la gloire.

En effet, alors que, pour les autres humains, la résurrection des corps se produira à la fin du monde, pour Marie, la glorification de son corps fut anticipée par un privilège tout à fait singulier.

---

[204] Constitution dogmatique Lumen Gentium 68

5 Études Mariales

5.1 Existence de Marie

5.1.1 Existence de Marie

Place de Marie

Marie à une place de toute éternité dans l'entendement divin. Pour Dieu le temps n'existe pas. C'est nous qui sommes enfermés dans le temps qui s'écoule. Pour Dieu, il n'y a ni passé, ni présent, ni futur mais un éternel présent.

Dieu se communique à l'intérieur de lui-même entre le Père, le Fils et le Saint-Esprit.

Il décide de se communiquer à l'extérieur de lui-même par le Verbe visible en sa sainte humanité. L'économie de l'Incarnation comprend la Vierge Marie avant toute autre création.

Dieu décrète de créer pour eux terre, ciel, astres…. C'est le cantique de Salomon Pv 8, 22-36.

Puis vient le décret de création de la nature angélique.

Enfin est décrétée la création des hommes.

Marie historique et Marie éternelle

Jean-Paul II (dans Rédemptoris Mater, 8) : « *Dans le mystère du Christ, Marie est présente dès avant la fondation du monde* »

La pré existence du Christ et de la Vierge avant les temps historiques n'est sans doute pas tant une antériorité qu'une réalité éternelle, intemporelle. C'est un instant éternel au-delà de la successivité des instants consécutifs au péché originel.

Le Christ et la Vierge sont exemptés du monde historique car ils sont sans péché, mais ils font le « choix » de vivre dans ce monde historique pour sauver les hommes. Ils vivent alors pleinement notre humanité hormis le péché. La présence de chacun est alors voilée dans un corps biologique passible.

Marie d'Agreda

Chapitre premier
La très sainte Vierge dans l'entendement divin ses saints parents

« *Avant de commencer à écrire la vie admirable de la divine Mère de Dieu, il est nécessaire de faire connaître le rang sublime qu'elle eut de toute éternité dans l'entendement divin. Quoique l'intelligence divine une, indivisible et très simple, conçoive dans un acte infiniment simple, n'y ayant pour elle ni temps passé, ni futur; néanmoins selon notre manière de comprendre nous distinguons comme différents moments.*

I. Dieu dans les profondeurs de l'éternité connaît ses attributs, ses perfections avec une inclination infinie à se communiquer au dehors, comme souverain bien infini.

II. Il décrète de faire cette communication de lui-même au dehors par la participation et la manifestation de ses grandeurs.

III. Il détermine l'ordre, la manière et la disposition de cette communication, décrétant que le Verbe divin se rendrait visible dans la sainte humanité.

IV. Il décréta les dons et les grâces qu'il devait donner à l'humanité divinisée du Christ, chef de toutes les créatures. Alors réglant l'économie parfaite de l'Incarnation, il y comprit la Vierge Mère avant tout autre décret concernant la création des autres créatures. Dieu encore détermina de créer un lieu où le Verbe incarné put habiter avec sa divine Mère ; et premièrement pour eux seuls, il décréta de créer le ciel et la terre, avec les astres, les éléments et tout ce qu'ils contiennent, et secondairement pour les hommes qui devaient être les vassaux de ce grand roi et de cette grande reine.

V. Il décréta la création de la nature angélique pour être en présence de la Majesté divine pour l'honorer et l'aimer : elle devait servir aussi le Verbe Éternel fait homme et sa très sainte mère leur reine. A ce moment appartient la création du ciel empyrée, pour que la gloire de Dieu s'y dévoile et que les bons y soient récompensés, ainsi que la prédestination des bons anges et la réprobation des mauvais ; la création de la terre pour les autres créatures et de l'enfer dans son centre pour le châtiment des esprits rebelles.

VI. Il décréta de créer un peuple et une société d'hommes

semblables au Christ et ses frères. Dieu ordonna les faveurs et les grâces qu'il devait donner à ce peuple par les mérites du Christ, et la justice originelle de l'homme s'il y voulait persévérer. Il prévit la prévarication et la chute d'Adam, et en lui celle de tous ses descendants, à l'exception de la divine mère, qui ne fut pas comprise dans ce décret postérieur. Il décréta que ce malheur serait réparé et que l'humanité du Christ serait passible. »

« Pour l'exécution de ces décrets dans le temps, Dieu créa le ciel et la terre, et la lumière non seulement matérielle, mais aussi intellectuelle, c'est-à-dire les anges et à la division de la lumière des ténèbres arriva la séparation des bons et des mauvais esprits. Les anges demeurèrent quelque temps dans l'état d'épreuve qu'on peut diviser en trois instants : au premier ils furent créés et ornés des dons de la nature et de la grâce ; au second, la volonté de leur créateur leur fut proposée, pour la suivre, et obtenir la fin pour laquelle ils avaient été créés. Il leur donna de très vives lumières sur le bien et le mal, les récompenses et les châtiments éternels. Les uns furent obéissants les autres rebelles ; les bons furent confirmés en grâce et récompensés de la gloire éternelle ; les obstinés furent châtiés et précipités dans l'enfer pour y être éternellement tourmentés. Le motif de cette rébellion et de cette disgrâce fut que les anges ayant eu une très claire connaissance de l'être divin avec l'unité d'essence et la trinité des personnes, ils reçurent commandement d'adorer Dieu comme leur créateur. Ils obéirent tous à ce précepte, mais avec quelque distinction. Lucifer se soumit parce qu'il crut impossible de faire le contraire ; mais il ne le fit pas avec une parfaite charité, et bien que cette lâcheté à opérer ces premiers actes ne le privât point de la grâce, sa mauvaise disposition vint de là, car ses vertus et son esprit en furent affaiblis. Dieu leur manifesta qu'il devait créer une nature humaine, et que la seconde personne de la très sainte Trinité devait s'incarner et élever la nature humaine à l'union hypostatique ; ils reçurent le commandement d'adorer cet homme-Dieu et de le reconnaître pour chef de toutes les créatures. Lucifer résista à cet ordre et provoqua ses adhérents à faire de même, il leur persuada qu'il serait leur chef et qu'il constituerait un royaume indépendant du Christ. Mais sa méchanceté s'accrut lorsqu'il lui fut proposé de reconnaître comme reine et souveraine, une vierge, mère du Christ, qui

devait être enrichie des dons de grâce et de gloire, de manière à surpasser toutes les autres créatures angéliques et humaines. Il résista par d'horribles blasphèmes et condamna ces décrets divins comme injustes et injurieux à sa grandeur. Cette superbe présomption irrita si fort le Seigneur, qu'il annonça au serpent dans le paradis terrestre qu'Elle (Marie) lui écraserait la tête, *ipsa conteret caput tuum*.

    Après avoir précipité du ciel les anges rebelles et Lucifer leur chef, Dieu créa les autres créatures sur le modèle du Christ et de la vierge mère comme leurs divins exemplaires ; mais surtout il forma Adam et Ève en tout semblables à ces divins originaux. Il leur donna le mouvement et une entière-perfection, enfin il les bénit en considération de leur parfaite ressemblance avec leurs modèles. Le Seigneur cacha à Lucifer la création d'Adam et d'Ève pendant une partie du temps qu'ils vécurent ensemble. Dieu agit ainsi pour jeter le démon dans le doute, si Ève était celle qui devait lui écraser la tête, et Adam le Verbe incarné. La rage de cet implacable ennemi commença à dresser des embûches ; ayant réussi à perdre la femme et par son moyen l'homme, il en triompha orgueilleusement avec ses démons. Mais sa satisfaction ne fut pas de longue durée, parce qu'il vit combien Dieu s'était montré miséricordieux à l'égard des criminels et qu'il leur rendrait sa grâce et son amitié par le moyen de la pénitence ; et ce lui fut un nouveau tourment d'ouïr la menace qu'une femme lui écraserait la tête.

    Le genre humain se multiplia par la bénédiction divine, et le Seigneur se choisit un peuple élu, et dans ce peuple une lignée illustre et sainte, de laquelle il devait descendre selon la chair. Il fit des faveurs signalées à ce peuple, et lui révéla des mystères profonds : il suscita de saints patriarches et prophètes, qui devaient lui montrer en figure le Verbe incarné et lui annoncer de loin sa venue si désirée. Enfin le temps marqué approchant, Dieu envoya au monde deux flambeaux très éclatants, qui annonçaient la prochaine aurore du soleil de justice Jésus, notre Sauveur. Ces deux flambeaux furent saint Joachim et sainte Anne, que la volonté divine avait préparés et créés afin qu'ils fussent les parents de la vierge mère de Dieu. Joachim avait sa maison avec ses parents et amis à Nazareth, petite ville de Galilée. C'était un homme juste et saint, éclairé d'une lumière spéciale qui lui faisait connaître les mystères des saintes écritures et le sens des prophéties. Sainte Anne avait sa maison à Bethléem ; elle était chaste, humble et belle ; elle avait *aussi de grandes illustrations sur les sens profonds des divines prophéties. L'archange Gabriel fut envoyé en forme corporelle à sainte Anne, pour lui ordonner de prendre Joachim pour époux. Il alla peu après vers Joachim et l'avertit en songe de prendre sainte Anne pour épouse. Le saint mariage s'accomplit sans que l'un découvrit à l'autre son secret. Les deux saints époux habitèrent à Nazareth, et suivirent les voies du Seigneur, donnant la plénitude des vertus à toutes leurs œuvres. Ils faisaient tous les ans trois portions de leur revenu; ils offraient la première au temple, ils distribuaient la seconde aux pauvres, et destinaient l'autre pour l'honnête entretien de la famille. Les saints époux passèrent vingt ans sans avoir aucun enfant, ce qui était réputé comme une honte ; c'est pourquoi ils essuyèrent de leurs voisins plusieurs opprobres, parce qu'on croyait que ceux qui n'avaient pas d'enfants n'auraient aucune part au futur Messie. Ils étaient même injuriés par les prêtres comme des êtres inutiles et Joachim étant allé au temple pour prier, un prêtre appelé Issachar, le renvoya parce qu'il offrait étant stérile, et dès lors indigne d'offrir des sacrifices. Le saint homme se retira tout affligé; il s'en alla à une maison de campagne, priant le Seigneur avec larmes de lui donner un enfant, et il fit vœu de le lui consacrer dans son temple. L'ange du Seigneur apparut à sainte Anne, et lui déclara, qu'il serait agréable à la divine Majesté qu'elle demandât une postérité. La sainte fit ce qui, lui était dit et promit à Dieu de lui consacrer le fruit qu'il daignerait lui accorder. Les demandes de saint Joachim et de sainte Anne arrivèrent en présence du trône de la divine Majesté. L'archange Gabriel fut envoyé à saint Joachim : le Très-Haut, lui dit-il, a exaucé tes prières, et Anne ton épouse concevra et enfantera une fille qui sera bénie entre toutes les femmes, et que les nations reconnaîtront pour bienheureuse ; le Seigneur veut que dès son enfance, elle lui soit consacrée dans le temple. En même temps sainte Anne était élevée dans une contemplation très-sublime, et toute absorbée dans le mystère de l'incarnation, elle priait avec ferveur le Seigneur de la rendre digne de voir et de servir cette femme si heureuse et si favorisée qui devait être la mère du Messie attendu. Ce fut alors que le saint archange Gabriel se présenta à elle, lui annonçant que Dieu la choisissait pour être la mère de la très sainte mère de son divin fils. Toute remplie d'une surprise et d'une joie inexprimable, elle alla au temple remercier le Seigneur et lui rendre de dignes actions de grâces.*

Elle rencontra saint Joachim et lui manifesta les promesses de l'archange, sur quoi ils allèrent tous deux au temple renouveler leurs vœux et rendre de vives actions de grâces à l'auteur de ces merveilles. Ils s'en retournèrent à la maison, s'entretenant entr'eux des faveurs signalées qu'ils avaient reçues du Très-Haut, et ils se communiquèrent à cette occasion la première Visite de l'ange ainsi que l'ordre qu'ils avaient reçu de se marier ensemble et dont ils n'avaient jamais parlé. La prudente sainte Anne ne découvrit point à son époux que l'enfant promise dût être la mère du Messie, car l'archange le lui avait défendu.

La plénitude des temps étant arrivée, les trois personnes divines, suivant notre faible manière de concevoir, dirent entre-elles : « Il est temps que nous commencions l'ouvrage de notre bon plaisir, et que nous créions cette pure créature qui nous est chère sur toutes les autres : il faut qu'elle soit exempte de la loi ordinaire de la génération de tous les mortels, afin que la semence du serpent infernal n'ait aucune part en elle. Il est juste que la divinité choisisse pour s'en revêtir une matière très-pure et qui n'ait jamais été souillée parle péché ; notre équité et notre providence demandent ce qui est le plus décent, le plus parfait, et le plus saint ; et cela s'exécutera parce qu'il n'est rien qui puisse résister à notre volonté. Le verbe qui doit se faire homme et servir de maître aux hommes, leur enseignera avec plus d'efficacité à honorer leurs parents, en donnant le premier l'exemple, d'honorer celle qu'il a choisie pour sa mère ; entre les honneurs qu'il lui rendra, le premier sera la grâce de ne jamais être assujettie à ses ennemis. Puisqu'il doit être le rédempteur du genre humain, il est convenable qu'il exerce d'abord cet office à l'égard de sa propre mère : elle doit avoir une rédemption particulière et pour cela être préservée par avance du péché ; ainsi elle sera toute pure et immaculée, et le fils de Dieu se réjouira en voyant entre sa mère terrestre et son père céleste la ressemblance la plus parfaite qui soit possible entre Dieu et la créature. » Tel fut le décret que les personnes divines manifestèrent aux anges bienheureux. Avec une profonde humilité prosternés devant le trône divin, ils louèrent Dieu et lui rendirent de très-vives actions de grâces, d'avoir enfin exaucé la prière qu'ils faisaient depuis la grande bataille avec Lucifer pour l'accomplissement du mystère de l'incarnation qui leur avait été révélé. Chacun d'eux désirait avec une sainte émulation d'être employé pour former la cour du fils de Dieu et de sa très-pure et sainte mère.

Vingt ans s'étaient déjà écoulés depuis le mariage de saint Joachim avec sainte Anne : Joachim avait donc soixante ans et sainte Anne en avait quarante-quatre. Suivant la promesse divine, ils engendrèrent cet enfant qui devait être la mère de Dieu d'une manière vraiment merveilleuse. Tout s'y passa selon l'ordre commun des autres conceptions, néanmoins la vertu du Très-Haut ôta à celle-ci ce qu'il y avait d'imparfait et de désordonné, ne lui laissant que le pur nécessaire, selon les lois de la nature, afin que le corps le plus excellent qui fut et qui sera jamais entre les pures créatures fut formé sans la moindre imperfection. La vertu divine se découvre surtout dans l'opération miraculeuse qui enleva à sainte Anne sa stérilité naturelle. Mais cette opération fut surtout merveilleuse en ce que la grâce éloigna entièrement des saints Parents toute sorte de sensualité et que l'aiguillon du péché originel n'y eut aucun part : ainsi donc, ce qui servit à cette très pure conception n'étant accompagné d'aucune imperfection, le péché ne s'y trouva point et n'y eut aucun pouvoir. La sagesse et le pouvoir du Très-Haut prirent un soin tout particulier de la formation du corps très-pur de Marie, il fut composé selon le poids et la plus parfaite mesure, tant en la quantité qu'en la qualité des humeurs naturelles afin que par la juste proportion de ce mélange incomparable, il aidât sans empêchement les opérations d'une âme aussi sainte que celle qui devait l'animer. Ce petit corps reçut un tempérament si accompli et des facultés si riches que la nature n'aurait jamais formé, à elle seule, rien de semblable. Suivant notre manière de concevoir, Dieu mit plus de soin à le composer et à le former qu'il n'en mit à former tous les cieux et tout ce que renferme l'univers.[205] »

Conception de Marie - Maria Valtorta

Jésus organise pour les femmes disciples, **Marie**, Marie d'Alphée, et Marie Salomé, un pèlerinage à Bethléem le jeudi 6 avril 28. Jésus raconte :

---

[205] Vie divine de la très sainte Vierge Marie par Marie d'Agréda - P. Bonaventure Amadeo de Cesare, M. C., Consulteur de la sacrée Congrégation romaine de l'index. - Traduite de l'Italien par l'Abbé Joseph-Antoine Boullan, Missionnaire du Précieux Sang et Docteur en Théologie. - Paris, 1853

« La nouvelle Ève a été conçue par la Pensée au pied du pommier du Paradis pour que son sourire et ses larmes mettent en fuite le serpent et désintoxiquent le fruit empoisonné. Elle est devenue l'arbre du fruit rédempteur. Venez, amis, et mangez-en car se nourrir de sa douceur c'est se nourrir du miel de Dieu.[206] »

Marie éternelle - Maria Valtorta

Nous sommes le lundi 12 février 29 Jésus parle de sa Mère aux apôtres et aux disciples :

« Je vous ai parlé, il y a même peu de temps de : « l'éternelle beauté de l'âme de ma Mère ». Je suis la Parole et par conséquent je sais employer les mots sans erreur. J'ai dit : éternelle, pas immortelle. Et ce n'est pas sans intention que je l'ai dit. Immortel est celui qui, après être né, ne meurt plus. Ainsi l'âme des justes est immortelle au Ciel, l'âme des pécheurs est immortelle dans l'Enfer, car l'âme, une fois créée, ne meurt plus qu'à la grâce. Mais l'âme vit, existe à partir du moment où Dieu la pense. C'est la Pensée de Dieu qui la crée. L'âme de ma Mère est depuis toujours pensée par Dieu. Par conséquent elle est éternelle dans sa beauté, dans laquelle Dieu a versé toute perfection pour en tirer délice et réconfort.[207][208] »

Jésus échange avec Jean le mardi 22 mai 29 :

« Ne jugez jamais les œuvres de Dieu. Cela pour commencer. Mais pensez que, comme c'est par la femme que le Mal est entré, il est juste que ce soit par la Femme que le Bien entre dans le monde. Il s'agit d'anéantir une page écrite par Satan, et ce seront les larmes d'une Femme qui le feront. Et puisque Satan poussera éternellement ses cris, voilà qu'une voix de Femme chantera pour les couvrir. »

« Quand ? »

« En vérité je vous dis que sa voix est déjà descendue des Cieux où elle chantait éternellement son alléluia. »

---

[206] « L'Évangile tel qu'il m'a été révélé » Maria Valtorta – Tome 3, Ch 69, page 416
[207] Ibid – Tome 5, Ch 36, page 244
[208] Pr 8, 22-31 – Application des Proverbes à la Vierge Marie selon Marie d'Agréda (1602-1665) dans « la Cité mystique de Dieu », Livre 1, chapitre 5, § 52 et suivants

« Elle sera plus grande que Judith ? »
« Plus grande que toute femme.[209] »

Marie pour Jésus, Maria Valtorta

En Juin 29, Jacques interroge Jésus :

« Mon Frère, dis-moi une chose que depuis longtemps je désire savoir. Comment vois-tu Marie ? Comme Mère ou comme sujette ? C'est ta Mère, mais c'est une femme et tu es Dieu... » dit le Thaddée.

« Comme sœur et comme épouse, comme délice et repos de Dieu et comme réconfort de l'Homme. C'est tout que je vois et possède en Marie, comme Dieu et comme Homme. Celle qui était les Délices de la Seconde Personne de la Triade au Ciel, Délices du Verbe comme du Père et de l'Esprit, est les Délices du Dieu Incarné, et elle le sera de l'Homme-Dieu glorifié. »

« Quel mystère ! Dieu s'est donc privé deux fois de ses complaisances ? En Toi et en Marie et Il vous a donné à la Terre... » médite le Zélote.

« Quel amour ! Devrais-tu dire. C'est l'amour qui a poussé la Triade à donner Marie et Jésus à la Terre » dit Jacques.

« Et, non pas pour Toi qui es Dieu, mais pour sa Rose, Il ne craignit pas de la confier aux hommes, qui sont tous indignes de la protéger ? » demande Thomas.

« Thomas, c'est le Cantique qui te répond : « Le Pacifique avait une vigne, et Il la confia aux vignerons qui, profanateurs poussés par le Profanateur, auraient donné de fortes sommes pour la posséder, c'est-à-dire toutes les séductions pour la séduire, mais la Belle Vigne du Seigneur se garda par elle-même, et elle ne voulut donner son fruit qu'au Seigneur et ne s'ouvrir qu'à Lui, pour engendrer le Trésor sans prix : le Sauveur.[210] »

Jésus répond avec le cantique 8, 11-12.

---

[209] « L'Évangile tel qu'il m'a été révélé » Maria Valtorta - Tome 6, Ch 111, page 219
[210] Ibid – Tome 6, Ch 125, page 301

5.1.2 Essence de Marie
Obéissance, Pureté, humilité

Marie est Obéissance absolue. Pureté absolue. Humilité absolue.

Marie est écoute et obéissance à Dieu. Au moment de l'Annonciation elle donne son accord pour l'Incarnation en faisant confiance à Dieu. Elle a fait vœu de Virginité et l'ange lui annonce sa future maternité, mais elle fait confiance même si elle ne sait pas comment cela va se faire.

Elle est la pureté absolue elle est Vierge dans toute la dimension du mot c'est-à-dire par seulement physiquement mais dans ses pensées. Le Tentateur n'a aucune prise sur elle, Marie est sans péché et même par grâce sans le péché originel.

Elle est l'humilité et répond à l'ange de l'annonciation : « Je suis la servante du Seigneur ».

Jésus échange avec Jean le mardi 22 mai 29 :

« Ne jugez jamais les œuvres de Dieu. Cela pour commencer. Mais pensez que, comme c'est par la femme que le Mal est entré, il est juste que ce soit par la Femme que le Bien entre dans le monde. Il s'agit d'anéantir une page écrite par Satan, et ce seront les larmes d'une Femme qui le feront. Et puisque Satan poussera éternellement ses cris, voilà qu'une voix de Femme chantera pour les couvrir. »

« Quand ? »

« En vérité je vous dis que sa voix est déjà descendue des Cieux où elle chantait éternellement son alléluia. »

« Elle sera plus grande que Judith ? »

« Plus grande que toute femme. »

« Que fera-t-elle ? Que fera-t-elle donc ? »

« Elle renversera Ève dans son triple péché. Obéissance absolue. Pureté absolue. Humilité absolue. C'est sur cela qu'elle se dressera, reine et victorieuse... »

« Mais, n'est-ce pas ta Mère, Jésus, la plus grande pour t'avoir engendré ? »

« Grand est celui qui fait la volonté de Dieu, et c'est pour cela que Marie est grande. Tout autre mérite vient de Dieu, mais celui-là est

tout à fait sien, et qu'elle en soit bénie.[211] »

Obéissance

Le mercredi 3 avril 29 dans un jardin à Jérusalem, Jésus parle à sa Mère :

« *Tu sais obéir. Quel repos d'être avec toi ! Car, tu vois, Maman, le monde ne peut comprendre, mais je trouve tout repos auprès de ceux qui obéissent... Oui. Dieu repose auprès des obéissants. Dieu n'aurait pas eu à souffrir, à se fatiguer, si la désobéissance n'était pas venue dans le monde. Tout arrive parce qu'on n'obéit pas. De là vient la douleur du monde... De là vient notre douleur.[212]* »

Humilité

En mai 29, le groupe apostolique se dirige vers Jérusalem par des raccourcis.

« *Laisse-le parler... Je n'en tiens pas compte. Ce sont des paroles que le vent emporte et dont les herbes et les arbres ne sont pas scandalisés. Nous, les seuls qui les entendions, nous savons leur donner le poids qu'elles méritent, n'est-ce pas ? Et nous ne nous en souvenons plus. La jeunesse est souvent irréfléchie, Barthélemy. Aies-en compassion...Mais quelqu'un m'avait demandé pourquoi je préférais le lys des vallées... Voici ce que je réponds : « À cause de son humilité ». Tout en lui parle d'humilité... Les endroits qu'il aime... l'attitude de la fleur... Elle me fait penser à ma Mère... Cette fleur... Si petite ! Et pourtant voyez quelle odeur exhale une seule fleur. Tout autour, l'air en est parfumé... Ma mère aussi, humble, réservée, inconnue, qui ne demandait qu'à rester inconnue... Pourtant son parfum de sainteté fut si fort qu'il m'aspira du Ciel...[213]* »

Charité

---

[211] « L'Évangile tel qu'il m'a été révélé » Maria Valtorta - Tome 6, Ch 111, page 219
[212] Ibid - Tome 9, chap 15, page 116
[213] Ibid - livre 6, chapitre 101, page 156

A Gethsémani, en mars 29, Jésus accueille un nouveau disciple, Jean d'Éphèse. Il se présente comme chef de la synagogue d'Éphèse. Il a été guéri par Jésus de cécité. Jean est né à Bethléem en même temps que Jésus. Sa mère Noémi n'ayant pas de lait, il a été nourri pendant un mois par la Vierge.

Noémi s'incline devant Marie :

« *Tu ne te souviens pas de moi, ô Marie de Bethléem. Mais moi, depuis trente et un ans, je me rappelle ton nom et ton visage comme celui de la pitié. J'étais venue, moi aussi de loin, de Pergé, pour l'Édit. Et j'étais enceinte. Mais j'espérais revenir à temps. Mon mari tomba malade en route, et à Bethléem il languit jusqu'à mourir. J'avais enfanté depuis vingt jours au moment de sa mort. Mes cris percèrent le ciel et tarirent mon lait ou le rendirent mauvais. Je me couvris de pustules et mon fils s'en couvrit aussi... Et on nous jeta dans une caverne pour y mourir... Eh bien... Toi, toi seule tu es venue avec précaution, pendant presque toute une lune, pour m'apporter de la nourriture et soigner mes plaies, pleurant avec moi, donnant du lait à mon enfant qui est vivant grâce à toi, à toi seule... Tu as risqué d'être tuée à coups de pierres parce qu'ils m'appelaient « la lépreuse »... Oh ! ma douce étoile ! Je n'ai pas oublié cela. Je suis partie après ma guérison. J'ai appris le massacre à Éphèse. Je t'ai tant cherchée ! Tant ! Tant ! Je ne pouvais croire que tu avais été tuée avec ton Fils dans cette nuit affreuse. Mais je ne t'ai jamais trouvée. L'été dernier, quelqu'un d'Éphèse a entendu ton Fils, il a su qui il était, il l'a suivi quelque temps, il a été avec d'autres à sa suite aux Tabernacles... Et à son retour, il a parlé. Moi, je suis venue pour te voir, ô Sainte, avant de mourir. Pour te bénir autant de fois que tu as donné de gouttes de lait à mon Jean, en l'enlevant à ton Fils béni... » La femme pleure en une attitude respectueuse, un peu penchée, serrant de ses mains les bras de Marie...*

« Le lait, on ne le refuse jamais, ma sœur. Et...[214] »

Jésus répond à Margziam qui demande si Jésus connaissait ce fait : « *Je ne le connaissais pas. Les bontés de ma Mère sont infinies et accomplies avec un si doux silence que la plupart restent ignorées.*[215] »

---

[214] « L'Évangile tel qu'il m'a été révélé » Maria Valtorta – Tome 5, Ch 55, page 388
[215] Ibid - Tome 5, Ch 55, page 390

Amour parfait

Début août 29, en allant vers Gamala, Marie réconforte Marie d'Alphée concernant la future mort du Sauveur :

« Et Marie, la Mère, la réconforte : « Ma Marie, ne regarde pas la chose du côté humain. Pense à ses fruits... Moi, tu peux penser comment je vois tomber la lumière chaque jour... Quand elle meurt, je me dis : un jour de moins pour avoir Jésus... Oh ! Marie ! C'est d'une chose par-dessus tout que je remercie le Très-Haut : de m'avoir accordé d'atteindre l'amour parfait, parfait autant que peut le posséder une créature, qui me permet de pouvoir guérir et fortifier mon cœur en disant : « Sa douleur et la mienne sont utiles à mes frères et, pour cela, que soit bénie la Douleur ». Si je n'aimais pas ainsi le prochain... je ne pourrais pas, non, penser qu'ils mettront à mort Jésus... »

« Mais quel amour est donc le tien ? Quel amour doit-on avoir pour pouvoir dire ces paroles ? Pour... pour... pour ne pas s'enfuir avec son propre enfant, le défendre et dire au prochain : « Mon premier prochain, c'est mon fils, et je l'aime par-dessus toute chose ? »

« Celui qui doit être aimé par-dessus toute chose, c'est Dieu. »

« Et Lui est Dieu. »

« Lui fait la Volonté du Père, et moi, avec Lui. Quel amour est le mien ? Quel amour doit-on avoir pour pouvoir dire ces paroles ? L'amour de fusion avec Dieu, l'union totale, l'abandon total, être perdues en Lui, n'être plus qu'une partie de Lui, comme ta main est une partie de toi-même et fait ce que ta tête commande. Voilà mon amour, et l'amour que l'on doit avoir pour faire toujours avec bonne volonté la Volonté de Dieu. »

« Mais tu es toi. Tu es la Bénie entre toutes les créatures. Certainement tu étais déjà telle même avant d'avoir Jésus, car Dieu t'a choisie pour que tu l'aies, et il t'est facile... »

« Non, Marie. Je suis Femme et Mère comme toute femme et toute mère. Le don de Dieu ne supprime pas la créature. Elle a son humanité comme toute autre, même si le don de Dieu lui donne une spiritualité élevée. Tu sais, désormais, que moi j'ai dû accepter le don de mon propre gré, et avec toutes les conséquences qu'il comportait. En effet tout don divin est une grande béatitude mais aussi un grand engagement. Et Dieu ne violente aucun homme pour qu'il accepte ses

dons, mais Il interroge la créature, et si la créature dit : « Non » à la voix spirituelle qui lui parle, Dieu ne la force pas. Toutes les âmes, au moins une fois dans leur vie, sont interrogées par Dieu si...[216] »

Intercession de Marie pour Pierre

Le dimanche 26 mars 28, Pierre, sans enfant, désire adopter Jabé (Margziam). Pierre sollicite l'intervention de Marie...

Marie dit à Jésus : « *Tu ne lui fais pas plaisir en lui donnant un fils ? Il m'a dit toutes ses espérances, tous ses désirs... et tous tes refus*[217] » Jésus ne peut rien refuser à sa Mère et dit à Pierre : « *N'abuse pas de ta victoire et ne donne pas le secret à d'autres, homme rempli de fourberie qui triomphe du Maître avec l'arme de la parole maternelle*[218] ».

Conseil de Marie à l'Iscariote

Marie met en garde Judas en juillet 28 à Nazareth :

« *Pourtant, crois-le, il te vaudrait mieux être une âme juste qu'un apôtre injuste. Si tu comprends que le contact avec le monde te trouble, si tu comprends que les louanges et les honneurs que reçoit l'apôtre te font du mal, renonce, Judas. Il vaut mieux pour toi être un simple fidèle auprès de mon Jésus qu'un apôtre pécheur.*[219] »

Guide et arche de Dieu

Le vendredi 29 mars 30, chez Lazare à Béthanie, Jésus parle aux femmes disciples :

« *Et maintenant et toujours, soyez comme des filles pour ma Mère. Elle vous guidera en tout. Elle peut guider les jeunes filles comme les veuves, les épouses comme les mères, car Elle a connu les obligations de tous les états par son expérience personnelle en plus que*

---

[216] « L'Évangile tel qu'il m'a été révélé » Maria Valtorta – Tome 6, Ch 146 page 443
[217] Ibid – Tome 3, Ch 60, page 351
[218] Ibid -Tome 3, Ch 60, page 353
[219] Ibid – Tome 4, Ch 127, page 259

par sagesse surnaturelle. Aimez-vous et aimez-moi en Marie. Vous ne défaillirez jamais, car elle est l'Arbre de la Vie, la vivante Arche de Dieu, la forme de Dieu en laquelle la Sagesse s'est faite un Siège et en laquelle la Grâce s'est faite Chair.[220] »

5.1.3 Raison d'être de Marie

Marie éternelle

Marie est depuis toujours dans la Pensée de Dieu

« *Jésus-Christ est le centre du cosmos et de l'Histoire* » (Jean-Paul II Redemptor Hominis 1979, §1), mais la Vierge le donne sans cesse au monde.

Ancien Testament

Trois personnes du nouveau testament sont annoncées par les prophéties.

Toutes les prophéties se réfèrent à l'annonce du Messie d'Israël. Mais quelques prophéties associent Marie ou Jean-Baptiste à l'annonce messianique.

A noter que ces trois personnes du nouveau testament sont préservées du péché.

Jésus est sans péché, c'est le Saint de Dieu.

Marie est sans péché et exemptée du péché originel par une grâce particulière. Pour porter celui qui est sans péché, il fallait un Temple saint.

Jean-Baptiste a été libéré du poids du péché originel au moment de la Visitation.

Marie créature

Marie nous est proche, car elle est une créature comme nous.

Marie est celle qui est toute humilité « **parce qu'il a jeté les yeux**

---

[220] « L'Évangile tel qu'il m'a été révélé » Maria Valtorta - Tome 8, Chap. 44, page 384

sur la bassesse de sa servante » Lc 1, 48a. Toutes les générations la diront bienheureuse « **Voici, en effet, que désormais toutes les générations me diront bienheureuse.** » (Lc 1, 48b).

Les Pères et les Docteurs de l'Église nomment Marie *« le Chef d'œuvre de Dieu »* ou encore *« le Secret du Roi »*. Marie est le chef d'œuvre des créatures de Dieu car elle est sans péché, pleine de grâces. Marie est le *« secret du Roi »* car nous ne pouvons comprendre la splendeur de Marie.

Le Oui de Marie à Dieu a changé le cours de l'Histoire des hommes et permis de commencer l'histoire du salut.

Mission du Messie d'Israël

À l'heure de la plénitude des temps le « oui » de Marie permet au plan du salut de commencer avec l'incarnation du Verbe de Dieu dans une nature humaine.

Marie garde le Dieu-homme 9 mois dans son sein. Elle est quotidiennement avec Jésus pendant les 30 années de sa vie cachée. Marie suit par la prière ou physiquement Jésus dans les 3 ans et demi de sa vie publique. Elle accompagne le Fils unique du Père et son fils unique pendant son agonie de 3 heures sur la croix.

Marie soutien les apôtres en gardant l'espérance de la Résurrection pendant les trois jours entre la mort de Jésus le vendredi à 15h00 et sa Résurrection le dimanche à l'aube.

Église naissante

Marie est le soutien de l'Église naissante.

Elle monte corps et âme au ciel car elle est exempte de tout péché.

Marie est aujourd'hui le soutien de l'Église du Christ jusqu'au terme de l'histoire.

Les transfigurations de Marie

Selon Maria Valtorta, Jésus dit : *« écoutez la seconde*

transfiguration de Marie, l'Élue de Dieu[221] ». Marie a donc vécu plusieurs transfigurations.

La première transfiguration est au moment de la naissance de Marie. La Vierge de Dieu est sans péché. Elle n'est pas affectée par le péché originel. Sa naissance se passe dans une extase, de la mère Anne et de la fille Marie, sans les douleurs de l'enfantement. Cette grâce est liée au dogme de l'Immaculée Conception.

La seconde transfiguration est au moment de l'annonce de l'archange Gabriel et de l'adombration du Saint-Esprit. Cette grâce est liée au dogme de la virginité perpétuelle.

La troisième transfiguration est au moment de la naissance de Jésus. Cette grâce est liée au dogme de la virginité perpétuelle et au dogme de Marie, mère de Dieu. Marie est mère de Jésus qui est une personne en deux natures, divine et humaine.

La quatrième transfiguration sera au moment de la pentecôte. Marie est au cœur de la trinité, fille du Père, « épouse » du Saint-Esprit, mère du Verbe fait chair.

La cinquième et dernière transfiguration de Marie sera au moment de la dormition et de l'assomption. Cette grâce est liée au dogme de l'Assomption.

5.2 Marie au cœur de la Trinité Une

5.2.1 Marie et la Trinité

Marie créature

Marie est d'une certaine façon au cœur de la Trinité. Elle est fille du Père de façon éminente car soumise à la volonté du Père. Marie est l'épouse du Saint-Esprit se laissant possédée par le Saint-Esprit dans son fiat à l'archange Gabriel. Marie est la mère du Verbe incarné en raison de l'union hypostatique et accompagne son Fils dans sa vie publique des noces de Cana à sa mort sur la Croix et à sa Résurrection.

---

[221] « L'Évangile tel qu'il m'a été révélé » Maria Valtorta – Tome 5, Ch 36, page 245

Dieu est le Père digne d'avoir pour Fils le Verbe dans sa divinité. Marie est la mère digne d'avoir pour Fils le Verbe dans son humanité. Marie est ainsi la seule créature à pourvoir appeler le Verbe : mon Fils, et à être appelée par lui seul : ma Mère.

Dieu décide de créer l'humanité du Verbe non pas à partir de rien mais à partir d'une créature humaine, Marie. La très-sainte Vierge et Mère fut désignée et prévue avant tous les siècles dans l'entendement divin.

Dans sa sagesse l'éternel a donc prévu en même temps que l'humanité du Verbe le moyen de cette humanité, par Marie la toute sainte, la toute pure. Dieu enrichit la Mère du Verbe de ses attributs autant que possible pour une pure créature et autant que nécessaire pour la Mère du Verbe. Cet enrichissement en dons et grâce est une volonté de Dieu pour chaque homme mais qui reçoit ici un niveau élevé, rendu possible par la pureté de Marie toute tournée vers Dieu.

La première créature est dans le cœur de Dieu, la Mère du Dieu homme. Marie est une créature sainte, pure et la plus immédiate à Jésus-Christ, et en lui à la Divinité. Dieu crée donc une créature d'exception, qui devait donner l'humanité à son Fils.

Marie est exempt du péché, y compris du péché originel. Jésus, étant le saint de Dieu, la femme choisie pour être sa mère devait être sainte, sans tache.

Marie est la nouvelle Ève. Elle est tournée vers Dieu comme le Verbe (prologue de Jean). Elle fait en toute chose la volonté de Dieu. Marie par son fiat temporel à l'archange Gabriel rejoint son fiat éternel à Dieu. Elle recherche la volonté de Dieu.

Marie est l'arche de la nouvelle alliance. L'alliance de Dieu avec les hommes est réalisée en Jésus, à la fois pleinement Dieu et pleinement homme.

Marie et la Trinité

L'Amour « intérieur » de Dieu est la relation pure du Père vers le Fils, et du Fils vers le Père, « procédant » l'Esprit. L'Esprit-Saint est l'Immaculée Conception du Père et du Fils. Il reçoit d'eux son Être propre, comme leur élan réciproque d'Amour « intérieur » à Dieu. Il leur permet d'être chacun pleinement soi-même, achevant dans son Être la perfection et la plénitude relationnelle trinitaire.

L'Amour « extérieur » de Dieu est la relation pure de Dieu vers Marie, et de Marie vers Dieu par son fiat inconditionnel et éternel. La relation-offrande pure de la Vierge répond à la relation-offrande pure de Dieu. Cette relation pure partagée devient féconde sous l'ombre de l'Esprit. Le fiat inconditionnel de la Vierge permet au Christ d'être lui-même en elle par l'adombration de l'Esprit, Verbe incarné en son union hypostatique. C'est alors que le Verbe se fait Christ au premier matin des temps.

La Vierge, qui est femme, est l'Immaculée Conception d'Anne et Joachin. L'Esprit, qui est Dieu, est l'Immaculée conception du Père et du Fils. Jésus, qui est Dieu et homme, est l'Immaculée Conception du Saint-Esprit et de la Vierge Marie.

« Jésus dit : « Aujourd'hui, écris ça seulement. La pureté a une telle valeur que le sein d'une créature peut contenir Celui qui ne peut être contenu, parce qu'Elle possédait la pureté absolue, la plus grande pureté que puisse avoir une créature de Dieu.

La Très Sainte Trinité y descendit avec toutes ses perfections, y habita avec ses Trois Personnes, enferma son Être infini dans un petit espace - Elle n'en fut pas moins diminuée parce que l'amour de la Vierge et le vouloir divin dilatèrent cet espace jusqu'à en faire un Ciel – et se manifesta avec ses caractéristiques :

Le Père, en tant que Créateur, renouvela son œuvre du sixième jour, ayant une fille vraie, digne de Lui, à sa parfaite ressemblance. L'empreinte de Dieu était imprimée en Marie avec une telle netteté que seul le Premier-né du Père lui était supérieur. On peut appeler Marie la puînée du Père, par la perfection qu'Elle reçut et sut conserver, par sa dignité d'Épouse et de Mère de Dieu et de Reine du Ciel, Elle vient en second lieu, après le Fils du Père ; et en second lieu dans son éternelle Pensée parce que éternellement Il se complaît en Elle.

Le Fils, étant aussi pour Elle « le Fils », lui enseignait, par mystère de grâce, sa vérité et sagesse alors qu'il n'était encore qu'un Germe qui se développait en son sein.

L'Esprit-Saint, en apparaissant parmi les hommes par une Pentecôte anticipée, par une Pentecôte prolongée : Amour en « Celle qu'Il aima », Consolation pour les hommes pour le Fruit de son sein, Sanctification par la Maternité de la Sainte.

Pour se manifester aux hommes sous la forme nouvelle et complète qui inaugure l'ère de la Rédemption, Dieu n'a pas choisi pour son trône un astre du ciel, ni le palais d'un souverain puissant. Il n'a pas voulu non plus les ailes des anges pour y poser ses pieds. Il a voulu un sein sans tache.[222] »

« Marie, la Sans-Tache, ne fut jamais privée du souvenir de Dieu, de son voisinage, de son amour, de sa lumière, de sa sagesse. Elle put donc comprendre et aimer quand elle n'était encore qu'une chair qui se formait autour d'une âme immaculée qui continuait d'aimer.[223] »

5.2.2 Fille du Père

Fille du Père

Marie est juive est répond à la prière fondamentale du peuple élu répété plusieurs fois par jour : « *Sh'ma Israël* » « *Écoute Israël, le Seigneur est notre Dieu, le Seigneur est Un* » Sh'ma signifie écoutes et obéis. Marie est dans cette disposition d'écouter et d'obéir.

Lors de l'assomption, elle ne comprend pas l'annonce de sa future maternité alors qu'elle a fait vœu de virginité. Mais elle fait confiance à Dieu. Marie donne son accord au plan de Dieu.

Le concile Vatican II dit : « *elle reçoit cette immense charge et dignité d'être la Mère du Fils de Dieu, et, par conséquent, la fille de prédilection du Père.* » (LG 53).

Image du Père

Marie est image du Père dans le sens où la Genèse dit que l'homme a été créé à l'image de Dieu (Gn 1, 26-27).

Lorsque nous parlons de Marie nouvelle Ève, Marie immaculée, Marie pleine de grâce, nous exprimons que Marie est l'image du Père où

---

[222] « L'Évangile tel qu'il m'a été révélé » Maria Valtorta, Tome 1 Chap. 1 pages 13-14
[223] Ibid - Tome 1 Chap. 6 pages 28

se reflète l'image divine, de nouveau limpide et sans tâche (cf. Gn 1, 26-27), image qu'Adam avait défigurée.

Marie, image du Père n'est pas comparable au Père. Le Père est créateur, Marie est une créature,

Servante du Père

Au moment de l'Annonciation, Parie dit : « **Je suis la servante du Seigneur.** » (Lc 1, 38).

Paternité du Père et maternité de Marie

La maternité de Marie n'est pas comparable à la Paternité du Père.

Le Père est le principe du Fils, et le principe avec le Fils de l'Esprit-Saint. Le Père, le Fils et le Saint-Esprit sont chacun Dieu Un. Ils partagent le même être, la même essence. Mais ils sont trois personnes car Dieu est amour et l'amour se communique.

Le Père décide l'incarnation du Verbe par le Saint-Esprit.

Marie est la mère de Jésus, du Verbe incarné dans son humanité

Incarnation et Rédemption

Marie est associée au plan de salut du Père par son Verbe incarné.

Pour Dieu le Père, elle est celle, choisie de toute éternité, en qui a pu se réaliser en plénitude l'Alliance avec sa créature et le plan du salut du monde en Son Verbe.

Marie est associée au plan de salut du Père par son Verbe mort et ressuscité.

5.2.3 Épouse de l'Esprit

Comblée de grâce

À l'Annonciation, l'Esprit-Saint couvre Marie de son ombre. Elle devient dans une adhésion totale à la Parole de Dieu, mère du Fils de

Dieu.

5.2.4 Mère du Verbe

Fille du Christ

« **Tout par lui (le Verbe) a été fait, et, sans lui, rien n'a été fait de ce qui a été fait.** » Jn 1, 3. La création est faite par le Christ.

Dans l'ordre de la grâce, Marie est « fille du Christ » : elle est le « fruit le plus excellent de la Rédemption[224] », elle a été « rachetée de façon éminente en considération des mérites de son Fils[225] »

Mère du Christ

Marie est mère du Christ, du Verbe incarné. Elle a engendré dans son sein par le Saint-Esprit, la Parole éternelle du Père. Marie a donné son libre consentement et donné foi à la parole de Dieu transmise par l'ange Gabriel.

Marie, mère du Christ, participe du mystère du Christ, Fils envoyé par le Père pour faire de nous des fils adoptifs Ga 4, 4-5).

Le Fils de Dieu est étroitement lié à la Vierge. C'est la liaison d'un Fils avec sa Mère mais aussi de deux saints.

Le Fils est joint à son Père par naissance et par nature, et il est joint à la Vierge par nature et par naissance. Le Fils est joint au Saint-Esprit par origine car il est son principe dans l'éternité ; et il est joint à la Vierge… car tout ce que la Vierge a de grâce tient son origine de la grâce suprême et des mystères de Jésus.

La liaison que Fils a avec les personnes divines est éternelle ; celle qu'il a avec la Vierge est nouvelle mais elle sera de toute éternité.

Cette Vierge sacrée est et sera toujours mère de Jésus. Elle aura cette qualité aussi bien dans le ciel que sur la terre.

---

[224] Vatican II SC 103
[225] Vatican II LG 53

Servante et associée au Christ

Marie s'est mise au service de la personne et de la mission du Christ. C'est la nouvelle Ève qui remplace la désobéissance d'Ève par l'obéissance à Dieu, en toute chose, dans la confiance. Marie a suivi et accepté la mission du Christ jusqu'à la croix.

Enseignante et enseigné

Elle a enseigné le Christ spécialement sur les saintes Écritures, Qu'elle connaissait pour avoir vécu plus de dix ans au Temple. Elle a découvert comme disciple du Christ, le Royaume de Dieu.

5.3 Réflexions sur Marie

5.3.1 Marie Co Rédemptrice

Augustin (354 – 430)

Augustin attribue déjà à la Vierge le titre de «coopératrice » de la Rédemption (cf. De Sancta Virginitate, 6; PL 40, 399), titre qui souligne l'action conjointe et subordonnée de Marie au Christ Rédempteur.

Éloges de Marie

En février 29, Maria Valtorta rapporte les paroles de Jésus sur Marie, sa Mère :

« Oui. Parce qu'être ma Mère selon la chair, ce serait déjà une grande chose. Pensez que l'on se rappelle Anne d'Elcana parce que mère du prophète Samuel. Mais lui n'était qu'un prophète, et pourtant on se souvient de sa mère parce qu'elle l'a engendré. Par conséquent le souvenir de Marie serait accompagné des plus grands éloges parce qu'elle a donné au monde Jésus le Sauveur. Mais ce serait peu par rapport à ce que Dieu exige d'elle pour compléter la mesure requise pour la rédemption du monde. Marie ne décevra pas le désir de Dieu. Elle ne L'a jamais déçu. Depuis la requête d'un amour total a celle d'un

sacrifice total, elle s'est donnée et elle se donnera. Et quand elle aura consommé le plus grand sacrifice, avec Moi, pour Moi, et pour le monde, alors les vrais fidèles et les vrais aimants comprendront le vrai sens de son Nom. Et dans les siècles des siècles, il sera accordé de le savoir à tout véritable fidèle, à tout véritable aimant. Le Nom de la Grande Mère, de la sainte Nourrice qui allaitera dans les siècles des siècles les enfants du Christ par ses pleurs, pour les faire croître à la Vie des Cieux.[226] »

Souffrances de Marie

Le mardi 13 février 29, Jésus fait la première annonce de sa Passion). Maria Valtorta rapporte les paroles de Jésus :

« Jésus, les bras croisés, les a écoutés parler en les regardant à tour de rôle. Maintenant il fait signe qu'il va parler et il dit : « Le Fils de l'homme sera livré aux mains des hommes parce qu'il est le Fils de Dieu, mais parce qu'il est aussi le Rédempteur de l'homme. Et il n'y a pas de rédemption sans souffrance. Ma souffrance atteindra le corps, la chair et le sang, pour réparer les péchés de la chair et du sang. Elle sera morale pour réparer les péchés de l'âme et des passions. Elle sera spirituelle pour réparer les fautes de l'esprit. Elle sera complète. Aussi, à l'heure fixée, je serai pris dans Jérusalem, et après avoir beaucoup souffert, de la part des Anciens et des Grands Prêtres, des scribes et des pharisiens, je serai condamné à une mort infamante. Et Dieu laissera faire parce qu'il doit en être ainsi, car je suis l'Agneau qui expie pour les péchés du monde entier. Et dans une mer d'angoisse, que partageront ma Mère et quelques autres personnes, je mourrai sur le gibet. Trois jours après, par ma seule volonté divine, je ressusciterai pour une vie éternelle et glorieuse comme Homme et je serai de nouveau Dieu au Ciel avec le Père et l'Esprit. Mais auparavant je devrai souffrir toutes sortes d'opprobres et avoir le cœur transpercé par le Mensonge et la Haine.[227] »

Fin avril 29, Jésus annonce à Anne, mère de Jeanne promise à

---

[226] « L'Évangile tel qu'il m'a été révélé » Maria Valtorta - Tome 5, Ch 34, page 225
[227] Ibid – Tome 5, Ch 34, page 227

Judas :

« *Parce que je suis le Fils de l'homme, prédit par les prophètes. Je suis l'Homme des douleurs qu'a vu Isaïe, le Messie chanté par David et décrit dans ses tortures de Rédempteur. Je suis le Sauveur, le Rédempteur, ô femme. Et la mort m'attend, horrible... et ma Mère y assistera... et ma Mère sait, depuis le moment où je suis né, que son cœur sera ouvert comme le mien par la douleur... Ne pleure pas... Par ma mort j'ouvrirai à ta Jeanne les portes du Paradis...*[228] »

Jésus dit à Anne qu'il y a des souffrances plus grandes que la sienne :

« *Et que sera celle de ma Mère qui me verra mourir en croix ?* » Jésus s'est levé. Il est imposant. « *Et celle de la mère de celui qui trahira Jésus Christ, le Fils de Dieu ? Pense, ô femme, à cette mère... Toi... Kérioth toute entière, et les campagnes et au-delà, ont eu compassion de ta douleur ! Tu as pu t'en glorifier comme d'une couronne de martyre. Mais cette mère ! Comme Caïn, mais étant Abel : la victime de son fils traître, meurtrier de Dieu, sacrilège, maudit, elle ne pourra supporter un regard d'homme, car tout regard sera comme une pierre pour la lapider, et en toute voix d'homme, en toute parole, il lui semblera entendre une malédiction, une injure, et elle ne trouvera pas de refuge sur la Terre, jamais, jusqu'à sa mort, jusqu'à ce que Dieu qui est juste prenne avec Lui la martyre, en lui faisant oublier qu'elle est la mère du meurtrier de Dieu, en lui donnant la possession de Dieu... N'est-ce pas la plus grande douleur celle de cette mère ?...*[229] »

Marie Corédemptrice

En février 29, Jésus se rend avec apôtres et disciples vers le lac Méron puis vers celui de Génésareth. Maria Valtorta rapporte les paroles de Jésus sur Marie, sa Mère :

« *Jésus les a entendus parler et il dit : « Vous avez tous bien parlé. Simon Pierre a très bien parlé. On aime Marie parce que c'est « Marie ». Je vous ai dit, en allant à Césarée, que seuls ceux qui uniront une foi parfaite à un amour parfait arriveront à connaître le vrai sens*

---

[228] « L'Évangile tel qu'il m'a été révélé » Maria Valtorta - livre 6, chapitre 85 page 55
[229] Ibid - livre 6, chapitre 85 page 56

des mots : « Jésus, le Christ, le Verbe, le Fils de Dieu et le Fils de l'homme ». Mais maintenant aussi je vous dis qu'il y a un autre nom lourd de sens. Et c'est celui de ma Mère. Seulement ceux qui uniront une foi parfaite à un amour parfait arriveront à connaître le vrai sens du nom « Marie », de la Mère du Fils de Dieu. Et le vrai sens commencera à apparaître clairement aux vrais croyants et aux vrais aimants dans une heure redoutable de déchirement, quand celle qui a enfanté sera suppliciée avec celui qui est né d'elle, quand la Rédemptrice rachètera avec le Rédempteur, aux yeux de tout le monde et pour tous les siècles des siècles.[230] »

Dans la soirée du jeudi 3 mai 29, Jésus explique à Judas qu'il n'est pas venu pour un triomphe humain.

« C'est une sainte femme que ta mère, Judas, une vraie fille d'Israël. Je n'ai pas voulu qu'elle me baise les pieds, car vous êtes mes amis et parce que dans toutes vos mères, dans toute mère bonne, je vois la mienne, Judas. Et je voudrais que vous, dans la vôtre, vous voyiez la mienne dans son redoutable destin de Corédemptrice, et vous ne voudriez pas, non, vous ne voudriez pas la tuer parce que... parce qu'il vous semblerait tuer la vôtre.[231] »

Le vendredi 29 juin 29, Jésus parle aux disciples de Marie :
« Elle est Salvatrice comme Moi, et elle le sait. Regarde-la, et imite-la. »

Marie est en effet austère, royale dans sa pâleur profonde, et immobile. Elle croise les mains sur son sein comme pour la prière, la tête droite, le regard perdu dans le vide...

Marie d'Alphée la regarde, puis se tournant de nouveau vers Jésus : « Mais tu ne dois tout de même pas le dire : cet avenir horrible ! Tu lui plonges une épée dans le cœur. »

« Il y a trente-deux ans qu'elle y est cette épée. »

« Non ! Ce n'est pas possible ! Marie... toujours si sereine... Marie... »

« Demande-le-lui, si tu ne crois pas ce que je dis. »

---

[230] « L'Évangile tel qu'il m'a été révélé » Maria Valtorta – Tome 5, Ch 34, page 224
[231] Ibid - livre 6, chapitre 95, page 113

« Oui, je vais le demander Est-ce vrai, Marie ? Tu sais ? ... » Et Marie, d'une voix blanche mais ferme, dit : *« C'est vrai. Il avait quarante jours et cela me fut dit par un saint : ... Mais même auparavant... Oh ! Quand l'Ange me dit qu'en restant la Vierge j'aurais conçu un Fils qui, à cause de sa conception divine, serait appelé Fils de Dieu, et tel il est réellement, et lorsque dans le sein d'Élisabeth stérile s'était formé un fruit par un miracle de l'Eternel, je n'ai pas eu de peine à me rappeler les paroles d'Isaïe : « Voici que la Vierge concevra un fils qui Sera appelé l'Emmanuel » (Is 7, 14)... Isaïe tout entier, tout entier ! Et là où il parle du Précurseur (Is 40, 3-5)... Et là où il parle de l'Homme des douleurs, rouge, rouge de sang, méconnaissable... un lépreux... pour nos péchés (Is 50, 5-7 ; 52, 13-15 ; 53, 2-12)... L'épée est dans mon cœur depuis lors et tout a servi à l'enfoncer davantage : le cantique des anges et les paroles de Siméon et la venue des Rois d'Orient, et tout, et tout...*[232] *»*

Maria Valtorta rapporte les paroles de Jésus avec Judas de Kérioth le 20 octobre 29.

« Sans rappeler les grandes femmes d'Israël, je vous dis qu'il y a beaucoup de force dans le cœur de la femme. Dans le cœur, comme pour nous, les hommes, dans l'intelligence. Et je vous dis qu'elle va changer la situation de la femme par rapport aux coutumes comme par rapport à tant d'autres choses. Et ce sera juste parce que, comme Moi pour tous les hommes, ainsi une Femme obtiendra pour les femmes, d'une manière spéciale, grâce et rédemption. »

« Une femme ? Et comment veux-tu qu'une femme rachète ? » dit Judas de Kérioth en riant.

« En vérité, je te dis qu'Elle est déjà en train de racheter. Sais-tu ce que c'est que racheter ? »

« Bien sûr que je le sais ! C'est soustraire quelqu'un au Péché. »

« Oui, mais soustraire au Péché ne servirait pas beaucoup, car l'Adversaire est éternel et il reviendrait dresser des embûches. Mais du Jardin terrestre une voix est venue, la voix de Dieu, pour dire : « Je mettrai des inimitiés entre toi et la Femme... Elle t'écrasera la tête et tu l'atteindras au talon » (Gn 3, 15). Rien de plus que des embûches car la

---

[232] « L'Évangile tel qu'il m'a été révélé » Maria Valtorta – Tome 6, Ch 128, page 320

Femme possédera, possède en elle-même, ce qui vainc l'Adversaire. Et Elle rachète donc du moment où Elle existe, Elle la Rédemption active bien que cachée. Mais bientôt Elle sortira en présence du monde et les femmes se fortifieront en Elle. »

« Que tu rachètes... c'est bien. Mais qu'une femme le puisse... je ne l'accepte pas, Maître. »

« Tu ne te rappelles pas Tobie ? Son cantique ? (Tobit 13, 9-11) »

« Si. Mais c'est de Jérusalem qu'il parle. »

« Est-ce que par hasard Jérusalem possède un Tabernacle où Dieu réside ? Dieu peut-Il être présent par sa gloire aux péchés qui se consomment dans les murs du Temple ? Un autre Tabernacle était nécessaire, et qui fût saint, et qui fût une étoile pour ramener au Très-Haut ceux qui sont perdus. Et cela on l'a dans la Corédemptrice qui dans les siècles des siècles aura la joie d'être la Mère des rachetés. « Tu brilleras d'un éclat splendide. Tous les peuples de la Terre se prosterneront devant toi. Les nations viendront de loin pour te porter des présents et elles adoreront en toi le Seigneur... Elles invoqueront ton grand nom... Ceux qui ne t'écouteront pas seront parmi les maudits, et bénis seront ceux qui se serreront près de toi...Tu seras heureuse en tes enfants car ils seront les bénis réunis près du Seigneur », Le vrai cantique de la Corédemptrice. Et déjà le chantent dans le Ciel les anges qui voient... La Jérusalem nouvelle et céleste, c'est en elle qu'Elle commence. Oh ! Oui, voilà la vérité. Et le monde l'ignore et l'ignorent les rabbins enténébrés d'Israël... » Jésus se plonge dans ses pensées...[233] »

Marie, Mère de l'Église - Maria Valtorta

Début août 29, Jésus demande à sa Mère si la nuit a été dure pour elle.

« Du tout. Bienheureuse, au contraire. Il me semblait t'avoir tout petit dans mes bras... Et j'ai rêvé qu'il te sortait de la bouche une sorte de fleuve d'or résonnant avec une douceur que l'on ne peut dire, et une voix qui disait... Oh ! quelle voix ! « C'est la Parole qui enrichit le

---

[233] « L'Évangile tel qu'il m'a été révélé » Maria Valtorta – Tome 7, Ch 208, pages 339-340

monde et donne la béatitude à celui qui l'écoute et lui obéit. Sans limite dans sa puissance, dans le temps, dans l'espace, Elle sauvera ». Oh ! mon Fils ! Et c'est Toi, mon Fils, cette Parole ! Comment faire à tant vivre et tant faire pour pouvoir remercier l'Éternel de m'avoir faite ta Mère ? »

« Ne t'en mets pas en peine, Maman ! Chaque battement de ton cœur est pour Dieu une récompense. Tu es pour Dieu une vivante louange et toujours tu le seras, Maman. Tu le remercies depuis que tu existes... »

« Il ne me semble pas le faire suffisamment, Jésus. C'est si grand, si grand ce que Dieu a fait pour moi ! Qu'est-ce que je fais moi, enfin, de plus que toutes ces femmes bonnes, qui sont tes disciples avec moi ? Dis-le-Lui, Toi, mon Fils, à notre Père, qu'il me permette de le remercier comme le don le mérite. »

« Ma Mère ! Et crois-tu que le Père ait besoin que je Lui demande cela pour toi ? Lui a déjà préparé pour toi le sacrifice que tu devras consommer pour cette louange parfaite. Et tu seras parfaite quand tu l'auras accompli...[234] »

« Mon Jésus !... Je comprends ce que tu veux dire... Mais serai-je capable de penser à cette heure-là ?... Ta pauvre Maman... »

« La bienheureuse Épouse de l'Amour éternel ! Maman, tu es cela. Et l'Amour pensera en toi. »

« Tu le dis, mon Fils, et moi, je me repose sur ta Parole. Mais, Toi... prie pour moi, à cette heure qu'aucun d'entre eux ne comprend... et qui est déjà imminente... N'est-ce pas vrai ? N'est-ce pas vrai peut-être ? »

Dire l'expression du visage de Marie pendant ce dialogue, est chose impossible. Il n'y a pas d'écrivain qui puisse la traduire en langage humain sans l'abîmer par des mièvreries ou des teintes imprécises. Seul celui qui a le cœur, le cœur bon, tout en étant viril, peut donner mentalement au visage de Marie l'expression réelle qu'il a en ce moment.

Jésus la regarde... Autre expression intraduisible en notre pauvre langage, et il lui répond : « Et toi, prie pour Moi à l'heure de la mort...

---

[234] « L'Évangile tel qu'il m'a été révélé » Maria Valtorta - Tome 6, Ch 147 page 450

Oui. Aucun d'entre eux ne comprend... Ce n'est pas leur faute. C'est Satan qui crée les fumées pour qu'ils ne voient pas et qu'ils soient comme ivres et sourds et donc non préparés... et plus faciles à fléchir... Mais toi et Moi, nous les sauverons malgré les embûches de Satan. Dès maintenant je te les confie, ma Mère. Souviens-toi de ces paroles : je te les confie. Je te donne mon héritage. Je n'ai rien sur la Terre qu'une Mère et elle je l'offre à Dieu : Hostie avec l'Hostie; et mon Église, et elle je la confie à toi. Sois pour elle une Nourrice. Il y a peu de temps, je pensais aux nombreux hommes en lesquels, au cours des siècles, revivrait l'homme de Kérioth avec toutes ses tares. Et je pensais que quelqu'un qui ne serait pas Jésus le repousserait, cet être taré. Mais Moi, je ne le repousserai pas. Je suis Jésus. Toi, pendant le temps que tu resteras sur la terre, venant après Pierre dans la hiérarchie ecclésiastique, lui Chef et toi fidèle, mais la première avant tous comme Mère de l'Église puisque tu m'as enfanté Moi, Chef de ce Corps mystique, toi ne repousse pas les nombreux Judas, mais secours-les et apprends à Pierre, aux frères, à Jean, Jacques, Simon, Philippe, Barthélemy, André, Thomas et Matthieu à ne pas repousser mais à secourir. Défends-moi dans ceux qui me suivent, et défends-moi contre ceux qui voudront disperser et démembrer l'Église naissante. Et au cours des siècles, ô Mère, sois toujours Celle qui intercède et protège, défend, aide mon Église, mes Prêtres et mes fidèles, du Mal, et du Châtiment, d'eux-mêmes...[235]

Marie et Jean au lieu de la passion – Maria Valtorta

« Puis elle se dresse pour dire : « Mais moi je ne suis pas Ève. Je suis la Femme de l'Ave. J'ai retourné les choses. Ève a jeté dans la boue horrible ce qui était chose du Ciel. Moi, j'ai tout accepté : incompréhensions, critiques, soupçons, douleurs — que de douleurs et de toutes sortes, avant la suprême douleur — pour relever de la fange souillée ce que Ève et Adam y avaient jeté, et le relever vers le Ciel. À moi le démon n'a pu parler bien qu'il l'ait essayé, comme il l'a essayé avec mon Fils, pour détruire définitivement le dessein rédempteur. Avec moi il n'a pu parler car j'ai fermé mes oreilles et mes yeux à sa vue et à

---

[235] « L'Évangile tel qu'il m'a été révélé » Maria Valtorta – Tome 6, Ch 147 page 451

sa voix, et surtout j'ai fermé mon cœur et mon esprit contre tout assaut de ce qui n'est pas saint et pur. Mon moi limpide, mais que comme un pur diamant on ne peut rayer, ne s'est ouvert qu'à l'Ange annonciateur. Mes oreilles n'ont écouté que cette voix spirituelle, et ainsi j'ai réparé, réédifié ce que Ève avait lézardé et détruit. Je suis la Femme de l'Ave et du Fiat. J'ai rétabli l'ordre bouleversé par Ève. Et maintenant je puis enlever et laver par mon baiser et mes pleurs l'empreinte de ce baiser maudit et de cette contamination, la plus grande de toutes car elle n'a pas été faite par une créature à une créature, mais par une créature à son Maître et Ami, à son Créateur et Dieu.[236] »

Marie et le salut

Marie est destinataire du salut. Elle est la première à être l'objet e la rédemption, rachetée par le Christ « de la façon la plus sublime » dans sa conception immaculée (Bulle Inffabilis Deus, in Pio IX Acta I, 606) et comblée par la grâce de l'Esprit-Saint.

Marie coopère au salut déjà en premier lieu en acceptant lors de l'annonciation par l'archange Gabriel d'être la Mère de Jésus.

Ensuite en deux occasions dont nous rapportent les évangiles, Jésus interpelle sa Mère. Aux noces de Cana, au début de son ministère public Jn 2, 4 : « **Jésus lui dit : « Femme, qu'avons-nous affaire ensemble ? »Mon heure n'est pas encore venue.** » Au moment de sa crucifixion, à la fin de son ministère public en Jean 19, 26 : « **Jésus, voyant sa mère et, auprès d'elle, le disciple qu'il aimait, dit à sa mère : « Femme, voilà votre fils. » Ensuite il dit au disciple : « Voilà votre mère. » Et depuis cette heure-là le disciple la prit chez lui.** »

Le Seigneur crée Homme et Femme en Gn 1, 27. Mais le premier couple s'est engagé dans la voix du péché. Ils deviennent Adam et Ève.

Un nouvel Adam et une nouvelle Ève vont rétablir le genre humain dans sa dignité originelle. Il s'agit de Jésus de Jésus et de sa mère Marie.

Marie est l'icône de l'Église.

Dans le dessein divin, Marie représente au pied de la Croix

---

[236] « L'Évangile tel qu'il m'a été révélé » Maria Valtorta n- Tome 10 chap. 28 page 240

l'humanité rachetée qui a besoin du salut. L'humanité peut contribuer au développement de l'œuvre salvifique dans son acceptation du sacrifice de Jésus pour elle, dans sa prière pour les hommes, dans l'annonce du salut en Jésus.

5.3.2 Homme Co-rédempteur
Liberté et Co-rédemption

Lors de l'Évangélisation en Galilée en l'an 27, Jésus est à Bethsaïde. Il parle à ses disciples et à la foule.

« *Je suis venu le libérer de plus en plus, du péché en ce qui concerne l'esprit et des chaînes d'une religion déviée, oppressive, qui étouffe sous des flots de détails, de paroles, de prescriptions, la vraie parole de Dieu qui est nette, brève, claire, facile, sainte, parfaite.*[237] »

« *Moi, à présent, je vais vous dire une vérité qui semblerait à mes ennemis un blasphème. Mais vous, vous êtes mes amis. Je parle spécialement pour vous, disciples que j'ai déjà choisis et puis, pour vous tous qui m'écoutez. Je vous dis : les anges, esprits purs, et parfaits, qui vivent dans la lumière de la Très Sainte Trinité et, en Elle, sont comblés de joie, ont, dans leur perfection et reconnaissent de l'avoir, une infériorité par rapport à vous qui êtes si loin du Ciel. Ils ont l'infériorité de ne pouvoir se sacrifier et souffrir pour coopérer à la rédemption de l'homme. Et qu'en pensez-vous ? Dieu ne prend pas un ange pour lui dire : « Sois le rédempteur de l'humanité ». Mais Il prend son Fils. Et sachant bien que ce Sacrifice, tout en ayant une valeur incalculable, et que son pouvoir soit infini, Il sait qu'il lui manque quelque chose - car sa bonté de Père ne veut pas faire de différence entre le Fils de son amour et les fils de sa puissance - il manque quelque chose à la somme des mérites qu'il faut opposer à la somme des péchés que d'heure en heure l'humanité accumule. Mais Il ne prend pas d'autres anges pour combler la mesure et Il ne leur dit pas : « Souffrez pour imiter le Christ », mais c'est à vous qu'Il s'adresse, à vous les hommes. Il vous dit : « Souffrez, sacrifiez-vous, soyez semblables à mon Agneau. Soyez*

---
[237] « L'Évangile tel qui'il m'a été révélé » Maria Valtorta – Tome 2, Ch 61, page 333

corédempteurs... » Oh ! *Voici que je vois des cohortes d'anges qui, cessant un instant de tourner dans une extase d'adoration autour de la Trinité qui est leur Centre s'agenouillent tournés vers la terre et disent : « Bénis soyez vous vous qui pouvez souffrir avec le Christ et pour le Dieu éternel, le nôtre et le vôtre ! »*

Beaucoup ne comprendront pas encore cette grandeur. Elle est trop au-dessus de l'homme. Mais quand l'Hostie sera immolée quand le Grain éternel ressuscitera pour ne plus jamais mourir après avoir été moissonné, battu, dépouillé et enseveli dans les entrailles du sol, alors viendra l'Illuminateur superspirituel et Il éclairera les esprits, même les plus lents, demeurés cependant fidèles au Christ Rédempteur, alors vous comprendrez que je n'ai pas blasphémé, mais que je vous ai annoncé la plus haute dignité de l'homme : celle d'être corédempteur, même si d'abord il n'était que pécheur. En attendant, préparez-vous à cette destinée avec pureté de cœur et d'intention. Plus purs vous serez et plus vous comprendrez. Car l'impureté, quelle qu'elle soit, est toujours une fumée qui obscurcit et alourdit la vue et l'intelligence.[238] »

Après avoir parlé, Jésus se retire dans la maison de Philippe.

Charité et co-rédemption des hommes

« Voici, c'est Moi qui vous le dis. Le plus pauvre des hommes peut être le plus riche et faire du bien à une quantité innombrable de frères s'il sait aimer jusqu'au sacrifice. Moi, je vous le dis : même si vous n'avez plus une bouchée de pain, un calice d'eau, un lambeau de vêtement, vous pouvez toujours faire du bien. Comment ? En priant et en souffrant pour les frères. Faire du bien à qui ? À tous. De quelle façon ? De mille manières toutes saintes car si vous savez aimer, vous saurez comme Dieu agir, enseigner, pardonner, gouverner, et comme l'Homme-Dieu racheter.[239] »

Col 1, 24 : **« Maintenant je suis plein de joie dans mes souffrances pour vous, et ce qui manque aux souffrances du Christ en ma propre chair, je l'achève pour son propre corps, qui est**

---

[238] « L'Évangile tel qu'il m'a été révéle » Maria Valtorta – Tome 2, Ch 61, page 337
[239] « L'Évangile tel qu'il m'a été révélé » Maria Valtorta – Tome 6, Ch 136, page 369

l'Église. »

« *Antanaplêrô ta husterêmata tôn thlipseôn tou Christou* » littéralement : « J'achève les déficiences des souffrances du Christ (que sont les souffrances du Christ) »

Il ne manque rien à l'épreuve du Christ, pour qu'elle soit achevée, pour qu'elle soit parfaite. L'épreuve du Christ, c'est sa présence au milieu des hommes, l'épreuve de l'amour de Dieu parmi nous. Épreuve qui est passée par le feu des souffrances et de la mort, à cause de notre péché. Épreuve qui est passée par la résurrection et la vie à cause de sa miséricorde et de son amour.

La passion du Christ est absolue, totale et définitive. Il ne manque rien à la Passion et à la résurrection du Christ, ni en quantité, ni en qualité. Autrement il ne serait pas Dieu et Il ne nous sauverait pas de nos péchés et de la mort. Ce n'est donc pas ainsi qu'il faut comprendre cette parole de Paul aux Colossiens.

Ce qui manque à la passion du Christ, ce n'est pas en vertu de Lui-même, c'est en vertu de nous, qui sommes son corps étant son Église. Ce qui manque dans le corps de l'Église que nous sommes, c'est qu'en nous s'achève, s'accomplisse et rende parfaite la résurrection, la Passion du Christ. Ce qui manque, c'est que soient accomplis en nous, à travers notre vie, à travers la vie de l'Église et du monde, tout le poids, tout l'amour, toute la miséricorde et le salut contenu dans la Pâque du Christ.

Cette Pâque du Christ, achevée en elle-même doit se répandre, doit s'accomplir et doit s'achever dans tous les membres du corps du Christ qui est l'Église. Et tant que la totalité des membres du corps du Christ, qui est l'Église, n'a pas ressenti, ne s'est pas laissé transformer, ne s'est pas laissé achever et parfaire, dans la souffrance et dans la résurrection, il manquera quelque chose dans l'accomplissement de cette Pâque pour aujourd'hui.

Et cela rejoint bien l'évangile de saint Jean où le Christ révèle à ses disciples cette chose à laquelle nous sommes habitués, mais qui est cependant étonnante : « *Ils m'ont haï, ils vous haïront. Ils m'ont persécuté. Ils vous persécuteront.* » Ce qui veut bien dire que ce qui est arrivé au Christ, parce qu'Il est Fils de Dieu, doit nous arriver à nous aussi, parce que nous sommes fils de Dieu et frères du Christ dans sa Pâque, dans sa mort et dans sa Résurrection, par notre baptême.

Il ne faut donc pas nous étonner que le corps du Christ d'aujourd'hui qui est son Église subisse la haine, la torture et toute la souffrance et la mort que le Christ Lui-même a subi. C'est simplement l'accomplissement, aujourd'hui, de la parole de Paul et chacun de nous et l'Église tout entière peut dire : « *J'achève dans ma chair ce qui manque à la Passion du Christ* » pour qu'elle soit parfaite en nous, pour que le salut, pour que la victoire qu'elle nous apporte s'achève complètement dans notre propre chair personnelle, mais aussi dans la chair du monde entier, afin que lui aussi, devienne un jour, le corps du Christ racheté par la souffrance, par la mort et vivant dans la résurrection.

5.3.3 Marie arche d'alliance et médiatrice
Arche dans l'ancien testament

L'Arche est un coffret de bois à l'intérieur duquel sont gardées les deux tables de la loi données par Dieu à Moïse sur le mont Sinaïe et la Manne que Dieu donna à son peuple jour après jour lors de l'exode.

L'Arche est considérée comme le symbole de la présence de Dieu au milieu de son peuple à la suite de l'alliance au Sinaï. Cette arche fut gardée dans le Saint des Saints du temple de Salomon.

Nabuchodonosor, roi de Babylone conquit Jérusalem en 597 av J-C. Il emporte tous les trésors du temple et du palais royal. Il réduit en pièces tous les objets d'or que Salomon avait mis dans le temple (2R 24, 13 ; cf. 2Ch 36, 10). Puis, dans le siège définitif de 587, le souverain brûle le temple et il le dépouille de tous les objets précieux qui servent au culte (2R 25, 9-17; cf. Is 39, 6).

Parmi les objets pillés, l'Arche d'Alliance n'est jamais nommée.

Dans le 2ème livre des Maccabées (IIe siècle avant J-C) une tradition rapporte qu'au moment de la destruction du temple, docile à un oracle divin, le prophète Jérémie prit l'Arche d'alliance et la cacha dans une grotte (2 M 2, 4-8).

Dans l'Apocalypse de Baruch 6, 1-10, (apocryphe de la fin du 1er siècle après J-C), nous lisons que ce fut un ange envoyé par Dieu qui enlève du temple ces objets sacrés, et les met dans un endroit caché de la terre, avant que les Babyloniens n'abattent le temple.

Quelques témoignages des rabbins disent que l'Arche a disparu et qu'elle est destinée à durer jusqu'au monde futur[240].

Ainsi, l'Arche, en tant que signe de la présence de Dieu au milieu de son peuple est réputée incorruptible. L'Alliance de Dieu avec Israël est éternelle, donc l'Arche aussi. Elle est peut-être même, s'il le faut, au ciel (Ap 11, 19).

Nouvelle Arche d'alliance

Marie est la nouvelle arche d'alliance.

L'ancienne alliance contenait les tables de loi et la manne. Marie a porté Jésus. Il est le Verbe de Dieu venu accomplir la loi par des commandements d'amour. Il est aussi le pain de vie et se donne en nourriture (mort et Résurrection et Eucharistie) pour le salut du monde.

Ap 11, 19 : « **Et le sanctuaire de Dieu dans le ciel fut ouvert, et l'arche de son alliance apparut dans son sanctuaire. Et il y eut des éclairs, des bruits, des tonnerres, un tremblement de terre et une grosse grêle.** »

Ap 12, 1 : « **Puis il parut dans le ciel un grand signe : une femme revêtue de soleil, la lune sous ses pieds, et une couronne de douze étoiles sur la tête.** »

L'Apocalypse de Jean fait le lien entre l'Arche d'Alliance au ciel et le signe grandiose de la Femme revêtue de soleil. La femme est l'Église et aussi Marie.

La figure de la femme, qui représente l'Église, est d'un côté glorieuse, triomphante, et de l'autre, encore en travail. Telle est, en effet, l'Église. Elle est déjà associée, au ciel, à la gloire de son Seigneur, mais elle vit continuellement, dans l'histoire, les épreuves et les défis que comportent le conflit entre Dieu et le malin, l'ennemi de toujours.

Et dans cette lutte, que les disciples de Jésus doivent affronter, nous tous, nous, tous les disciples de Jésus nous devons affronter cette lutte. Marie ne les laisse pas seuls. La Mère du Christ et de l'Église est toujours avec nous. Toujours, elle marche avec nous, elle est avec nous. Marie aussi, en un certain sens, partage cette double condition.

---

[240] Talmud de Babylone, Sotah 35° ; Nombre Rabbah (avec rabbi Jochanàn † 279)

Naturellement, elle est désormais, une fois pour toutes, entrée dans la gloire du ciel. Mais cela ne signifie pas qu'elle soit loin, qu'elle soit séparée de nous. Au contraire, Marie nous accompagne, elle lutte avec nous, elle soutient les chrétiens dans le combat contre les forces du mal.

L'humanité de la Mère a été « attirée » par le Fils dans son passage à travers la mort. Jésus est entré une fois pour toutes dans la vie éternelle avec toute son humanité, celle qu'il avait prise de Marie. Sa Mère, qui l'a suivi fidèlement toute sa vie, qui l'a suivi avec son cœur, est entrée avec Lui dans la vie éternelle.

Le Christ est le premier des ressuscités, et Marie est la première des rachetés.

Marie médiatrice
Médiatrice lors de la venue définitive du Christ (Jean Paul II)

Par le mystère de l'Assomption au ciel se sont réalisés définitivement en Marie tous les effets de l'unique médiation du Christ, Rédempteur du monde et Seigneur ressuscité : « **Tous revivront dans le Christ. Mais chacun à son rang : comme prémices, le Christ, ensuite ceux qui seront au Christ, lors de son Avènement.** » (1Co 15, 22-23).

Dans le mystère de l'Assomption s'exprime la foi de l'Église, selon laquelle Marie est « *unie par un lien étroit et indissoluble* » au Christ, car si, en tant que mère et vierge, elle lui était unie de façon singulière lors de sa première venue, par sa continuelle coopération avec lui elle le sera aussi dans l'attente de la seconde venue ; rachetée de façon suréminente en considération des mérites de son Fils, elle a aussi ce rôle, propre à la Mère, de médiatrice de la clémence lors de la venue définitive, lorsque tous ceux qui sont au Christ revivront et que « **le dernier ennemi détruit sera la Mort** » (1Co 15, 26).

Dans son assomption au ciel, Marie est comme enveloppée dans toute la réalité de la communion des saints, et son union même à son Fils dans la gloire est toute tendue vers la plénitude définitive du Royaume, lorsque « **Dieu sera tout en tous** » (1 Co 15,28).

D'après la lettre encyclique *Redemptoris Mater,* 25 mars 1987, n°41 du pape Jean Paul II,

Le nouveau testament met en évidence la parfaite union de la Vierge avec le destin de son Fils Jésus.

Lors de la Visitation, Marie chante le Magnificat après la parole de sa cousine Elisabeth en Lc 1, 45a : « **Heureuse celle qui a cru…** »

Lc 1, 48b : « **Voici, en effet, que désormais toutes les générations me diront bienheureuse** »

Marie et la déification de la race humaine

André de Crète naquit à Damas vers 660. La tradition dit qu'il fut muet jusqu'à l'âge de 7 ans, mais reçu par grâce le don de la parole quand il fut admis à recevoir sa première communion.

Vers 710, il fut consacré évêque métropolite de l'île de Crète. Il fit alors construire beaucoup de lieux de culte et développa la pratique liturgique. Il fonda différentes œuvres caritatives et fut un soutien pour l'éducation de la jeunesse. Il encouragea la vie monastique.

Il mourut vers l'an 740.

Le jour de Noël, saint André de Crète compare Marie à la terre vierge, à l'Éden, métaphore très connue dans la littérature patristique, et il montre en Marie la reconstitution de la race humaine, sa déification (la vie à la ressemblance et à l'image de Dieu).

« *Il était nécessaire de préparer une demeure pour le Roi avant qu'il ne vînt ; il était nécessaire de tisser à l'avance le manteau royal, afin d'accueillir l'enfant royal au moment de sa naissance. Il était nécessaire enfin que l'argile reçût un traitement préalable avant l'arrivée du potier.[241]* »

« *Marie, la Mère de Dieu, refuge commun de tous les chrétiens fut la première à être libérée de la faute primitive de nos ancêtres.[242]* »

Marie reine

« *Bénie dans les cieux et glorifiée sur la terre. En effet toute langue te glorifie, pleine de gratitude, en te proclamant mère de la vie. Toute la création est pleine de ta Gloire ; l'univers a été sanctifié par la sensation de ton parfum. Par toi a disparu le principe du péché et la*

---

[241] André de Crète, Homilia in Nativitatem III, PG 97,860 B
[242] André de Crète, Homilia in Nativitatem IV, PG 97,880 A

condamnation d'Ève a été changée en joie. Grâce à toi tous chantent avec nous : Gloire au ciel et paix sur la terre...

O Reine de tout le genre humain, vraiment fidèle au sens de ton nom, tu demeures au-dessus de tout excepté Dieu.[243] »

« *Aujourd'hui la nature qui d'abord était réduite à la terre reçoit le début de la divinisation ; et la poussière s'empresse de courir vers la gloire suprême.*

Aujourd'hui Adam, qui présente à Dieu pour nous les prémices venant de nous, lui offre Marie ; et grâce à elle, les prémices qui n'avaient pas été contaminées deviennent pain pour la régénération de la souche...

Aujourd'hui la noblesse naturelle des hommes reçoit de nouveau le don de la première divinisation et redevient elle-même ;

La nature engendrée, en restant unie à la Mère du Beau, reçoit comme elle comme l'empreinte excellente et divine, cette splendeur de beauté que la bassesse de la malice avait obscurcie.

L'empreinte devient réellement une nouvelle formation ; la nouvelle formation est une vraie reconstitution et celle-ci est une déification, qui consiste en un retour à la condition originelle.[244] »

---

[243] André de Crète, Homilia in Dormitionem IV, PG 97, 1100 A.
[244] André de Crète, Homilia in Nativitatem I, PG 97, 809 D – 812 A.

Bibliographie

La Sainte Bible traduction d'après les textes originaux par le Chanoine A. Crampon

« La SOPHIA et les autres écrits français » Vladimir Soloviev, Edités et présentés par François Rouleau La Cité – L'Age d'Homme

« La lumière fluente de la divinité » Mechthild de Magdebourg, Éditions Jérôme Million

« L'Évangile tel qu'il m'a été révélé » Maria Valtorta

« Avec Jésus au jour le jour » Jean Aulagnier, Resiac éditions

« L'énigme Valtorta, une vie de Jésus romancée ? » Tome 1, Jean-Louis Lavere

« L'énigme Valtorta, une vie de Jésus éclairée… à plus d'un titre » Tome 2, Jean-Louis Lavere

« Jésus-Christ : sa personne, son message, ses preuves » Léonce de Grandmaison, éditions Beauchesne

« Le Christ hébreu » Claude Tresmontant éditions O.E.I.L.

Cf. S. Mimouni, *Dormition et Assomption de Marie. Histoire des traditions anciennes*, Paris, Beauchesne, 1995.

L'Immaculée Conception, Etudes de l'origine d'un dogme par A. Stap, A. Laroix, Verboeckhoven et Cie, éditeurs, 1869

https://www.facebook.com/claudesmith2016/posts/1937990646300784/

https://www.mariedenazareth.com/

https://books.google.fr/books?id=xuA7AAAAcAAJ&pg=PA154#v=onepage&q&f=false

http://nova.evangelisation.free.fr/leblanc_apparitions_index.htm

CPSIA information can be obtained
at www.ICGtesting.com
Printed in the USA
LVHW051907291120
672964LV00028B/1253